基层治理体系与治理能力现代化研究书系

基层治理与公共服务丛书

公共服务绩效评价中的公民参与研究

曾　莉　著

·上海·

图书在版编目(CIP)数据

公共服务绩效评价中的公民参与研究 / 曾莉著. —
上海：华东理工大学出版社，2023.7
(基层治理与公共服务丛书)
ISBN 978-7-5628-7083-8

Ⅰ. ①公… Ⅱ. ①曾… Ⅲ. ①社会服务—研究—中国
②公民—参与管理—研究—中国 Ⅳ. ①D669.3
②D621.5

中国国家版本馆 CIP 数据核字(2023)第 139620 号

策划编辑 / 刘　军
责任编辑 / 刘　军
责任校对 / 张　云
装帧设计 / 居慧娜
出版发行 / 华东理工大学出版社有限公司
地址：上海市梅陇路 130 号，200237
电话：021-64250306
网址：www.ecustpress.cn
邮箱：zongbianban@ecustpress.cn
印　　刷 / 上海新华印刷有限公司
开　　本 / 710 mm×1000 mm　1/16
印　　张 / 14.25
字　　数 / 223 千字
版　　次 / 2023 年 7 月第 1 版
印　　次 / 2023 年 7 月第 1 次
定　　价 / 98.00 元

基层治理体系与治理能力现代化研究书系

上海学术·专业出版中心

社会工作与社会治理出版中心

荣誉出品

基层治理与公共服务丛书

华东理工大学社会与公共管理学院
华东理工大学 MPA 专业学位中心
华东理工大学公共政策与公共管理研究所

组织编写

丛书主编
郭圣莉

目录 | Contents

第一章
导　　论

第一节　研究背景与意义

一、研究背景

公民参与政府绩效评价是“公共治理”时代服务行政的基本诉求，也是建设高质量政府和责任政府的题中应有之义。20 世纪 90 年代，西方发达国家纷纷在政府绩效评价中倡导“回应、责任、廉洁”等价值理念，强调将繁文缛节的“过程导向”转向公民满意的“结果导向”。同时新绩效测量学派主张“从产出、结果转向服务质量和顾客满意度”，更是推进了公民参与政府绩效评价的实践。1992 年英国政府实施的“公民宪章运动”，1993 年美国政府在“重塑政府运动”中推行的“顾客至上”等，都体现了西方政府在内部管理上试图将传统的“管制行政”转变为“服务行政”，以适应新时期公共行政实践发展的需要。近年来，我国公民评价政府绩效也引起了各级政府的普遍关注，并已成为转型期政府绩效评价乃至政府管理创新的重要手段。自 1998 年沈阳大规模的“市民评议政府”推开以来，我国很多地方政府以不同形式在不同层面上开展了“公民评议政府绩效”的活动，如 1999 年珠海市“万人评政府”、2001 年南京市“群众评议机关”、2005 年株洲市“万人评议机关作风”、2008 年厦门市网上“社会评议机关”、2009 年青岛市“三民”活动、2013 年温州市“万人评机关中层处室和基层站所”、2019 年上海市

"一网通办"政务服务"好差评"活动等。这些活动在实践中被赋予了各种各样的称谓,例如"民评官""千人测评政府""万人评议机关""民主测评政府部门""网民评价政府"等,其特点在于突出参与人数之多、评价规模之大、影响范围之广。在此,本研究也称其为"参与式政府绩效评价"。尽管公民参与在实践中取得了明显成效,但实际成效尚未达到预期,公民评价的有效性和可持续性备受质疑。其中争议较大的是,公民不一定了解政府机构内部的绩效情况,公民主观评价与客观绩效之间可能存在不一致的情况。

事实上,政府绩效评价包括机构绩效评价和公共服务绩效评价。机构绩效评价是以机构为主要内容的内部控制型评价,强调政府机构职能运作或重点工作完成情况。机构绩效评价是传统政府绩效评价的主要类型,也是适应"管理行政"的内部目标控制需要的机制安排,但其存在评价体系庞杂空泛、注重操作过程、忽略公民感受等问题[①]。而主客观评价的不一致问题,也主要是针对机构绩效评价。在建设服务型政府的战略驱动下,即便机构绩效评价加入了公民满意度指标,但实质性的内部控制取向依然存在。公共服务绩效评价是以公共服务为主要内容的外部责任型评价,关注公共服务的质量或效果。它适应了"服务行政"发展的政府绩效评价新趋势,也是以人民为中心的新时代公共行政的题中应有之义。2008 年 2 月,胡锦涛总书记在中共中央政治局第四次集体学习时强调,必须"加强公共服务部门建设,推进以公共服务为主要内容的政府绩效评估和行政问责制度,完善公共服务监管体系"。随后,各级政府开始将公民参与政府绩效评价的重心转向公共服务领域,或是在传统机构绩效评价中引入公共服务绩效的公民满意度指标,如 2012 年"广州城市状况市民评价"、2016 年国家发展和改革委员会推出的"新型智慧城市市民评价"、2018 年国家统计局组织的"万人民生民意评价"、2021 年"温州市金融服务万人评议"等。总之,近年来公民参与公共服务绩效评价的实践备受重视,但是当前尚存在公民参与的制度性缺失和内生动力不足问题,公民评价的针对性、主观性和形式化难以避免,公民评价的广度、深度和效度也有待提高。因此,公民广泛且实质性地参与公共服务

---

① 孟华:《推进以公共服务为主要内容的政府绩效评估——从机构绩效评估向公共服务绩效评估的转变》,《中国行政管理》2009 年第 2 期。

绩效评价尤显急迫，切实推进公民评价的有效性亟待加强。

在地方治理实践中，公共服务绩效评价的主要功能表现为“目标控制、回应需求、外部责任”。随着“公民本位”理念的不断深入，公共服务绩效评价的关注重心将逐渐转向“外部责任”，而政府对于外部责任的回应，主要依据公民评价的结果。要达成公民评价的预期目标——实质而有效的参与，还要着力解决公民参与实践中的结构性问题和过程性问题。本研究的核心问题是：为什么公民有效而实质性地参与公共服务绩效评价难以推进？为了回答这一问题，我们将对如下子问题展开探讨，即公民参与公共服务绩效评价存在怎样的内在冲突，科层制行政与公民参与究竟存在怎样的张力？公民参与公共服务绩效评价缘何被动？公民评价与实际服务质量之间是否契合？影响公民参与公共服务绩效评价的因素有哪些，是常规科层行政的排斥，还是公民自身遭遇了能力或技术困境？如何在公共服务绩效评价中建构有效而持续的公民参与主体模式？围绕这些问题，本研究将立足服务行政发展和责任政府建设的要求，在审视公民参与公共治理实践问题的基础上，梳理总结我国公民评价公共服务绩效的实践，进而借助相关调研数据，采用实证分析方法，深入分析公民参与的意愿、能动性、效度和影响因素等。据此建构公民参与公共服务绩效评价的主体模型，设计强化公民参与意愿、能力和效度的操作机制，并探讨公民参与公共服务绩效评价的未来发展，以提升公民评价的质量和可接受性，为整合服务行政与科层制行政、代表性与效率之间的逻辑冲突提供理论支持，并为公民有效参与公共服务绩效评价提供策略思考。

二、研究意义

（一）理论意义

首先，本研究有助于公民参与公共服务绩效评价理论研究的系统化，推进有关理论研究的新突破。公民有效参与公共服务绩效评价的内在问题复杂而多元，对此问题的研究涉及政治学、社会学、管理学、心理学、信息科学与技术等。本研究作为一项多学科领域的研究，有助于突破国内学术界以往研究视野的局限，建构解释相关问题的理论体系，增进公民对参与公共服务绩效评价全面而又系统的认知，使我国服务行政和公民社会在理论上获得新的诠释，进而促进参与式绩效评价研究向纵深发展。

其次，审视公共服务绩效评价中公民参与的内在张力，能够为政府治理实践中“民主与效率”的辩证统一提供理论解释。虽然有关公民参与政府绩效评价的理论研究在我国层出不穷，但是这些理论更多的是停留在事实描述和宏观模型构建的层面，尚缺乏基于公民角度的可操作性理论框架。因此，针对公民参与公共服务绩效评价的“现实困境”，深入把握“民主行政与官僚制行政、外部公民参与与政府内部管理、代表性与效率”之间的逻辑冲突，从公民需求角度建构出平衡冲突的主体模型，并针对公民参与的意愿和能力，结合新时代背景设计公民参与公共服务绩效评价的主体模式，提出切实可行的政策建议和操作措施显得尤为迫切。这不仅有助于缓解“民主政治与理性官僚”的内在张力，为政府治理中“民主与效率”的辩证统一提供理论解释，而且对政府绩效评价理论、民主行政理论和公民社会理论的新突破也有着非常重要的价值。

最后，本研究有助于为公民参与公共服务绩效评价的合法性及其制度建构提供理论支撑。伴随全面依法治国战略的不断推进，我国面临新旧制度的更替，通过对公共服务绩效评价中公民参与问题的研究，考察公共服务客观绩效与公民主观评价的契合性，为公民参与公共服务绩效评价实践的合法性提供理论支撑，对完善公共服务绩效评价的制度体系意义重大。从当前我国公民评价公共服务绩效的实践来看，评价内容和评价程序尚不规范，评价活动更多的是管理控制导向，评价结果难以完全得到应用。实际上，这些问题的背后大多是因为缺乏一套完善的制度体系，公民评价的制度化、规范化和法治化水平滞后。而制度构建需要有关理论研究作支撑，因为缺乏理论上的前期验证，制度搭建的风险很大。本研究对于公民评价的效度探讨，将有助于从不同角度为公民参与公共服务绩效评价的制度完善提供理论依据。

（二）实践意义

当前，适应社会体制改革，提升公共服务质量，改善政府治理绩效，是实现我国经济社会协调发展、建设美好生活的关键。对公共服务绩效进行科学客观的评价，切实提高参与式绩效评价的有效性，是实现政府治理能力现代化的重要环节。因此，本研究对提升政府公共服务能力，以高质量的公共服务促进高质量经济社会发展，促进中国特色社会主义行政管理体制的构建和服务行政的发展，具有重要的实践意义。

在政治层面上，本研究将有助于提高公共服务绩效评价结果的可接受性和政府治理的合法性，增加政府治理的民意含量，增进民生福祉，增强公民的责任意识，提高政府的公信力。可见，本研究在增强公民对政府信任的基础上，对推动中国特色社会主义民主行政的发展意义深远。

在技术层面上，本研究可以为公共服务绩效评价提供更具科学合理性与广泛适应性的可操作方案和对策建议，有助于切实提高公共服务绩效评价中公民参与的质量和有效性，促进公共服务供给方式创新，提升政府的执行力。所以，本研究对促进公共事务的“协同共治”，完善问责机制，实现良好治理，建设高质量政府具有重要的现实意义。

在社会发展层面上，本研究以公民本位的理念为指导，通过考察我国公民参与公共服务绩效评价的影响因素，检验“内外因素”对公民有效参与公共服务绩效评价的作用和价值，将有助于切实改善民生，建设美好社会，促进社会体制改革乃至公民社会发展壮大。

另外，对沿海地区的大规模问卷调查有助于实务界更多地了解发达地区参与式绩效评价的基本情况，将公民主观评价的结果与政府内部的服务成效（政府内部的现有统计资料）相对照，可以使我们更全面地考察公民参与公共服务绩效评价的实际效度。同时，有关数据库的建立将有助于今后跟踪调查，为参与式绩效评价研究的进一步深化奠定基础。

第二节　参与式绩效评价文献回顾

政府绩效评价中的公民参与，源自 20 世纪 90 年代西方重塑政府运动倡导的“结果导向、顾客至上”理念，国内外的相关研究可谓纷繁复杂。公民参与公共服务绩效评价是其中的重要组成部分，也是参与式政府绩效评价的重点，目前有关研究较少且分散，要充分了解该研究领域的全貌，尚需结合有关政府绩效评价的研究来展开，因为公民评价公共服务绩效的基础主要来自政府绩效评价领域。以下笔者将从公民参与公共服务绩效评价的基础研究、现实困境、影响因素等方面，对已有研究作一梳理。

一、公民评价的基本理论问题：代表性与效率之间的张力

在公共服务绩效评价实践中，公民参与的积极作用日趋凸显，但是如何平衡公民参与所要求的代表性与政府内部控制所追求的效率之间的矛盾，如何走向更有效的参与式绩效评价，已经成为研究和推进公民有效参与公共服务绩效评价必须解决的问题。

公民参与公共服务绩效评价的理论基础是民主行政理论和公民参与理论。民主行政是相对于官僚制行政而言的，更加强调民主价值在公共行政中的重要意义，关注外部公民的满意度和参与的代表性。民主行政的运行依赖于公民参与和合作，关注分权与问责议题[①]。佩特曼(Pateman)强调，不能把民主限定为一种选举的方法，而必须把民主范围扩大到政府机构及其以外的地方，民主社会必须是有广泛低阶层参与的参与性社会[②]。参与式民主的核心理念在于，公民能够直接参与到行政过程中，从而对政府决定产生一定的影响。奥斯特罗姆(Ostrom)所提出的民主行政理论重申了公民参与公共治理的理念，但对于怎样维持外部公民参与和政府内部管理之间的平衡，并没有提出可操作性的办法[③]。托马斯(Thomas)运用政策制定的质量和可接受性两个变量进行分析，指出公共管理者在不同情况下应该选择不同范围、不同程度的公民参与形式[④]。这是有关公民参与理论较为系统的研究，为本研究提供了较有价值的理论视角。但是，他的研究主要是针对公共政策，而且也缺乏对公民参与动力问题的探讨。

---

① 金东日、石绍成：《如何理解国家治理现代化——以民主行政理论为中心》，《中国行政管理》2015 年第 11 期。

② [美] 卡罗尔·佩特曼：《参与和民主理论》，陈尧译，上海人民出版社，2006，第 92 页。

③ [美] 文森特·奥斯特罗姆：《美国公共行政的思想危机》，毛寿龙译，上海三联书店，2010，第 81—102 页。

④ [美] 约翰·克莱顿·托马斯：《公共决策中的公民参与》，孙柏英译，中国人民大学出版社，2010，第 24—60 页。

相对而言，波伊斯特(Poister)的研究更为直接，他强调政府绩效评价中决策者与公民沟通的重要性[①]，这有助于增进政府信任和评价结果的可接受性，并专门将公民满意度列为绩效评价指标。事实上，他只是在信息采集与结果沟通环节论述了公民参与政府绩效评价的作用，没有针对公民参与动力问题建构一个理论框架。同时，马克·霍哲(Marc Holzer)认为公民参与可以将事实与价值结合起来，增加评价指标的社会相关性[②]，这有助于公共管理者将精力放在社区真正需要解决的问题上，但他没有对“如何在公民参与绩效评价的活动中将事实与价值结合起来”展开深入研究。随着民主行政的不断深入，更多的学者发现代表性和效率之间并无实质性冲突。贝尔(Beeri)等在研究中发现，客观绩效与公民满意度之间存在显著的正相关，而且公民满意度直接影响公民对政府的信任，而这种信任反过来又促进政府绩效的提升[③]，可见公民参与绩效评价有助于激发公共服务偏好和改善政府绩效。这为代表性与效率的价值平衡提供了重要的理论解释。

同时，自上而下的目标管理责任制和官僚体制的约束，是当前我国地方政府绩效评价的核心内容[④]，但是参与或共治导向也日渐风靡，透视其本质，其依然是基于民主与效率博弈的研究议题。总之，以上研究都不同程度地触及“公民参与公共服务绩效评价的基本问题”，但研究者们都没有以此为基点构建相应的实践模式或操作机制。

二、公共服务绩效评价中公民参与的实践困境

“公民评价政府绩效”不时受到实务界的质疑，但公民参与的实践推进仍然缓慢。就已有文献来看，公民参与面临的困境主要有管理者对公民的信任、公民

① [美]西奥多·H. 波伊斯特：《公共与非营利组织绩效考评》，肖鸣政等译，中国人民大学出版社，2005，第10—159页。

② [美]马克·霍哲：《公共部门业绩评估与改善》，张梦中译，《中国行政管理》2000年第3期。

③ Beeri I, Uster A, Eran V, “Does Performance Management Relate to Good Governance? A Study of Its Relationship with Citizens' Satisfaction with and Trust in Israeli Local Government”, *Public Performance and Management Review* 42, no.2(2019): 241 - 279.

④ 马亮：《公众参与的政府绩效评估是否奏效：基于中国部分城市的多层分析》，《经济社会体制比较》2018年第3期。

评价的专业性、公民参与的制度保障、公民评价的有效性等。

（一）管理者对公民评价的信任困境

已有研究大多认为，公民参与的成败是由公民素质、参与方式和策略、制度环境等因素决定的，而对管理者或政府工作人员方面的关注甚少。事实上，管理者对公民的信任可能是实现真正公民参与发展中的最大障碍之一①，即管理者的态度是参与式绩效评价实践推进的失落环节。在早期研究中，波利特(Pollitt)提出，公民参与绩效评价的实践发展，领导者的积极支持是基础，因为任何绩效评价的成功都依赖于强有力的政治支持②。管理者观念上天生具有抵触公民获取准确价格和服务水平信息的偏好③，可见公民对服务信息的了解受制于政府的开放程度。有学者基于广东的调研发现，由于政府工作人员对公民参与绩效评价存在怀疑，公民评价的实际作用并没引起足够的重视④，因而推进公民参与意味着要赋予公民共享决策、问责政府和政府工作人员的权力，但这在很大程度上有赖于政府工作人员的自觉⑤。总体上，立足管理者维度的研究不多，但这些研究却击中了参与式绩效评价的要害，因为在推进公民评价的实践中，管理者对公民参与的认同和信任是关键，这为公民参与公共服务绩效评价的现实问题剖析提供了重要的思路。

（二）公民参与的能力与动力问题

公民视角的分析主要聚焦参与式绩效评价中公民参与的能力和动力困境。一方面，就公民参与的能力来看，参与式绩效评价不仅对活动实施者的专业性有较高的要求，而且对评价主体——公民——也有较高的能力期盼，公民评价的专业性是衡量公民参与能力的重要指标，是诸多研究者关注的焦点。有研究质疑，

① Yang K F, "Public Administrators' Trust in Citizens: A Msing Link in Citizen Involvement Efforts", *Public Administration Review* 65, no.3(2005): 273 - 285.

② Pollitt C, "Performance Indicators: Roots and Branches", in *Output and Performance Measurement in Government: The State of the Art*, eds. Martin Cave, Maurice Kogan and Smith, London: Jessica, 1990.

③ Frates S F, "Improving Government Efficiency and Effectiveness and Reinvigorating Citizen Involvement", *Perspectives on Political Science* 33, no.2(2004): 99 - 103.

④ Li J, "The Paradox of Performance Regimes: Strategic Responses to Target Regimes in Chinese Local Government", *Public Administration* 93, no.4(2015): 1152 - 1167.

⑤ 周志忍：《政府绩效评估中的公民参与：我国的实践历程与前景》，《中国行政管理》2008年第1期。

公民是否具备必要的参与技能、专业知识和文化素养，以对参与式绩效评价做出有价值的贡献[①][②]。如果存在评价对象和指标与评价主体的特征、能力不符，评价组织与实施的独立性和专业性不足等问题，公民参与政府绩效评价的质量就会受到影响[③]。吴建南在后来的研究中从绩效评价的元问题入手，分析了公民参与能力可能带来绩效评价的客观性质疑[④]。另一方面，公民参与的内生动力是参与式绩效评价持续开展的重要前提。对此，周志忍在总结我国公民参与政府绩效评价的实践历程的基础上明确提出，公民参与政府绩效评价的动力来自何方是有效公民参与的核心问题之所在[⑤]。这也是国内首个关注公民参与政府绩效评价动力问题的文献，为本研究提供了重要的理论视野。随后，有研究者基于公民被动参与的原因提出，公民对政府绩效评价的认识和理解存在着一定的局限，其参与的意识和主动性相对薄弱，缺乏有效的基本知识与技能，难以为政府绩效评价提供持续的社会动力[⑥]。可见，公民意识和能力不足，或许是公民被动参与的重要原因，这或许是基于公民视角研究现实困境的深度剖析，为有关内在机制的探讨提供了支撑。

（三）公民评价的制度建设滞后

我国公民参与的制度框架相对完整，但公民参与的制度需求始终难以满足[⑦]。在科层体系运作中引入公民参与，同样存在有序规范推进的难题，其中公民参与公共服务绩效评价的制度化缺失和形式主义问题尤为突出。对此，一些研究在比较个体和组织因素的基础上提出，除了公民自身意愿和能力的问题，地方政府在公民评价实践中的政策设计、制度空间有限，形式化倾向明显，具体手

---

① Frank L, "Are We All Touching the Same Camel? Exploring a Model of Participation in Budgeting", *American Review of Public Administration* 35, no.2(2005): 168 - 185.

② Yang K F, Callahan K, "Citizen Involvement Efforts and Bureaucratic Responsiveness: Participatory Values, Stakeholder Pressures, and Administrative Practicality", *Public Administration Review* 67, no.2(2007): 249 - 264.

③ 吴建南、阎波：《政府绩效：理论诠释、实践分析与行动策略》，《西安交通大学学报（社会科学版）》2004 年第 3 期。

④ 吴建南、白波：《评估政府绩效评估：元评估方法的探索性应用》，《行政论坛》2009 年第 6 期。

⑤ 周志忍：《政府绩效评估中的公民参与：我国的实践历程与前景》，《中国行政管理》2008 年第 1 期。

⑥ 何文盛、廖玲玲、王焱：《中国地方政府绩效评估的可持续性问题研究——基于"甘肃模式"的理论反思》，《公共管理学报》2012 年第 2 期。

⑦ 褚松燕：《我国公民参与的制度环境分析》，《上海行政学院学报》2009 年第 1 期。

段和途径的缺失导致公民参与有名无实①。甚至政府部门在绩效评价过程中的作弊、包装、博弈等策略行为，在实践层面上很有可能弱化公民评价政府的实际效果②。一直以来，我国政府绩效评价缺乏统一规范，没有相应的制度和法律保障，参与式绩效评价尚存在盲目性③。尽管地方政府已认识到公民在绩效评价中的重要性，但实践中公民参与因为没有明确的法律法规保障，通常只能按政府或评价组织的外部机构的要求，有限参与评价活动的少数环节，公民评价的随意性突出且可持续性严重不足④。为此，有研究从合法性不足、程序不规范、权利意识淡薄等方面，分析了参与式绩效评价法治化的现实困境⑤。同时，由于参与式绩效评价得不到应有的法律保障，因而公民参与意识不强，被动参与问题突出。何(Ho)与科茨(Coasts)的研究发现，绩效评价的结果应用效果可能需要数月乃至数年方能显现，政府的回应性低，但公民是缺乏耐心的，中途极易退出，导致绩效评价的稳定性难以维持⑥。可见，参与式绩效评价的制度缺失已严重制约了公民参与的可持续性。

(四) 公民评价的有效性质疑

关于公民评价公共服务绩效评价的有效性研究，最早来自坎贝尔(Campbell)和舒曼(Schuuman)的研究发现，即公民评价结果不一定真实，因为评价结果可能还受到非服务性因素的影响⑦。随后，奥斯特罗姆的研究也认为，依靠单一的主观评价模式必然会导致测量结果的偏差⑧，但是她的研究并没有引发学者们对公民参与效度问题的争议。就现有文献来看，对公民评价准确性

① 包国宪、曹惠民、王学：《地方政府绩效研究视角的转变：从管理到治理》，《东北大学学报(社会科学版)》2012年第5期。

② 周志忍、徐艳晴：《绩效评估中的博弈行为及其致因研究：国际文献综述》，《中国行政管理》2014年第11期。

③ 曾莉：《基于公众满意度导向的政府绩效评估》，《学术论坛》2006年第6期。

④ 何文盛等：《中国地方政府绩效评估中公民参与的障碍分析及对策》，《兰州大学学报(社会科学版)》2011年第1期。

⑤ 陈晨：《我国公民参与政府绩效评估的法治化路径探析》，《科学社会主义》2020年第2期。

⑥ Ho A T, Coates P, "Citizen-initiated performance assessment", *Public Performance and Management Review* 27, no.3(2004): 29－50.

⑦ Campbell A, Schuuman H, "*Racial Attitudes in Fifteen American Cities: Report for the National Advisory on Civil Disorders* ", MI: Institute for Social Research, 1968.

⑧ Ostrom E, "Multi-mode Measures: From Potholes to Police", *Public Productivity Review* 3, no.1 (1976): 51－58.

的正式质疑，首先来自斯蒂帕克(Stipak)。以斯蒂帕克为首的一批学者认为，公民参与公共服务绩效评价存在效度问题，因为公民对公共服务的质量感知并不能反映服务质量的实际情况，非服务性因素对公民主观评价的影响更明显[①②③]。但是，以帕克斯(Parks)和珀西(Percy)为代表的一批学者认为，公民参与绩效评价是基于服务质量的真实感知做出的，公民具有辨别服务水平的能力[④⑤⑥]。如果能控制一些情景因素，公民评价结果是基本稳定、有效和可信的，不会随人口学特征产生较大波动[⑦]。总之，参与式绩效评价的效度争论，时至今日仍未停止。

为什么公民评价结果会受到怀疑？有研究认为，公民参与政府绩效评价因参与形式不可靠，可能导致评价结果是不可信的[⑧]。而且公民参与服务绩效评价将导致行政成本的增加、工作时间的浪费，势必造成行政效率的降低[⑨]，进而导致其陷入有效性困境。这些都是基于公民评价活动本身的问题分析。就评价的内外功能冲突来看，客观测量具有专业化、量化等特征，而公民评价更多的是基于个人感受的主观判断，其具有一般性或无意识性等特征，参与式绩效评价活动本身可能存在"内部动因与外部动因之间的潜在紧张关系"[⑩]。从价值取向来看，公民评价在反映公共服务绩效时存在诸多先天缺陷，公民满意度测评具有政

---

① Stipak B, "Citizen Evaluations of Urban Services as Performance Indicators in Local Policy Analysis", PhD. dissertation, University of California, Los Angeles, 1976.

② Brown K, Coulter P B, "Subjective and Objective Measures of Police Service Delivery", *Public Administration Review* 43, no.1(1983): 50 - 58.

③ Bouckaert G, Walle S, "Comparing Measures of Citizen Trust and User Satisfaction as Indicators of 'good governance': Difficulties in Linking Trust and Satisfaction Indicators", *International Review of Administrative Sciences* 69, no.3(2004): 329 - 343.

④ Parks R, "Linking Objective and Subjective Measures of Performance", *Public Administration Review* 44, no.2(1984): 118 - 127.

⑤ Percy S L, "In Defense of Citizen Evaluations as Performance Measures", *Urban Affairs Review* 22, no.1(1986): 66 - 83.

⑥ 曾莉、李佳源：《公共服务绩效主客观评价的契合性研究——来自 H 市基层警察服务的实证分析》，《公共行政评论》2013 年第 2 期。

⑦ 闫丙金：《政府绩效内部主观评价有效性检验——基于安徽省 85 个乡镇的经验研究》，《公共管理学报》2013 年第 4 期。

⑧ 邓国胜、李一凌：《公众网上评议政府：有效性及改进策略》，《统计与决策》2006 年第 20 期。

⑨ Beeri I, Uster A, Eran V, "Does Performance Management Relate to Good Governance? A Study of Its Relationship with Citizens' Satisfaction with and Trust in Israeli Local Government", *Public Performance and Management Review* 42, no.2(2019): 241 - 279.

⑩ 王锡锌：《对"参与式"政府绩效评估制度的评估》，《行政法学研究》2007 年第 1 期。

治利益诉求性、政绩宣传性、政府价值表达性等工具性价值①。徐艳晴和周志忍也发现,我国部分地方的满意度数据与社会认知和境外状况存在巨大反差,调查结果因调查主体和时段而异,导致公民满意度测评的"信任赤字",失真原因主要为诸如数据操纵、公关努力、技术控制等地方政府博弈策略②。必须开展争端与改进取向的公民满意度调查,设计具有针对性的公共服务改进方案③。另外,也有研究分析了公民线上参与的有效性,认为公民在线参与的有效性取决于公民的能力和动机、机构差异和行政负担。虽然该研究结论的可操作性有限,未对公民在线参与的有效性进行概念化和测量,但其从新的角度分析了公民评价效度的影响因素,为数字时代公民参与效度的探讨提供了思路。结合实践来看,公民参与公共服务绩效评价是否有效取决于评价信息是否被整合到政府的战略规划、目标制定和政府内部交流中去,以及评价过程是否包含了主要的利益相关者。

总之,已有研究将公民参与困境的表现归结为管理者信任、参与者动能、评价制度、评价结果等,但是缺乏对培育积极公民资格的微观剖析,没有关注"外部公民参与和政府内部管理"之间的平衡对参与式绩效评价的影响,而更多的是对公民有效参与的单向度分析,这为本研究提供了重要启示。

三、公民参与公共服务绩效评价的影响因素

(一)宏观层面的影响因素:基于非实证研究的观点

宏观层面是针对公民评价宏观影响因素的一般性考察,而非针对具体服务的微观分析。综合来看,已有研究主要从评价主体的能力、评价指标、评价工具和方法等方面,探讨了影响公民评价服务绩效的宏观因素。

公民评价是否准确或有效,首先受制于公民的评价能力,而评价能力却因认知水平的不同而异④,即公民会因为文化水平、价值观念、传统习惯和过去经验

---

① 王佃利、刘保军:《公民满意度与公共服务绩效相关性问题的再审视》,《山东大学学报(哲学社会科学版)》2012年第1期。

② 徐艳晴、周志忍:《公民满意度数据失真现象考察:信任赤字、博弈策略、理论意涵》,《公共行政评论》2014年第6期。

③ 徐艳晴、周志忍:《诊断与改进取向的公民满意度调查——英国警察服务满意度调查对我们的启示》,《国家行政学院学报》2014年第2期。

④ 曾莉:《基于公众满意度导向的政府绩效评估》,《学术论坛》2006年第6期。

的差异，在绩效信息的收集、识别、分析等方面会表现出不同的能力，以至于评价能力不足而可能无法准确感知实际服务质量，进而对同样的绩效信息可能做出不同的评价。对此，吴建南等从评价准确性的角度指出，评价能力可能是影响公民评价的重要因素①。遗憾的是他们并没有对认知因素进行更具体的实证分析。在评价指标方面，工具理性与价值理性的整合是公共服务绩效评价指标设计的题中应有之义②。喻峰等通过比较中英公共文化服务评价发现，我国评价指标呈现工具理性畸重，应适度向价值导向转变，实现“利为民所谋”③。评价指标内容和形式上的准确性可能影响公民评价④。评价指标指代的是服务绩效的内容，其含义设定的准确性直接关系到指标的导向性，即评价的内容是否准确、是否涵盖该评价的内容。因此，评价指标内容设定的准确性会影响公民评价的效度，公民对公共服务绩效的评价不是评不准，而是评价的对象和内容要找准，建构科学合理的公民评价体系亟须努力⑤。如何准确阐述评价指标形式也很关键，如概念的明晰程度低、表述有歧义、用语不准确等都可能导致公民评价结果的偏颇⑥。虽然他们没有对其进行实证研究，但这也引起了有关研究在指标设置方面的警觉。另外，评价方法的科学性可能也是影响公民评价的重要因素。评价方法一般包括定性和定量两类，定性方法的主观性较强，而定量方法注重量化指标的考核⑦。虽然评价方法可以多样，但是评价方法必须适合公民的实际能力，且具有可操作性，因为评价方法的科学合理是保证公民评价准确性的基础⑧。

总之，公民评价宏观层面的影响因素研究，大多是一些非实证研究，研究者

---

① 吴建南、庄秋爽：《测量公众心中的绩效：顾客满意度指数在公共部门的分析应用》，《管理评论》2005年第5期。

② 姜晓萍、郭金云：《基于价值取向的公共服务绩效评价体系研究》，《行政论坛》2013年第6期。

③ 喻锋、徐盛、颜丽清：《绩效评价指标设计的价值理性与工具理性探析——基于中英公共文化服务评价的比较》，《甘肃行政学院学报》2015年第1期。

④ 胡春萍、吴建南：《行风评议：流程、要素及绩效改进的影响因素分析》，《兰州大学学报（社会科学版）》2009年第1期。

⑤ 曾莉、李佳源：《公共服务绩效主客观评价的契合性研究——来自H市基层警察服务的实证分析》，《公共行政评论》2013年第2期。

⑥ 胡春萍、吴建南：《行风评议：流程、要素及绩效改进的影响因素分析》，《兰州大学学报（社会科学版）》2009年第1期。

⑦ 范柏乃：《政府绩效评估理论与实务》，上海人民出版社，2005，第17－95页。

⑧ 吴建南、阎波：《谁是“最佳”的价值判断者：区县政府绩效评价机制的利益相关主体分析》，《管理评论》2006年第4期。

们提出了影响公民评价服务绩效的一般性因素，或是借助这些分析对有关问题进行论证，而没有专门对这些影响因素进行统计检验。同时，对一些很重要的影响因素如公民偏好（利益相关性）也未纳入问题分析，而是将其作为影响公民评价客观性的指标[①]，即通过模拟试验法检验了利益相关性对评价结果客观性的影响。或许公民偏好更多与评价结果的客观性直接相关，但是它可以通过影响公民意识来左右其评价结果的准确性。我们完全可以将公民偏好纳入公民评价的影响因素分析。以上探讨对相关研究的深入开展仍然具有启发意义，比如可以将“公民评价能力”纳入公民评价的影响因素分析，在指标设置时需要注意内容和表达的准确性，等等。总体上，相对于微观层面的影响因素探讨，此类研究文献相对较少。

（二）微观层面的影响因素：来自经验数据的考察

微观层面的影响因素是针对公民评价具体服务而言的，从已有研究来看，其主要体现为三个层面，即个体层面、情境层面和经历层面。

1. 个体层面

公民评价个体层面的影响因素，主要包括主观因素和个体特征。就主观因素而言，研究者们主要探讨了公民感知、公民期望、政治效能感、社区归属感等对公民评价的影响。珀西针对斯蒂帕克的“主客观评价不一致”结论做出了自己的新解释，即公民主观评价的偏离可能是因为“服务感知和服务期望”等关键变量没有被纳入模型[②]。为此，他对感知和期望等进行控制，结果显示公民满意度与政府实际服务绩效显著相关。公民感知偏差会影响公共服务绩效评价的客观效果，因为公民评价结果往往以自己的生活满意度为前提，基于自身利益得失来评判服务绩效[③]。另外，钱狄克（Chandek）研究种族、公民期待与警察服务绩效评

---

① 吴建南、岳妮：《利益相关性是否影响评价结果客观性：基于模拟实验的绩效评价主体选择研究》，《管理评论》2007 年第 3 期。

② Percy S L, “In Defense of Citizen Evaluations as Performance Measure”, *Urban Affairs Review* 22, no.1(1986): 66 - 83.

③ Ekici T, Koydemir S, “Social Capital, Government and Democracy satisfaction, and Happiness in Turkey: A Comparison of Surveys in 1999 and 2000”, *Social Indicators Research* 118, no.3(2014): 1031 - 1053.

价的关系，发现公民期待是显著影响公民评价警察服务的稳定性因素[①]。西姆森(Sims)等通过对哈里斯堡公民的实地调查发现，与警察接触、对不文明现象的感知等，显著影响公民对警察服务的评价，其中公民感知的影响力尤为凸显[②]。

随后，弗兰克(Frank)等的研究表明，公民对警察服务的评价主要来自以下方面：官员品质、绩效结果、警察的不当行为、警察回应性。[③] 该研究为准确筛选公民评价的影响因素提供了重要启发。罗奇(Roch)和波伊斯特为了检验公民知觉和期待对公民评价的影响，采用"垃圾处理、警察和学校"等方面的电话访谈数据分析，发现公民对服务质量的感知和公民期待是影响公民评价的重要变量[④]。同样，布瑞丁波(Bridenball)和杰斯罗(Jesilow)通过对圣安娜、加州的开放式访谈，采用定序对数偶值模型(ordinal logistic regression model)分别对积极评价和消极评价进行分析发现，公民对社区犯罪和无序状况的知觉显著影响了他们对警察的态度[⑤]。以上研究结论的一致性表明，公民感知和期望对公民态度的形成极为关键。

德豪格(Dehoog)在前人研究的基础上总结了三个解释模型，即个体层面的、辖区层面的、城市和社区层面的，其中政治效能感和社区归属感被纳入个体层面的解释模型。多层次模型显示，政治效能感和社区归属感是公民主观评价非常重要的自变量[⑥]。罗奇和波伊斯特在德豪格等研究的基础上，也将社区归

① Chandek S M, "Race, Expectations and Evaluations of Police Performance: An Empirical Assessment", *Policing An International Journal of Police Strategies and Management* 22, no.4 (1999): 675 - 695.

② Sims B, Hooper M, Peterson S A, "Determinants of Citizens' Attitudes Toward Police: Results of the Harrisburg Citizen Survey-1999", *Policing An International Journal of Police Strategies and Management* 25, no.3(2002): 457 - 471.

③ Frank J, "Exploring the Basis of Citizens' Attitudes Toward the Police", *Police Quarterly* 8, no.2 (2005): 206 - 228.

④ Roch C H, Poister T H, "Citizens, Accountability, and Service Satisfaction: The Influence of Expectations", *Urban Affairs Review* 41, no.3(2006): 292 - 308.

⑤ Bridenball B, Jesilow P, "What Matters: The Formation of Attitudes Toward the Police", *Police Quarterly* 11, no.2(2008): 151 - 181.

⑥ DeHoog R H, Lowery D, William E L, "Citizen Satisfaction with Local Governance: A Test of Individual, Jurisdictional, and City-Specific Explanations", *The Journal of Politics* 52, no.3(1990): 807 - 837.

属感纳入服务满意度的解释模型中，分析结果进一步证实了社区归属感对公民评价结果有显著影响。虽然罗奇和波伊斯特等的重点不在于此，但他们也同样指出了社区归属感对公民评价的重要性。

另外，就个体特征而言，影响公民主观评价的因素主要有年龄、性别、种族、收入、受教育程度等。尤其是年龄可能是一个非常重要的影响因素，不同年龄的人因服务期望各异而产生不同的评价结果①②③。受教育程度对公民评价的影响也是很明显的④⑤，因为不同的知识水平将会带来个体认知的差异。收入也是非常重要的因素，有研究者对哥伦比亚利卡市的公民满意度调查显示，较富裕的人群对政府服务的满意度较高⑥。同时，在国外的大量研究中，还将种族纳入影响因素的分析模型⑦，而这对我国没有适用性。在国内，已有研究表明公民参与经历、性别、受教育程度、居住时间等对公民评价有显著影响⑧。总之，在实证研究中，我们需要将个体层面的人口统计学特征纳入影响因素分析。

2. 情境层面

情境层面的影响体现为一些客观因素，其主要是指公民无法控制的一些环境因素，已有研究探讨的客观因素主要包括辖区特征、服务类型或特征、绩效信息、政治因素等。斯蒂帕克认为，服务质量并没有对公民评价产生影响，而非服

---

① Kusow A M, Wilson L C, Martin D E, "Determinants of Citizen Satisfaction with the Police", *Policing: An International Journal of Police Strategies and Management* 20, no.4(1997): 655-664.

② Bridenball B, Jesilow P, "What matters: the formation of attitudes toward the police", *Police Quarterly* 11, no.n2(2008): 151-181.

③ Benmansour N A, "Citizens and expatriates satisfaction with public services in Qatar-evidence from a survey", *International Journal of Social Economics* 46, no.3(2019): 326-337.

④ Frank J, "Exploring the Basis of Citizens' Attitudes Toward the Police", *Police Quarterly* 8, no.2 (2005): 206-228.

⑤ Yan H, Ting Y, "The Effectiveness of Online Citizen Evaluation of Government Performance: A Study of the Perceptions of Local Bureaucrats in China", *Public Personnel Management* 47, no.4 (2018): 419-444.

⑥ Martínez L, Short J, Ortíz M, "Citizen Satisfaction with Public Goods and Government Services in the Global Urban South: A Case Study of Cali, Colombia", *Habitat International* 49, no.10(2015): 84-91.

⑦ Bente F M, "Ethnicity and Citizen Satisfaction: A Study on Local Public Administration", *Procedia Economics and Finance* 15(2014): 1324-1330.

⑧ 马亮：《公众参与的政府绩效评估是否奏效：基于中国部分城市的多层分析》，《经济社会体制比较》2018 年第 3 期。

务性因素的影响却是显著的，尤其是辖区特征的影响非常明显①。为此，有研究专门进行了检验，发现种族和经济地位并不影响公民评价，而辖区特征（收入和社区构成）对公民评价却有显著影响。在德豪格等的研究中，辖区的测量指标有种族构成、收入水平、城市政府的分散化程度、服务供给情况、服务质量等，其通过对五个社区的对比分析发现，辖区特征对公民评价有显著影响②。在此基础上，科斯欧（Kusow）以社会经济地位、受害经历、居住地、种族和居住地的交互影响等为自变量，通过多重类型分析（multiple classification analysis）发现，居住地对公民评价来说是一个非常重要的自变量，而种族和居住地的交互影响对公民评价的解释力也是最大的③。

关于服务类型或特征对公民评价的影响，布朗（Brown）立足于服务是否具有强制性选择了三种不同类型的服务，即娱乐休闲、警察服务和垃圾回收，采用Ologit 模型分析发现，具有选择性且给予公民福利比较突出的娱乐休闲项目，受访者的打分明显较高；相反，那些强制性或管制性的警察服务得分显著偏低④。可见，服务特征对公民评价有显著影响。事实上，服务特征就是公共服务以怎样的方式被公民消费，政府服务的消费方式一般分为强制性的消费和选择性的消费两类⑤，如果公民使用服务是以其意向选择为依据的，那么他们更可能因先前选择的热情带来对服务的积极评价，而类似警察服务的强制性消费可能会因为更多的怨恨而产生对服务的消极评价。因此，开展公民评价应注意服务类型本身的特点。

同时，绩效信息也是极为重要的影响因素。绩效信息对民主政治的影响在政治学领域内备受关注，但是绩效信息对公民评价的影响似乎并没有引起大家

---

① Stipak B, "Are There Sensible Ways to Analyze and Use Subjective Indicators of Urban Service Quality?" *Social Indicators Research* 6, no.4(1979): 421 - 438.

② Dehoog R H, Lowery D, Lyons W E, "Citizen Satisfaction with local Governance: A Test of Individual, Jurisdictional, and City-specific Explanations", *The Journal of Politics* 52, no.3(1990): 807 - 837.

③ Kusow A M, Wilson L C, Martin D E, "Determinants of Citizen Satisfaction with the Police", *Policing An International Journal of Police Strategies and Management* 20, no.4.(2013): 655 - 664.

④ Brown T, "Coercion versus Choice: Citizen Evaluations of Public Service Quality across Methods of Consumption", *Public Administration Review* 67, no.3(2007): 559 - 572.

⑤ 朱国玮、郑培：《服务型政府公众满意度：测评理论与实践》，科学出版社，2010，第 5 页。

的注意。奥利弗(Oliver)针对此问题,借助实证研究检验了绩效信息对公民评价的影响。结果显示,提供好的绩效信息会带来更好的公民满意度,反之会使公民评价大打折扣[①]。有研究证实了这一观点,即绩效信息能提高公民满意度,且与公民对政府的认知度和信任度成正比[②]。另外,政府信任和政治效能感也是影响公民参与的重要因素。宋典等在研究中将政治效能感作为政府信任与公民参与之间的中介变量,通过实证分析发现政府信任不仅可以促进政民合作,而且可以促进公民参与行为,政府信任是影响公民参与的关键变量[③]。可见,客观情境因素对公民评价结果的影响应受到高度重视,公民评价结果并非"无中生有",而是有其客观基础的。

3. 经历层面

公民评价经历层面的影响因素,是针对服务供给者与消费者的互动交往而言的,主要包括服务接触和受害经历等。布朗和库尔特(Coulter)的研究早已发现"与警察的交往经历"对公民评价结果的影响至关重要,而且接触特点对公民评价的影响是独立于人口统计学特征的[④]。海罗(Hero)等通过对社区环境、个体接触、服务供给等模型分析发现:只有个体接触的影响才得到了调查数据的支持[⑤]。由于以往研究没有考虑是否与政府打过交道,沃拉尔(Worrall)决定细分维度将分别针对两类公民评价建构模型,分析结果显示,接触评价是影响公民评价的最稳定因素[⑥]。

另外,赖西格(Reisig)和帕克斯专门比较了服务经历模型、生活质量模型和

---

① Oliver J, "Performance Measures and Democracy: Information Effects on Citizens in Field and Laboratory Experiments", *Journal of Public Administration Research and Theory* 21, no.3(2011): 399 - 418.

② Grimmelikhuijsen S G, Meijer A J, "Effects of Transparency on the Perceived Trustworthiness of a Government Organization: Evidence from an Online Experiment", *Journal of Public Administration Research and Theory* 24, no.1(2014): 137 - 157.

③ 宋典、芮国强、马冰婕:《政府信任、政治效能感和媒介接触对公民参与的影响——一个基于文明城市创建领域的调查分析》,《苏州大学学报(哲学社会科学版)》2019 年第 3 期。

④ Brown L, Coulter P, "Subjective and Objective Measures of Police Service Delivery", *Public Administration Review* 43, no.1(1983): 50 - 58.

⑤ Hero R E, Roger D, "Explaining Citizen Evaluations of Urban Services", *Urban Affairs Review* 20, no.3(1985): 344 - 354.

⑥ Worrall J L, "Public Perceptions of Police Efficacy and Image: The 'Fuzziness' of Support for the Police", *American Journal of Criminal Justice* 24, no.1(1999): 47 - 66.

社区情境模型等对公民评价的解释力,并构建了一个多层次线性模型,结果发现,与警员的亲密程度显著影响公民评价结果,而且呈正相关关系[①]。西姆森等采用结构方程模型发现,与警察的接触经历对公民评价结果存在较强的解释力[②]。布瑞丁波和杰斯罗的研究也同样发现,不管公民主动还是被动,与警察是否打过交道,都会提高个体做出积极评价或消极评价的可能性[③]。布卡莱特(Bouckaert)等却从另一个角度论证了该因素的重要性。他们认为,与服务绩效相比,公民期待和感知对服务质量的影响更为重要,而期待和知觉却源自公民与服务或社会的互动[④],即互动关系对期望和感知有源头上的影响,这里的互动关系实际上体现为个体经历、服务接触、政民关系。布朗在检验服务类型对公民评价的影响时,将直接的服务接受者和间接的服务接受者进行了区分,他发现服务互动效果对公民评价的影响显著,间接的服务接受者更可能基于服务的实际水平做出自己的评价,直接的服务接受者更倾向于根据他们与服务提供者的互动情形做出自己的评价[⑤]。同时,科斯欧等在警察态度决定因素的分析模型中也发现,受害经历的影响尤其显著[⑥],这说明不仅是公民与警察的交往经历会影响公民主观评价,而且作为服务体验者的"服务体验"也可能对其产生影响。

关于公民评价的影响因素探讨,已有研究给我们的启示如下:第一,公民评价并非受服务质量独立影响,其评价结果是多因素作用后的一种聚合性判断。第二,认知水平的差异可能会导致公民评价结果的不同,因为不同的个体认知会

---

① Reisig M, Parks R, "Experience, Quality of Life, and Neighborhood Context: A Hierarchical Analysis of Satisfaction with Police", *Justice Quarterly* 17, no.3(2000): 607 - 630.

② Sims B, Hooper M, Peterson S A, "Determinants of Citizens' Attitudes Toward Police: Results of the Harrisburg Citizen Survey-1999", *Policing: An International Journal of Police Strategies and Management* 25, no.3(2002): 457 - 471.

③ Bridenball B, Jesilow P, "What Matters: the Formation of Attitudes Toward the Police", *Police Quarterly* 11, no.2(2008): 151 - 181.

④ Bouckaert G, Van D, "Comparing Measures of Citizen Trust and User Satisfaction as Indicators of 'Good Governance': Difficulties in Linking Trust and Satisfaction Indicators", *International Review of Administrative Sciences* 69, no.3(2003): 329 - 343.

⑤ Brown T, "Coercion versus Choice: Citizen Evaluations of Public Service Quality Across Methods of Consumption", *Public Administration Review* 67, no.3(2007): 559 - 572.

⑥ Kusow A M, Wilson L C, Martin D E, "Determinants of Citizen Satisfaction with the Police", *Policing: an International Journal of Police Strategies and Management* 20, no.4(1997): 655 - 664.

使公民产生不同的服务知觉，而服务知觉将直接影响公民对服务的整体性评判。可见，认知水平是公民评价的基础性条件。第三，公民期望的不一致是影响公民评价的重要因素，因为在利益多元化的时代，不同利益群体的公共服务需求（或服务期待）可能存在较大差异，所以基于服务预期的公民评价也会有别。这也说明一个最基本的现象，即服务需求的绝对满足难以做到，政府必须基于大多数人的最大利益供给服务，有效的公共服务供给也存在"价值偏好"。第四，政府与公民的互动效果将影响公民评价，因为公民的服务体验和他们与政府的实际接触将带给公民最直接的感知信息，所以在此环节投入更多的注意力将有助于公民需求得到更大程度的满足。第五，对公民评价影响因素的进一步探讨，尚需站在一定的理论高度借助实证数据展开，因为影响因素更多的是一个具体的研究对象而非泛泛而谈的宏观构想。基于此，本研究认为，引入更新的研究方法和研究变量，将是探讨公民评价影响因素的关键环节，国内有关研究尚需对此做出努力。

四、公民参与公共服务绩效评价的模型和路径

如何实现参与式公共服务绩效评价，有哪些模型和路径可以借鉴？针对公民评价的模型建构，何和科茨以"公民发起的绩效评价"（CIPA）模型在艾奥瓦州9座城市的初步实验为基础，探讨了公民、民选官员、行政人员在发展绩效评价指标时的协作关系，并指出该模型在实践中将面临"公民参与的影响力及其参与有效性"的挑战[①]，至于如何应对这些挑战，他们未做出进一步分析。国内学者邓国胜建构了群众参与政府绩效评价的"四环五要素模型"，并辅之以大量个案进行了检验[②]。该模型是对国内有关实践的直接反映和概括，也暗含了对公民参与政府绩效评价的质量和可接受性问题的考虑，但尚需要进一步优化操作机制的可行性。周志忍在分析"公民参与阶梯理论"的基础上，提出了政府绩效评价中"公民参与的五个层次"，并通过对实践的深入观察发现，目前我国公民参与

① Ho A T, Coates P, "Citizen-Initiated Performance Assessment", *Public Performance and Management Review* 27, no.3(2004): 29 - 50.

② 邓国胜、肖超明：《群众评议政府绩效：理论、方法与实践》，北京大学出版社，2006，第 27 页。

是比较有限的，并从公民本位的视角提出了如何改造现有评价模式的策略[①]。其研究提示我们，必须强化公民在政府绩效评价中的主体性，这为公民参与意愿和能力两个方面的深入研究提供了思路。刘征驰等从双重契约视角出发，引入公民评价建立公共服务外包质量控制模型，促使政府和接包方投入更多监督成本和预防成本以提高公民满意度，但其不足在于忽视了公民对公共服务的预期和感知等[②]。比较有意思的是，包国宪等从公共价值视角出发，构建了一个强调公民和其他利益相关者参与的宏观政府绩效治理模型（PV - GPG 理论）[③]，这种基于公共价值的评价是公民参与的起点，也是其归属。杨黎婧将公民满意度和政府本位价值相结合，构建了包括制度评价、公民感知、价值评价三维度评价机制的整合性框架[④]，该框架呈现了公民评价的主位趋势，但尚待实证检验。以上研究为公民评价公共服务绩效的主体模型建构提供了重要思路。

公共服务绩效评价中公民有效参与的路径有哪些？对此，波伊斯特针对公民参与困境，提出了公民有效参与的路径，即增加考评信息的有用性、弥补评价结果使用的不足、避免利益相关者的缺位、减少内部阻力等，但是这些仅仅是策略性的建议[⑤]。针对公民评价的自利性、参与层次低、公共部门回应率与回应质量不匹配等问题，张廷君认为，政民对话体现为准对话关系、对话关系、理想对话关系三种进阶模式，并提出公民与公共部门形成“理想对话关系”的具体建议[⑥]。事实上，理想对话或许仅仅是一种“软推促”机制，部分研究者也提出了实操性的“硬办法”，公民参与必须依托公共责任机制，建构完备的公民评价监督体制[⑦]，

---

① 周志忍：《政府绩效评估中的公民参与：我国的实践历程与前景》，《中国行政管理》2008 年第 1 期。

② 刘征驰、易学文、周堂：《引入公众评价的公共服务外包质量控制研究——基于双重契约的视角》，《软科学》2012 年第 3 期。

③ 包国宪、王学军：《以公共价值为基础的政府绩效治理——源起、架构与研究问题》，《公共管理学报》2012 年第 2 期。

④ 杨黎婧：《公众参与政府效能评价的悖论、困境与出路：一个基于三维机制的整合性框架》，《南京社会科学》2019 年第 9 期。

⑤ ［美］西奥多·H. 波伊斯特：《公共与非营利组织绩效考评：方法与应用》，肖鸣政译，中国人民大学出版社，2005，第 251 - 252 页。

⑥ 张廷君：《城市公共服务政务平台公众参与行为及效果——基于福州市便民呼叫中心案例的研究》，《公共管理学报》2015 年第 2 期。

⑦ 李乐、杨守涛、周文通：《论公共责任视域下以公民为本的绩效评估指标体系的构建——英国的经验与启示》，《中国行政管理》2018 年第 6 期。

推进公民参与政府绩效评价的制度化和规范化[①②]；同时，公民可以更主动地发挥信息功能，在服务绩效评价指标的设计、权重设置、评价方式的选择、评价结果的使用等方面，都发挥重要的咨询作用，让参与的“关口”前移[③]；相较于绩效结果驱动，制度运行的过程驱动是促进公民有效参与的更好路径[④]。不难看出，以上策略有一定的针对性和可行性，但同时也有较强的情境性，尤其是制度、文化等环境因素对路径选择的约束，更需纳入公民参与路径的设计框架。

五、已有研究的启示

总之，国内外的前期研究为本研究的开展奠定了基础，但也存在着一些尚待完善的地方：(1) 在宏观视角上，没有很好地从中国特色民主行政的发展趋势出发，尚未建构一个强化公民主体性的公共服务绩效评价理论模式。(2) 在理论研究上，没有深刻把握民主行政与官僚制行政、外部公民参与与政府内部管理、代表性与效率之间的逻辑冲突，尚未建构出平衡这种逻辑冲突的决策模型。(3) 在研究内容上，影响公民评价的因素是多方面的，服务特征和非服务性因素都是影响公民主观评价的重要变量，而且有关研究对影响因素的分析大多是结合实际，选择比较突出的变量，影响因素的系统分析并不多见。这说明对于影响因素的研究，需要结合中国实际情境选择最合适的变量，聚合系统因素的研究未必最权威，这亦是今后有关研究在选择影响因素方面的基本考虑。(4) 在操作机制上，没有从参与意愿和能力两个方面入手设计公民参与公共服务绩效评价的具体方案，缺乏切实可行的政策建议和操作措施。(5) 在研究方法上，更多采用定性研究，实证研究总体上较少。因此，本研究借助国外已有研究提供的启发，结合当前公民最容易接近的公共服务，尝试进行中国语境的理论对话，以弥补已有研究的不足，力求为公民参与公共服务绩效评价的系统研究做出应有的理论贡献。

---

① 陈晨：《我国公民参与政府绩效评估的法治化路径探析》，《科学社会主义》2020 年第 2 期。

② 王聪：《治理效能视角下公民参与公共服务的制度研究》，《重庆大学学报（社会科学版）》2021 年第 5 期。

③ 马亮、杨媛：《公众参与如何影响公众满意度——面向中国地级市政府绩效评估的实证研究》，《行政论坛》2019 年第 2 期。

④ 颜海娜、彭铭刚、王丽萍：《公众治水参与：绩效结果抑或过程驱动——基于 S 市 926 个样本的多层线性回归分析》，《甘肃行政学院学报》2021 年第 2 期。

第三节 研究内容与思路

一、研究内容

围绕公共服务绩效评价中的公民参与问题，本研究将着力探讨以下内容。

（一）公民参与公共服务绩效评价的基础理论

基础理论部分主要包括理性官僚制与民主政治的内在张力，以及公共治理时代公民参与存在的理论困境。此部分的主要目的在于基于科层制行政与民主制行政的关系，探讨公民参与公共服务绩效评价的内在张力。具体而言，理性官僚制与民主政治的张力一直是公共行政学说史上备受关注的重大话题，官僚制的"反民主性"实际上源于它所生长的现代社会困境——"现代性悖论"。本研究在对比分析传统范式的基础上试图找寻平衡矛盾的场域，以契合公共行政的现实需求，进而为参与式绩效评价的逻辑自洽找到支点。另外，公民参与作为民主行政的内在要求和公共治理实践的核心机制，理论界和实务界对公民参与公共治理实际效应的评判却褒贬不一。在我国公共治理的实践中，公民参与对扩大进公共行政的民主、培育积极的公民资格、增加公民对政府的信任等有着积极的推进作用；同时，公民参与也将面临参与冷漠、能力限制、公民资格缺乏和效率悖论等困境。在此基础上，理性审视公共治理中公民参与的实际效应，对切实推进参与式绩效评价实践，以及对实现公民治理理论与协商式民主的对接意义深远。

（二）我国公民参与公共服务绩效评价的实践探索

我国公民参与公共服务绩效评价实践由来已久，其实践发展经历了三个阶段：探索阶段（1980—1990年）、发展阶段（1990—2010年）、转型阶段（2010年至今）。三个阶段的公民参与主要针对改革开放后的政府绩效评价实践，具有典型的时代特征。探索阶段是全能政府时代，政府基于管制行政的行政效能监察的绩效评价特征；发展阶段是全能政府向有限政府转变的中前期，政府基于管理行政的目标责任考核的绩效评价特征；转型阶段是市场经济发展和政府职能转变纵深推进背景下，政府基于服务行政发展要求的公民评价特征。同时，此部分还根据不同时代政府职能要求，分析了三个阶段公民评价的典型案例，即南京“群众评议机关”（或“万人评议机关”）、青岛市“三民”活动、上海“一网通办”政务服务“好差评”制度，三个案例呈现了不同时代公民参与评价的不同模式。

（三）公民参与公共服务绩效评价的意愿研究

积极有效的政府回应是增强公民参与意愿的重要因素，目前理论界关于两者关系的研究甚少。此部分基于沿海地区N市的问卷调查数据，借助绩效信息使用理论和计划行为理论，探讨绩效信息使用对公民参与意愿的影响，以及公民认知在两者之间的中介效应。研究结果表明，绩效信息使用对公民参与意愿具有显著的正向影响；公民认知变量中的参与知识、参与价值及参与活动的态度等指标，在绩效信息使用对参与意愿的影响中，均有显著的中介作用。本研究通过探讨公民认知的中介效应，直接将公民参与意愿纳入“政民互动”的研究框架中，不仅有助于深入理解政府行为对公民参与心理的影响，还可以极大拓展参与式绩效评价的相关理论。

（四）公民参与公共服务绩效评价的能动性研究

我国公民参与公共服务绩效评价虽已取得明显进展，但能动的实质性的参与举步维艰。公民参与缘何被动？已有研究在实证层面的探讨相对不足。此部分借助N市问卷调查数据，采用多元线性回归模型，对公民参与能动性的影响因素进行分析。研究结果表明，公民参与能动性总体上不足，公民评价的“象征性参与”突出；公民参与的能动性受个体、政府、社会等多层面因素影响，其中个体因素的影响力尤甚，且参与认知是影响能动性的强劲因素。因此，在公共服务实践中，要想实现真正的公民参与，政府不应局限于内部的传统努力，而应着力培育积极的公民资格，重视公民参与能力建设，加强官员对公民参与的支持，构筑公民表达空间，完善社会志愿机制，进而助推公共服务水平的实质性提升，乃至人民满意政府的达成。

（五）公民参与公共服务绩效评价的有效性研究

此部分主要涉及公民评价的效度问题，其立足科层制行政与民主制行政的内在张力，采用实证数据检验公民评价与客观测量之间的一致性，以回应公共服务绩效评价中公民参与的有效性。具体采用Z市基层警察服务绩效评价的问卷调查数据和机构记录数据，借助公民感知来检验实际业绩与公民评价之间的关系，既为公民有效参与公共服务绩效评价提供理论支撑，也为公共服务供给中“政府与公民的良性互动”奠定基础。研究发现，实际业绩对公民评价具有显著影响，公民评价并非毫无根据，公民对公共服务绩效的评价不是评不准，而是评价的对象和内容要找准。同时，公民感知与非服务性因素对公民评价的显著影响表明，开展公民评价尚需关注公民感知，非服务因素影响公民评价并不否定公民评价本身的效度。

（六）公民参与公共服务绩效评价的影响因素研究

建设人民满意的服务型政府，是新时代政府治理变革的内在要求。此部分从政府、公民、政民互动等维度建构理论分析框架，借助CSS2015调查的县域数据，运用Order Probit模型分析公民满意度及其影响因素。研究发现，财政能力、政务公开、经济绩效、社会保障、社会信任、社会公平感、就业状态、经济地位、互动意愿、负向互动行为等，对公民满意度皆有显著影响，而官员能力与正向互动行为对公民满意度的影响不显著。可见，我国县级政府应转变治理理念，摒弃唯GDP至上和唯长官意志，从政府、公民以及不同主体之间的互动等多角度出发，积极推进县域高质量发展，打造群众高质量生活新格局，提升县域治理效能。

（七）公民参与公共服务绩效评价的挑战和前景

数字时代公共服务的目标在于，运用数字技术改变政府服务公民、企业和社会的方式，公民可以在线查询政务服务信息，提供建议以优化公共决策，线上办理各项服务业务，甚至电子投票等。在此背景下公共服务绩效评价实践将面临诸多挑战，如技术偏差带来的参与者歧视、参与者的隐私威胁（或个人数据保护制度滞后）、评价信息的高质量要求、评价流程的组织重塑等。公民参与公共服务绩效评价的未来发展，必将在组织变革、评价技术、评价制度、个体素养等方面，快速实现数字化转型，培养高质量的数字公民，建立数字化参与式绩效评价的体制机制。

二、研究思路与方法

本研究将遵循实证研究的基本路线，由于具体研究涉及理论检验和理论建构两个方面，因而我们将立足研究问题拟定如下具体程序和操作步骤(见图1-1)。首先，借助定量方法和技术，检验公民参与的能动性、意愿、效度，即结合有关理论，通过演绎推理提出理论假设，针对参与意愿、参与能动性、参与效度、影响因素等内容展开问卷调查，进而借助数据分析结果对假设进行验证。其次，在了解公民参与意愿、能动性、效度和动因的基础上，建构公民参与的主体模式，以引导公民参与操作机制的形成。最后，在实证分析的基础上，讨论公民参与操作机制，即在定量分析的基础上，借助访谈和观察所获得的资料，进行经验概括和归纳推理，提出公民参与的实施机制，这将在实证分析各章的后面部分具体讨论。

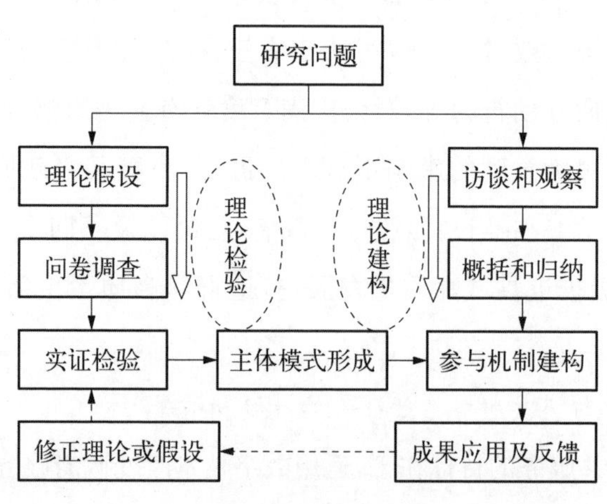

图1-1 研究思路

本研究的研究方法主要包括：(1)问卷调查法。由于发达地区公民参与公共服务绩效评价的条件更成熟，实地调查的可行性更大，因而本研究将以沿海城市作为典型案例，拟采用目的性抽样兼配额抽样，对公民需求、公民参与的现状有一个基本的、量化的、较为全面的了解，对将参与意愿、能动性、能力、影响因素等进行分析，检验变量之间的因果关系。(2)访谈法。对“知情人”进行深度的结构式访谈，以搜集官员对参与主体、民生指标、制度规范、参与途径、结果回应等方面的看法和建议，并采取比较分析与连续接近的方法，概括出切实可行的机制模式。此方法主要用于实证分析的讨论部分。（3）案例研究法。主要调查我国地方政府治理实践中公民评价的典型案例，以体验和感知公民参与的实际情景，为深入理解我国公民参与公共服务绩效评价提供经验素材。

第二章
公民参与的理论审视与内在张力

第一节　西方理性官僚制与民主政治的悖结及其调和

公民参与公共服务绩效关涉公共行政的一个古老话题，即代表性与效率之间的内在张力，也就是理性官僚制与民主政治的悖结。理性官僚制作为西方公共行政的传统范式，是在工业文明对科学技术和现代性张扬的宏大叙事背景下产生的，它影响了20世纪以来西方的公共行政实践。高举“理性”旗帜是官僚制的核心价值，正如马克斯・韦伯(Max Weber)所言，官僚制能够广泛传播而超过其他任何组织形式的决定性原因在于其“纯技术上的优势”，即“精确、迅速、明确、精通档案、持续性、保密、统一性、严格地服从、减少摩擦、节约物资费用和人力……能够达到最佳效果”[①]，这些优势正好是韦伯形塑理性官僚制的基本理念。其彰显了理性官僚制对工具理性或形式合理性的倍加推崇，追求效率也便成了理性官僚制的终极目标。然而，西方理性官僚制下专制和集权所导致的人性压抑，与启蒙运动所张扬的“主权在民、自由平等”等价值理念却又格格不入，工具理性似乎又摧残了价值理性，理性官僚制似乎陷入了一种形式合理性与实质非理性的逻辑悖论，这便成了后人责难理性官僚制内在不一致性的矛头。实

① ［德］马克斯・韦伯：《经济与社会(下卷)》，林荣远译，商务印书馆，1997，第296页。

际上，西方理性官僚制的形式合理性与价值合理性的冲突，也就是理性官僚与民主政治的张力所在，在公共行政领域中表现为“民主与效率”之间的价值冲突。在公共行政学发展的百多年历程中，民主与效率的冲突与调和相伴相生，理性官僚与民主政治的张力始终存在，这也一直是公共行政理论界和实务界备受关注的“大问题”。鉴于此，笔者不揣浅陋，试图在厘清公共行政学产生以来的“理性官僚与民主政治”的理论纠结之基础上，将目光转向公共行政的实践，力争为理性官僚与民主政治找寻一个弥合两种价值的节点——民主式的官僚制行政，以期实现公共行政范式的逻辑自洽，也为参与式绩效评价的难题破解提供理论支持。

一、理性官僚制的民主悖结

西方理性官僚制是韦伯塑造的一种官僚制的理想类型，它是“现代文明所内含的维持法律、经济和技术理性的必要条件或者组织手段”[①]。其基本特征表现为：以契约方式来任命人员、技术和知识的专业化、货币工资制、官员与行政工具所有权分离、规则化、单中心统治等。后文所指的官僚制也就是此种意义上的概念。“民主政治”出自古希腊希罗多德(Herodotus)的《历史》，“民主”一产生就不可能与政治分离，它是“为达到政治决定而作出的某种形式的制度安排”[②]。纵观民主思想的历史发展不难发现，民主政治包括了“自由、平等、参与、宽容”等价值理念，尤其是当代民主政治更加推崇“权力共享、大众参与、多元互动”。这些似乎与理性官僚的“集权、精英治理、保密、刚性规则”又相去甚远。虽然官僚制在实践中，对现代社会大型组织应对复杂多变的环境所取得的惊人成效功不可没，但是自官僚制产生以来，理论界就没有停歇过对它的指责和批判，比如官僚制的效率悖论、反民主性、非人格化、专制主义等。其中，关于理性官僚制的反民主性争论尤甚，很多学者认为官僚制扼杀了现代社会的民主，它与民主政治是绝对的“冤家”并非朋友。其批判的矛头主要指向以下三个方面。

(一) 极权主义——寡头统治

在韦伯所塑造的合理合法型权威组织中，“绝对服从”是官僚制组织的合法

---

① ［美］文森特·奥斯特罗姆：《美国公共行政的思想危机》，毛寿龙译，上海三联书店，1999，第37页。
② ［美］约瑟夫·熊彼特：《资本主义、社会主义与民主》，绛枫译，商务印书馆，1979，第359页。

性基础。严格的权威分层体系使得官僚制组织内部等级森严，即权力被少数人垄断的寡头统治现象。韦伯早就预料到，“一旦充分实行的官僚体制，就属于最难摧毁的社会实体”①。于是，绝对权威下的极权专制也就坚不可摧，建立在个人意志基础上的寡头统治也就成为一种必然。米歇尔斯（Michels）在《寡头统治铁律——现代民主制度中的政党社会学》中最透彻地分析了官僚制的非民主性，其主要从极权主义的源头——组织——展开了对问题的分析。他认为，“正是组织使当选者获得了对于选民、被委托者对于委托者、代表对于被代表的统治地位。组织处处意味着寡头统治”②。所以，米歇尔斯认为，组织是集权专制的温床，谁说组织，谁就是在说寡头，官僚制组织与民主政治是绝对的冤家对头。在此，权力与官僚组织本身似乎已被锁在了一起，官僚制越是强调官僚组织的稳定与持久也就越能显示寡头统治的生命力。韦伯在设计理性官僚制的时候已经预料到官僚制充分发展后的“政治后果”，只是他感知到一切都是无能为力的。不管是治人者还是治于人者，面对这个坚不可摧的“庞然大物”——官僚机器——都会显得百般无奈。“单个官僚不可能摆脱套在他身上的机器，职业官僚通过其完全的和理想的存在与其行为锁在一起。任何运动着的机制为他规定了实质上固定的前行路径，在其中他只是一个齿轮牙……实质上群众的命运越来越依靠官僚组织的运营。”③所以，韦伯在理性官僚制得以完备之后的“异常现象”面前似乎已经力不从心，寡头铁律无法扭转。因为韦伯在最开始形塑自己的理性官僚制时就已经塑造了官僚制的对立物，“现代官僚制一开始就是一个权力生态民主化氛围中的集权模式，是与政治民主和经济自由的生态环境相对立的，而且这种集权制是一种极为死板和僵化的模式”④。可见，官僚制从一开始就带有对民主的反抗，而且官僚体制中权力的惯性膨胀，最终必将形成威权统治下的“官僚国家”，而不是多数统治的民主社会。

---

① ［德］马克斯·韦伯：《经济与社会（下卷）》，林荣远译，商务印书馆，1997，第 309 页。

② ［德］罗伯特·米歇尔斯：《寡头统治铁律——现代民主制度中的政党社会学》，任军锋等译，天津人民出版社，2003，第 351 页。

③ Girth H, Mills W, “*From Max Weber: Essays in Sociology*”, New York: Oxford University Press, 1946, p.228.

④ 张康之：《超越官僚制：行政改革的方向》，《求索》2001 年第 3 期。

（二）信息垄断——暗箱操作

理性官僚的信息垄断，源自官僚制结构本身的封闭性。层级节制、专业分工、等级森严是官僚制组织结构的重要特征，而组织结构中的每个技术职位是通过“专业性权威”来履行其职责的。专业性权威的基础是专业知识，而不是个体所占有的职位；它属于个人权威，而非组织权威；它存在于非正式的社会网络中，依赖于对某些信息的控制[①]。“任何官僚制组织都力求通过对知识和意图的保密来增强专业上的优越地位，而职业机密亦是官僚制的独特发明”[②]。所以，上级官僚为了维护自己职位上的权力，削弱下级的专业性权威基础，他们都倾向于垄断信息和强调组织原则等方法，使外人不了解上层的决策基础。于是，官僚组织中的信息流通严重受阻，暗箱操作便成为组织常态。也正是“官僚制的理性形式、不透明、组织僵化以及等级制度的特性，使得它不可避免地会与民主制发生冲突”[③]。可见，官僚制通过保守持有信息来源的秘密性来实现其效率，却不经意间伤害了民主价值。导致官僚制反民主的原因并非官僚制本身，而是由官僚制具有的某些社会功能所致，这些社会功能滋长起来的信息垄断能力和组织能力使官僚制变得反民主。“现代行政管理所必需的信息和组织能力则不得不转变为一种控制和监督的工具，并受到官僚制自我封闭和独立过程的保护”[④]。在这种保护之下，官僚制组织的形式合理性也就自然转变为目的本身，而作为实质合理性的民主价值却被置之度外。官僚组织内部的保密性基本上成了行政管理独有的特征，官僚组织的层级节制、鸽笼式的专业分工，更是强化了专制主义的集权控制，官僚组织的信息垄断和自我封闭实质上就是源自其专制主义对控制的本能需求。因此，“官僚体制的行政管理按其倾向总是一种排斥公民的行政管理”[⑤]。这或许正是理性官僚组织制度背后的隐蔽逻辑：信息封闭性对正当性的必然冲击。

（三）专业主义——政治责任缺失

在韦伯预设的理性官僚制中，“行政管理意味着根据知识进行统治，这是它

---

① 陈国富：《官僚制的困境与政府治理模式的创新》，《经济社会体制比较》2007 年第 1 期。

② ［澳］欧文·E. 休斯：《公共管理导论（第二版）》，彭和平等译，中国人民大学出版社 2001 年版，第 48 页。

③ 陈国富：《官僚制的困境与政府治理模式的创新》，《经济社会体制比较》2007 年第 1 期。

④ ［英］戴维·毕瑟姆：《官僚制（第二版）》，韩志明、张毅译，吉林人民出版社，2005，第 112 页。

⑤ ［德］马克斯·韦伯：《经济与社会（上卷）》，林荣远译，商务印书馆，1997，第 314 页。

所固有的特别合理的基本性质”[①]。层级制组织科学地划分了每个工作单元，全部工作都被分解为若干特殊任务，直至分配给每个对应的专业化职位。每个成员将接受组织分配的活动任务，并按分工原则专精于自己岗位的职责。正是因为对义务体系细致而明晰的规定，决定了官僚体制中的人员不能通过选举而是通过“业务资格”来任命的，所以每个岗位任务的完成与专业知识可谓休戚相关。同时，“除了受专业知识制约的巨大实力地位外，官僚体制还倾向于通过公务知识，进一步扩大其权力”[②]。在此，韦伯所指称的“知识”实际上包括了专业知识和实践知识。根据知识进行统治的官僚体制，实际上不经意间为自己设置了一道准入门槛，即只有具备相应“知识”的人才能胜任权威义务体系中的岗位职责，其他人都将被排除在外，这就必然导致官僚体制的专业主义。官僚制对政治责任的缺失主要表现为：首先，专业知识的保密性将排斥群众对公共事务的广泛参与。官僚制组织基于维护自身在技术上的不可或缺性，都力求通过对知识和意图的保密来增强其专业上的优越地位，以致局外人被迫处于“理性无知”状态，这样势必导致官僚组织对群众知情权和参与权的剥夺。因此，专业主义势必排斥群众参与，政治责任也无从实现。其次，官僚的非民选特性将导致手段与目的的颠倒，进而导致官僚体制的自我拆台。既然官僚都来自上级的专业任命，那么他们就会习惯性地服从上级权威，而不是倾听下层群众的声音，这正是专业权威控制背后的“行动逻辑”，当一些“非民选官员拥有凌驾于其生活之上的广泛权力时，问题就出现了”[③]。专业主义的权威本来是实现组织目标的手段，但官员们最终却把对权威的无止境追求当成其职业生涯的终极目标，于是手段变成了目的本身，官僚组织也势必面临“自我拆台”的窘境。最后，在专业主义的技术理性背景下，群体生活空间将会变得理性化，社会自治和民主责任将会受到削弱。专业主义实际上是技术理性的外在特性之一，“技术理性要求对知识进行细致的划分，这种划分也不可避免地导致一种无背景、无时限的实践，即由技术理性哺育

① [德]马克斯·韦伯：《经济与社会(上卷)》，林荣远译，商务印书馆，1997，第314页。
② 同上书，第250页。
③ 同上书，第48页。

和抚养的专业主义必然会无情地带来赤裸裸的公共广场"①。在这个公共广场上,官僚组织追求的是一个无视公共目标的个人利益"简单相加"的技术效率,这"使得越来越多的群体生活空间理性化,削弱了整个社会的自治和民主责任感"②。可见,有意义的民主政体与专家行政之间的张力始终无法消解。

二、理性审视官僚制的民主困境:回应与探源

(一)理论界的辩护

在外界大肆批判理性官僚制反民主的同时,理论界也有不少学者开始为官僚制正名,其实这种辩护之声是对韦伯矛盾心理的应和。

首先,作为民主行政先驱的沃尔多(Waldo)指出,公共行政最核心的问题就是政治与行政的关系问题,政治是古希腊的,行政是古罗马的,政治要民主政治,行政是科层体制,两者来源不同,其统合和沟通是值得关切的③。虽然"'专制'是'民主'之后必然要付出的代价"④,但官僚制与民主政治并非水火不容,两者之间是可以找到一个联结点的,这个联结点实际上就是新公共行政学所推崇的价值目标:公平与效率并重。在对官僚制概念的理解上,沃尔多试图将自己的理解区别于韦伯的理想类型,他认为官僚制仅仅意味着大规模、正式、复杂、专业化及目标取向的组织。官僚制组织可以为民主价值观提供重要支持,但两者也有一些相抵触的地方,所以沃尔多把民主与官僚制之间的冲突更多视为一种难以摆脱的困顿。一方面认为权力集中是一件很危险的事情,另一方面承认集权如果引导得当也能够达到好的目的。也就是说,在公共行政中必须分散官僚手中的权力以防止专制主义,同时还得注意民主需要适度的集权推进,否则将会导致无政府主义和群氓政治。于是,沃尔多认为,要解决该问题就必须塑造一种新的行政文化,在民主与官僚制之间寻求一种融合,并利用这种文化来获得尽可能

① [美]杰伊·D. 怀特,盖·B. 亚当斯:《公共行政研究——对理论与实践的反思》,刘亚平等译,清华大学出版社,2005,第24页。

② [美]罗伯特·B. 登哈特:《公共组织理论》,扶松茂、丁力译,中国人民大学出版社,2003,第69页。

③ Waldo D, "*The Enterprise of Public Administration: A Summary View*", C.A: Chandler & Sharp Publishers. Inc, 1980, pp.xii - 210.

④ Waldo D, "*The Administrative State*", New York: Holmes & Meier, 1984, p.5.

多的人类价值。他强调,虽然“权威、等级、压制”不可避免,但人类社会也需要自由、平等和参与,我们应该积极地去面对所处的窘境而不是逃避。因此,他试图在官僚权威与反叛之间寻求一种合理的平衡——建构一种入世的、改革的、具有广泛民主的新公共行政学。

其次,古德塞尔(Goodsell)是极力为官僚制正名的一个重要人物,他通过经验数据证明了官僚制组织并非像人们批判的那样低效、无能、诟病丛生,处于过分苛责之下的官僚制背负了一种“不能承受之重”。他认为,“具有负功能的‘官僚制迷思’应该起源于美国独特的文化之中,即美国人对政府的习惯性怀疑与对资本主义的质疑,使得官僚制特别容易受到攻击,美国官僚制似乎成为自由、独立与企业精神的对立面①。”在古德塞尔看来,美国反官僚制更多源自美国独特的政治文化,即反国家主义的政治情结,正是人们对政治民主的不懈追求,使得人们更加提防官僚制带来的可能危险。可见,虽然古德塞尔并没有正面为官僚制的反民主性做大量分析,但似乎他已经间接回答了问题本身,即官僚制可能存在一些非民主的成分,但并不就是反民主。

再次,毕瑟姆(Beetham)从控制的角度对官僚制与民主的关系进行了分析。他认为,“官僚制行政管理本质上并非反民主的。只有受到私密性保护的时候,它的组织化能力才变得反民主”②。这些组织化能力实际上源自“在权威或者政策缺乏明晰的一致同意时,有社会行为的系统控制方面的原始需要”③。毕瑟姆区分出三种主要的行为过程——对社会服从和冲突的控制。“第一种是对未解决的社会冲突的管理;第二种是中央过分扩张的态势;第三种是保护国家的安全利益。”④正是这些行为使得控制活动造就了官僚制的独立和自我封闭,进而造成了官僚制的反民主性。可见,官僚制与民主政治的不协调主要是因为官僚制的某些社会功能所滋长起来的某些能力——垄断和控制能力。所以,毕瑟姆认为,人们应该更多关注这种能力的价值及局限,以及为什么这些能力会转变为一种独立的权力,而不是无理地批判官僚制本身的反民主问题,因为真正的问题不

---

① 毛寿龙:《西方公共行政学名著提要》,江西人民出版社,2006,第 105 页。
② [英]戴维·毕瑟姆:《官僚制(第二版)》,韩志明、张毅译,吉林人民出版社,2005,第 115 页。
③ 同上书,第 109 页。
④ 同上书,第 115 页。

是官僚体制与民主政治的矛盾。

最后，布劳(Blau)对两者的关系也是心存矛盾。他认同韦伯的观点：官僚制既是民主自由的保护神，也是民主的障碍。“尽管官僚制对个体性和民主构成挑战，但是官僚制组织工具同样可以用来保护个体性和保证民主治道。”①在布劳看来，官僚制因对公民有绝对控制而损害了民主，但他在两者的关系问题上似乎显得格外“无奈”。他更倾向于认为，官僚制有助于保护民主，而过度官僚化却又可能导致对民主的破坏，即官僚制是一种必要的恶。而这种对两者关系的矛盾心理在熊彼特、本尼斯、巴吉浩特、舒姆皮特等人那里同样存在。他们基本上都一致认为，官僚政治对民主政体不是阻碍，而是不可回避的补充。“现代工业社会里的民主政府为了做好国家事务领域所包括的所有事务，必须有能力支配一个富有强烈责任感和同样强烈的集体精神，以及有良好名望和传统的训练有素的官僚机构的工作。国家管理范围太大时，依仗的就是这个官僚机构”②，官僚制对民主政治是必不可少的。加之，官僚制对理性的推崇，否定了裙带关系、主观武断和感情用事进行管理的做法，使官僚制制造着社会等级的拉平化，促进了民主的发展。所以，在他们看来，两者是完全相容的。

（二）韦伯立场的澄清

韦伯在理性官僚制与民主政治的关系问题上是很矛盾的，或者至少显得有些力不从心。一方面，他认为在现代社会中官僚制与民主政治是相伴相生的，官僚统治体制是现代人必然的命运。另一方面，他也认为民主是官僚制的对手而非朋友。首先，就“官僚制与民主政治相伴相生”来看，韦伯主要是基于它们的共同背景——现代工业社会——来谈的，理性官僚制所推崇的技术效率与民主政治所倡导的自由、平等、参与实际上都是现代社会发展的产物，现代社会不可能摆脱官僚制的技术理性来实现其民主价值。为此，韦伯指出，“同小的同类单位的民主自治管理相反，官僚体制组织是现代民主的不可避免的伴随现象”③。也就是说，官僚制与现代民主是相伴而生的一种必然现象，两者对现代社会来说缺

① ［美］彼得·布劳、马歇尔·梅耶：《现代社会中的科层制》，马戎等译，学林出版社，2001，第194页。
② ［美］约瑟夫·熊彼特：《资本主义、社会主义与民主》，绛枫译，商务印书馆，1979，第26页。
③ ［德］马克斯·韦伯：《经济与社会(下卷)》，林荣远译，商务印书馆，1997，第305页。

一不可。可见,韦伯在此肯定了官僚制与民主在现代社会的共存性。其次,就"官僚制与民主存在冲突"来看,韦伯认为,官僚制"充分发达"之后必然会导致异常现象,即效率对民主的冲击。这里的民主,韦伯特指行政管理领域中的民主。韦伯批判了民主行政管理在现代社会公共事务管理实践中的可行性。他认为,这仅仅是一种"乌托邦",民主行政主要适用于这样的一些场合,"地区性的,参加人员的数目很有限,参加者的社会地位差别不大,任务比较简单和稳定,在实际考虑手段和目的方面要有较高的训练。因此对于我们来说,这种行政管理方式,在这里也不被视为一种'发展系列'中的历史起点,而是仅仅看作类型上的边缘状况……轮流执政也好,抽签抓阄也好,现代意义上的真正选举也好,都不是任命一个共同体干部的'原始的'形式"①。在韦伯看来,民主行政不可能作为一种主流形式与官僚组织同在,任命政府官员的原始形式理应是其理想类型的"官僚制形式"——专业化任命。在大型官僚制组织中,群众的广泛参与和权利运用是不可能的,"直接"民主只有在小型的社区内才有可能施行。因此,充分发展的官僚组织在专注于提高效率的同时,可能会形成与民主的对抗,这也表明了他对"威尔逊路线"的认可,即政治与行政理应分离。虽然韦伯并没有因此否定民主政治,但至少表明了他并不主张在发达的官僚组织中纳入民主因素。总之,在官僚制与民主的关系问题上,韦伯既承认两者的共存性,同时又认可两者之间的冲突。可见,他将两者的关系定位于一种紧张的困境。

(三)问题探源:现代性悖论

在西方理性官僚制民主悖结的争论上,或许无法做出定论,但是,一个不争的事实便是:现实中的人们切实感知到了官僚制对民主价值的冲击。在此,我们也没有必要去过问是官僚制组织本身的问题,还是官僚制具有的某些功能问题,因为现代社会的人们并没有觅到一个优越于官僚制组织的替代模式。不管是新公共行政的价值弥合,或是新公共管理的企业家精神,也不管是新公共服务的服务于民,还是后新公共管理的智识努力,似乎都没有给出一个让人信服的超越模式,所以官僚制组织模式有其存在的价值。或许我们更应该去探寻促成官

① [德]马克斯·韦伯:《经济与社会(下卷)》,林荣远译,商务印书馆,1997,第272页。

僚制发展壮大的学理背景——作为官僚制理性之基的现代性，这亦是公共行政的宏大叙事。

现代性源自启蒙运动的精神，即对理性、科学和自由的肯定与推崇。从文化角度来看，现代性是“相对于中世纪‘神学社会’形态的一种马克斯·韦伯意义上的‘世俗社会’的形态”[①]，现代性的基本价值表现为理性、主体性、自我意识和自由。现代理性在形式上表现为：“经济行为的精确计算投资与收益之比的簿记方法，政治行为在行政管理上的多层化、制度化，法律行为的司法程序化，文化行为上为世界祛魅的过程。”[②]符合理性正是韦伯分析资本主义政治、经济、文化等问题的主线，韦伯“从‘工具’与‘价值’、‘形式’与‘实质’这两对范畴出发，提出了‘工具合理性’与‘价值合理性’、‘形式合理性’与‘实质合理性’的概念”[③]。形式合理性与实质合理性之间的不一致或许正是韦伯理性官僚制的症结所在，这便是现代性的内在冲突。在韦伯看来，形式合理性主要是指手段与程序的可计算性，是一种客观的合理性，具有事实性质；实质合理性是指不同事实之间逻辑关系的判断，是一种目的和后果的价值，属于主观的合理性，具有价值的性质。形式合理性主要表现为可计算性、效益和非人性等现代性价值，实质合理性表现为博爱、平等和兄弟友爱的理想主义的伦理价值。显然，两者之间在文化价值上存在不可避免的冲突。可见，官僚制追求的“效率至上、精确性、可计算性、非人格化”仅仅是现代性的工具理性诉求，它与现代性所倡导的“自由、平等、宽容、博爱”等价值诉求之间存在必然的矛盾和冲突。韦伯认为，实质合理性是传统社会秩序的本质特征，而现代社会的发展则要求从实质合理性走向形式合理性。实际上，韦伯在最开始设计理性官僚制时就已经将实质合理性排除在外，他也无力在官僚体制内部来解决形式合理性与实质合理性的矛盾。可见，韦伯是有意回避了这一问题，因为该矛盾不是可以通过设计一种完美的组织形式就能缓解的，现代社会的发展实际上就是价值矛盾体不断碰撞的过程。这或许就是理性官僚制的命运，即难以摆脱的现代性悖论，而不是理性官僚制的民主悖论。

---

① 陈嘉明：《现代性与后现代性十五讲》，北京大学出版社，2006，第 24 页。

② 同上书，第 31 页。

③ 同上书，第 107 页。

由此可见，官僚制与民主政治的关系并非来自官僚组织本身的体制设计，而是来自其生长的宏大叙事背景——现代性，这亦是传统公共行政学一直以来难以摆脱的逻辑困境，即政治民主与行政效率的冲突，形式合理性与实质合理性的矛盾。现代社会既需要科学—工具理性，也需要民主—价值理性，科学与民主之间不可避免的碰撞自然就会“投射”于行政管理的组织实体或是公共行政实践中。因此，作为效率至上的官僚制也就势必成为人们批驳的对象。

三、走向民主的官僚制行政：寻求平衡的场域

（一）扬弃理性官僚制：勇敢面对而非逃避

理性官僚制与民主政治关系的飘摇不定，彰显了公共行政发展进程中“效率与民主”两个钟摆始终难以平衡的状态。实际上，理性官僚制的思想渊源来自启蒙运动所张扬的“现代性”，即“理性精神、科学观念和自由思想”。理性官僚制的“理性”更多的是聚焦于现实中的“人”，体现了一种人文主义情怀，以及对民主、自由、平等的珍爱。应该说，理性官僚制不仅是国家职能分化的结果，而且是社会民主化进程的产物。本研究认为，官僚制对效率的追求在某种意义上将有助于推进现代的民主发展，官僚制是现代社会“必要的恶”。在此，我们不仅要追问：既然现代社会无法逃避官僚制的命运，那么在现代官僚体制中是否有容纳“民主”的可能性呢？的确，无论人们如何大肆批判官僚制的反民主性，问题的关键都在于现代社会的人们似乎没有找到替代官僚制的更好模式，所以只能在现有官僚制的基础上寻求改良或是超越。如果一味地指责官僚制的反民主而避开官僚体制本身，如新公共管理、新公共服务及后现代公共行政的“去官僚化”理念，那么都是不切实际的，至少在现代社会是如此。至于后现代社会的组织形式如何，后现代的界域究竟在哪里，这些都难以下定论，或许那只是另一个时代的话语体系，因为我们更需要解决当今时代的急切问题，我们要有面对问题的勇气。也就是说，我们如何使官僚制在实践中既保持自身理性的一面，同时也不因为自身权力的扩张导致反民主状况的出现，这是我们亟待解决的问题。

纵观西方公共行政的发展历程，从新公共行政到新公共管理运动，再到新公共服务、后现代公共行政，不管是理念的创新还是实践的改革，对官僚制的理论

和实践来说都是一个巨大的挑战，去官僚化基本上成了 20 世纪 70 年代以来诸多学者的一致呼声。然而不管是新公共管理还是新公共服务，其倡导的改革理念“最终都无法创造一种作为代替传统公共行政核心构成部分的官僚制组织形态，新模式的主要载体还是官僚制”①，去官僚化基本上可以说是失败的。因为这些范式“在否定官僚制缺点的同时，可能也在不经意中把它的优点同时否定了，而这些优点不仅是工业社会所需要的，事实上也是后工业社会所需要的”②。不过 20 世纪 90 年代中期以来的整体性政府、网络化治理、数字时代的治理等改革似乎带有一些创新和改进，对公共行政改革进行了重新整合，也可以说是对“去官僚化”的一种极力纠正。而数字时代的治理理论说明了“理性官僚制模式在现代信息社会并没有表现出不适症”③，信息时代同样需要官僚制所要求的专业化和职业技术能力，因为新技术革命和产业变革更需要“知识密集型”的人才，理性官僚制的“理性”价值更是迎合了新发展阶段的时代需要，理性在任何社会都是必不可少的。同时，官僚制倡导的等级中心化在任何社会都不可能缺失，现代社会不管怎么强调多元化，都不可能没有中心，没有中心的社会是绝对无法想象的，而作为等级制的中心只能借助权威政府——经典的官僚制组织形式——来发挥作用。所以，应对问题的关键是“如何维持官僚的自主与社会、政治对其控制之间的平衡”④，即如何在理性官僚制的框架内协调“民主与效率”的矛盾。究竟如何来维持这种平衡？早在 20 世纪 60 年代，艾森斯塔特（Eisenstadt）就对影响这种平衡的主要因素进行了研究，他认为主要可从官僚政治的主要目标、社会中目标的位置、官僚对外界力量的依赖形式、内外控制的实质、衡量组织成功的标准几个方面进行平衡⑤。然而，这些平衡在其后的实践中也遭受了怀疑，其在持续性和可行性方面将面临困境。为此，我们试图在官僚制组织中吸纳民主

---

① 竺乾威：《官僚化、去官僚化及其平衡：对次方公共行政改革的一种解读》，《中国行政管理》2010 年第 4 期。

② 同上。

③ 同上。

④ 竺乾威：《官僚化、去官僚化及其平衡：对次方公共行政改革的一种解读》，《中国行政管理》2010 年第 4 期。

⑤ Eisenstadt S N, “*Bureaucracy, Bureaucratization and De-bureaucratization. A Sociological Reader on Complex Organizations*”, New York: Holt and Winston, Inc, 1961, pp.304 - 307.

理念，走向民主式的官僚制行政，以期探寻公共行政的逻辑自洽，即寻求兼容“民主与效率”的一种公共行政新范式。

（二）寻求平衡的场域：民主式的官僚制行政

由前文分析可知，既然现代社会不可能摆脱官僚制的命运，那么我们只好在官僚制的背景下寻求融合民主价值的公共行政新范式——民主式的官僚制行政，也即官僚制民主。关于官僚制民主的研究，最早来自美国学者耶茨所著的《官僚制民主：在美国政府中寻找民主和效率》(1982)。该书以剖析官僚制民主的要素为切入点，分析了政治、行政体系的运行和民主与官僚制之间的关系。就当今各国发展的历史轨迹来看，任何社会都不可能完全摆脱现代性的宏大叙事，民主与效率是现代社会不可或缺的价值追求，所以耶茨认为，“民主是大多数西方国家的核心价值，效率是任何一个管理领域或行政机构的主要价值。因此，政府必须既有民主，又有效率”[①]。要缓和民主与效率之间的矛盾，就要在民主的政治规则下建立一个高效的行政体系——官僚制民主。何谓官僚制民主？也即民主式的官僚制行政，耶茨认为，其基本意思是“在官僚制背景下，民主地制定决策”[②]，它是一种与以前的民主理论不同的政治、行政体系。在理解该含义的时候，我们必须把握如下几点：第一，官僚制民主的一个基本假设是，官僚制的理性价值将始终伴随人类社会的发展，无法回避。第二，官僚制民主模式力图在官僚制框架内调和“民主与效率”的矛盾，政治与行政在此模式中是不可分离的。第三，官僚制民主是在现代社会的语境中来理解的，也就是说这种行政模式具有宽泛的容纳能力，它能够包括现代性所主张的“理性主义、科学主义和自由主义”精神。第四，官僚制民主模式赋予不同层次的官员以应得的“决策权力”，正是在此意义上，使得民主与效率的矛盾在官僚体制中得以调和。可见，民主式的官僚制行政就是在现代官僚制的框架中，导入民主决策的理念，争取效率的最大化，以最终实现公共价值的最大化。它与民主行政的最大不同在于，它不排斥官僚制模式本身，它不是像奥斯特罗姆所说的那种“哥白尼式的革命”，而是在理性官僚制的基础上继续推进，带着“民主与效率”的双重使命前行。

---

① 毛寿龙：《西方公共行政学名著提要》，江西人民出版社，2006，第284页。

② 同上书，第283页。

或许民主式的官僚制行政在概念上容易理解，但在公共行政实践中它究竟有哪些实操性的基本主张或做法呢？

1. 追求公共价值，但并不反对效率价值

马克·莫尔(Mark Moore)早在1995年就对公共价值的含义提出了自己的理解。莫尔认为："价值扎根于个人的期望和感知，所谓公共价值就是对公民具有的效用，是公民对政府期望的集合"[①]。公共价值包括三大构成部分：服务的价值、结果的价值、诚信与合法性的价值。[②]"服务的价值"强调公共服务分配的公平公正和公民对服务的满意度；"结果的价值"强调产出对公民的实际效应，而不是简单意义上政府的输出怎么样，它更关注政府对责任的履行程度；"诚信与合法性的价值"强调通过营造开放、公平、民主的管理环境以提高公民的归属感，增加对政府的信心，进而提高政府行为的合法性。可见，公共价值关注公民的需求，强调官僚行为对结果负责，强调官僚与公民的互动和协商。传统公共行政范式追求效率至上，而新公共行政学范式强调公平价值，效率价值在官僚体制中应该加以控制，新公共管理范式以绩效为目标似乎是回归了传统的效率理念，新公共服务范式更是强调公共利益的终极目标，但它却偏爱民主价值。与这些范式不同的是，民主式的官僚制行政在强调公共价值的同时，并不排斥理性官僚对效率价值的追求，因为完全扼杀理性价值在他看来是不切实际而且不太可能的，民主式的官僚制行政似乎更倾向于在理性的基础上追求公共价值。这便是民主式的官僚制行政的价值定位。

2. 将政治输入行政管理的整个过程，实现权力分割

民主式的官僚制行政强调政治在公共部门决定"生产什么是有价值"的问题上至关重要，政治不依赖于特定的空间，而是被注入管理系统整个过程的元素。与官僚制所假定的"政治行政二分"不同，民主式的官僚制行政将政治融入了行政管理的全过程，政治与行政并不是对抗的。同时，政治输入的过程也是一个权力适度分割的过程。政治在各层级的输入就意味着权力在各层级的适度下放，

---

① Moore M H, "*Creating Public Value: Strategic Management in Government Cambridge*", MA: Harvard University Press, 1995, pp.25－130.

② 尹文嘉：《公共价值管理：西方公共管理理论发展的新动向》，《领导科学》2009年第9期。

权力下放并不意味着权力的分散化，相反它却意味着高层权力的进一步强化和集中。因为权力下放使得基层有获得权力的自足感，进而使基层更趋稳定，这对维护高层权威就更有利。所以，在民主式的官僚制行政范式中，看似高层权力被分割了，实则进一步强化了高层的权力，新范式的高明之处显而易见。这便是民主式官僚制行政的主要任务。

3. 注重民主与效率的平衡

既有的公共行政范式在“民主与效率的冲突”问题上基本上无能为力。传统公共行政范式认为，民主问题应该由政治来解决，技术上的效率问题应由官僚制来完成；新公共管理范式认为，民主只是在制定宽泛意义上的目标时才能被接受，其制定的目标至多是一个分配效率的框架而已。然而，这种宽泛意义上的体制目标往往没有引起管理者的注意，因为他们关注的是技术效率而不是民主价值。可见，新公共管理范式中的民主与效率基本上是脱节的。与此不同，民主式的官僚制范式认为分配和技术上的效率都需要输入民主，而且事实上的民主输入将包含在整个过程之中。公民偏好在民主式的官僚制行政范式中处于核心位置，而寻求公民偏好是一个极其复杂的对话过程，所以，公共管理者的任务就是要设法让公民真正参与“偏好讨论”的整个过程，争取广泛意义上的协商与对话。可见，在民主式的官僚制行政范式中，民主与效率事实上是一种合作伙伴关系，民主与效率之间的张力在这里可以得到平衡。这便是民主式官僚制行政的根本目标。

4. 发挥行政首长的作用，保持强有力的权力中心

民主式的官僚制行政强调权力分割，但分散后的官僚组织结构可能会因为缺乏权力中心而损害组织效率，进而使民主与效率的矛盾凸显。为此，我们就需要引入强有力的、权力集中的领导，重视发挥行政首长的作用，以使官僚制组织的整体性权力得以集中。行政首长的主要作用就是整合各层级分化的权力，他是官僚制组织中权力平衡的核心，实际上行政首长就是官僚组织中的一个控制器和平衡器。在公共行政的实践中，我们应更多地推出各级政府的首长负责制。这样，即使官僚组织在实行扁平化的改进中也不至于因没有“主心骨”而导致“多数人暴政”对组织整体效率的破坏。因为没有中心的组织是无法想象的，其后果也是不堪设想的。将行政首长置于权力中心位置，将有助于形成一个柔性化的

行政权力系统，以保证官僚制组织对效率、责任、公平的回应。这便是民主式官僚制行政的重要保障。

四、讨论：找寻公共行政学的逻辑自洽

理性官僚制在人类社会发展史上的强大生命力，使我们有理由相信：公共行政不可能逃避官僚制的框架体系，要在公共行政实践中平衡民主与效率的矛盾，就得在官僚制框架内寻求平衡的场域，因为当前大部分国家的政治基本上都日趋成了一种"官僚制民主"。因此，就当前及今后很长一段时间的社会发展形势来看，民主式的官僚制行政势必将成为公共行政学发展的新范式。在民主式的官僚制行政范式中，我们可以摆脱政治与行政二分的逻辑困境，最大限度地实现民主与效率的平衡，或许这也正是公共行政学所要找寻的逻辑自洽。但是，在此我们不得不警惕该范式在公共行政实践中操作方面的障碍，因为我们首先导入的是一种超越传统范式的理念，而不是详尽的行动指南。在民主式官僚制行政践行的初期，或许它为公共行政实践提供的更多的是一种新思维、新理念，其主要是引导公共行政的实践者不要试图与官僚制划清界限，不应在对官僚制民主悖结的抱怨中寻求"乌托邦式"的改革，一切都得契合现代社会的语境，我们需要有更大的勇气面对问题而不是回避问题，因为公共行政学的逻辑自洽需要在现实中寻找。在公共服务绩效评价中引入公民参与，实乃调和民主与效率关系的重要实践。

第二节　公共治理中公民参与的理性审视

参与式绩效评价是公民参与公共治理的重要体现，公民参与公共服务绩效评价的普适性价值和现实困境，也将呈现于公民参与公共治理的一般实践中。公共事务的"多中心合作共治"是 21 世纪公共行政领域的一个全球趋同现象[①]，

① ［美］菲利普·J. 库伯等：《21 世纪的公共行政：挑战与改革》，王巧玲、李文钊译，中国人民大学出版社，2006，第 2 页。

随之公共治理也便成为时下公共行政学界的一个热门话题。公共治理是有别于传统政府管制模式的一种新型公共行政管理模式。它强调多元治理主体相互合作,共享管理权力,通过多种管理手段增进和实现公共利益。公民参与作为民主行政的内在要求和公共治理实践的基本途径,对践行我国全过程人民民主的精要内涵至关重要。但是,就我国公共治理的实践来看,公民参与的实际效应如何?其可能存在的困境及其原因是什么?这些问题都将直接影响我国公共治理的发展。博克斯(Box)的"公民治理理论"为探讨公民参与公共治理提供了较好的理论对话平台,借助其话语体系将有助于学界更深入地研究公民参与的相关问题。为此,本研究将试图在"民主与效率"相协调的前提下,以公民治理理论来检视公共治理中公民参与的实际效应,探讨公民参与的现实意义及困境,为推进公共治理前沿理论与协商式民主的"对接",以及公民参与公共服务绩效评价实践提供理论支持。

一、相关理论阐释

(一)公民治理理论

20 世纪末期,一些公共行政学者为防止行政国家的过度膨胀,强调复归公共行政的民主价值,力倡公民治理的新型公共行政模式。最先明确提出"公民治理"行政模式的是博克斯。他在《公民治理:引领 21 世纪的美国社区》一书中,描绘和构建了 21 世纪美国社区的新型治理模式。其主要围绕公民、政府代议者、公共服务职业者之间的角色定位与角色关系变化,主张复归传统三大价值,即地方主义、小而具有回应的政府、公共服务职业者作为公民的咨询者和帮助者,强调公民治理模式必须坚持适度规模原则、民主原则、责任原则、理性原则,主张抛弃传统官僚制的集权控制和单向型管理模式,倡导将传统的"政府中心"转变为"公民中心",力图构建适应后工业时代的公共治理新模式——公民治理模式。

公民治理理论的核心思想在于:公民是积极的"参与者"和"治理者"而不是传统的被动接受者,基层公共事务的治理应以公民为中心,公民积极主动参与基层公共事务;政治代理人(代议者)应该充当"协调者"而不是发号施令者,他们放权于公民,让公民主导和管理公共事务活动;行政专业人员(公务员)应当充当公民参与公共事务的“促进者”和“帮助者”而不是执行者和控制者。因此，在公民治理的公共行政模式中，政府是一个“小而精悍的回应型政府”，公共事务的履行更切实、更有效，因为权力分散于社区，公民最知晓基层的公共需求，他们的行动最具针对性和实效性。同时，我们不难发现，博克斯不仅关注民主价值，而且间接地回应了效率价值。可见，在他的公民治理模式中，民主和效率之间是可以协调共进的。

（二）公民治理理论中蕴含的公民参与诉求——培育积极公民

公民参与作为协商式民主的内在规定，不仅是公民治理理论的一项重要制度安排，也是公民治理实践的核心机制。公民参与的过程实际上就是现代公民充分彰显个性、发挥主体性、实现权利的过程，具备现代公民意识和健全公民资格的公民被赋予中心和主体地位①。在公民治理理论看来，公民资格是公民参与的逻辑起点，也是实现公民治理的基础性条件，因为并非所有的公民参与都是有效的，要保证公民参与的有效性就必须培育积极的公民资格。

公民资格是指公民对公民权利、公民义务和公共精神等的感受能力。它“不仅是一种身份地位，更是一种实践活动；不仅是一种权利，更是一种责任”②。个人主义与集体主义是美国建国以来的两种主流价值观③，究竟哪个更适合美国的社会生活模式，这仍然是今天理论界讨论公民资格问题的中心。在博克斯看来，两种不同的价值观实际上从不同的角度体现了公民资格的内涵：个人主义强调从个人立场保护自由，关注公民资格中的权利内涵；集体主义强调集体意义上的社区美德，关注公民资格中的义务内涵。博克斯关于公民资格的观点，主要反映在三种基本的公民角色及其作用中，即“搭便车者”、“看门人”和积极参与者。“搭便车者”对公共事务知之甚少，让别人代位执行其权利和义务，所以他仅仅是一个“纳税人”或公共服务的消费者；“看门人”关注公共事务和政治，但他们只参与少量直接关系其自身利益的关键性议题，所以他们的参与行为也是消极的；积极参与者和前两者的最大区别是参与行为的积极性和能动性，他们积极投入公共事务并加入一些公民组织中，极力使自己的参与行为产生持续的影响。

① 徐君：《公民治理理论析论》，《北京行政学院学报》2006 年第 3 期。
② 李图强：《现代公共行政中的公民参与》，经济管理出版社，2004，第 117 页。
③ ［美］理查德·C. 博克斯：《公民治理：引领 21 世纪的美国社区》，孙柏瑛等译，中国人民大学出版社，2005，第 132 页。

在这三种类型的公民中,"搭便车者"与"看门人"的公民角色只是将社区视为一种提供"服务套餐"的地方,而对社区不具有更多的认同感和归属感。因此,他们的参与行为都是被动而不具正面影响力的。在公民角色认知上,一端是"搭便车者"(消极参与者),另一端是积极参与者,位于中间的是"看门人"。博克斯所描绘的这三种公民角色为阐释其公民治理模式的内涵奠定了基础。

"积极的公民资格"意味着公民积极投身于公共事务的思考和设计,影响公共部门的决策制定,满腔热情地考虑公共利益①。构建公民治理模式旨在培育"积极的公民资格",帮助公民创造自我决策、自我管理的基层社区。在积极公民的治理模式中,"公共行政角色是转换型的、促进型的公共服务者,是任务导向与平衡的会议召集者,以及一位善于倾听的行政者。"②公共行政的民主化意味着行政活动的公开透明,意味着政府积极创造条件让公民与公共行政人员一起对话、讨论与执行公共事务。在公民治理模式中,政府积极的行政行为不是加强公共行政权力,而是创造公民与政府的合作交流平台,培育积极的公民资格——能动的参与者。然而,要有效发挥积极公民对公共治理的正面作用,最终还必须借助公民参与去践行。可见,在公共治理实践中,公民资格是公民参与的逻辑起点,公民参与是践行公民治理模式的中介,而公民治理却成了这一线性连续谱上的制高点(见图 2-1)。因此,探讨公共治理中的公民参与不可忽视积极公民资格的培育。

公民资格 ——→ 公民参与 ——→ 公民治理

图 2-1 公共治理的线形连续谱简图

二、公民参与公共治理的现实意义

伴随民主化进程的不断演进,公民参与公共事务治理的热情日益高涨,在我国公共治理的实践中,公民参与虽已被广泛推行,但理论界和实务界对公民参与

① [美]理查德·C. 博克斯:《公民治理:引领21世纪的美国社区》,孙柏瑛等译,中国人民大学出版社,2005,第62页。

② Schachter H L, "*Reinventing government or reinventing ourselves: The role of citizen owners in making a better government*", Albany, NY: State University of New York Press, 1997, pp.12-210.

公共治理实际效应的评判却各执一词。鉴于此,下文将先对公民参与公共治理过程的积极影响作一梳理。

(一)推进民主行政的发展,实现公共事务的合作共治

民主行政理论主要体现在新公共行政学派、公共选择学派和黑堡宣言等的主张之中,其倡导的基本价值有公正、公开、公平、自主、多元,并认为公民可以自己处理自己的事务,在公共治理中要淡化"权威、命令、控制",因为公民是自主治理的积极参与者。如果可能的话,最好在公共治理中采用直接的民主,即更多采用公民直接参与的途径①。可见,公民参与理应是民主理念的基本形式。随着我国行政管理体制改革的纵深推进,新发展理念背景下政府更加关注民主行政,不管是在公共决策领域,还是在公共事务的管理过程中,政府都倾向在公共治理过程中融入更多的公民参与。如地方政府开展的听证会、公共服务咨询会、民意调查、群众评议政府等,这些活动都从不同角度体现了公民参与公共治理的实践。引人注目的广州"公民三问公共事务"②就是很好的例证:一是广州市政府应"公共预算观察志愿者"的请求,公开政府部门预算;二是广州市人大代表的一份调研报告引发的一场关于公交所用的液化石油气是否环保的争论;三是广州市民围绕番禺"垃圾焚烧场"选址问题展开的政策讨论。类似话题以燎原之势已在各地的公共事务治理中渐次推开。广州市民最为关注的这三个公共话题,虽具体内容不同但主题却只有一个:公民对于公共事务(尤其是与自身利益密切相关的事务)的关注度和积极性越来越高,公民意见的表达和公民参与行为在公共治理中已成不可逆转之势。可见,公民的参与行为一方面是行政民主化的见证,另一方面也推进了民主行政的发展。

(二)提高公共决策的效率,降低公共服务的供给成本

公民参与公共决策是公共治理民主化的重要体现。公共决策的目标指向是解决公共问题,所以公共问题理应成为公共决策的逻辑起点。然而,公共问题的有效识别取决于积极公民的参与效果。就公共决策的全过程来看,公民参与公共决策的制定(包括问题的收集、分析和界定等),将有助于提高公共问题界定的

---

① 魏娜:《公民参与下的民主行政》,《国家行政学院学报》2002 年第 3 期。

② 秦德君:《三问公共事务与公民参与》,《决策》2009 第 12 期。

真实性和有效性；公共决策的有效执行同样需要公民的积极参与和配合，因为决策执行需要直接面对公民，公民的积极合作将直接影响执行的效果；在决策实施后的评价阶段，民主型政府会注重引入公民参与，因为既然公共问题是针对公民而言的，那么问题解决的效果究竟如何也只有公民最清楚，决策的最终评议权也理应归于公民。同时，公民积极参与公共决策的过程也有助于节约大量的信息成本，确保了信息的真实性和有效性。从此角度来看，民主与效率在"公民参与"这里并非相悖，或将共进共存。

（三）增进公民对政府的信任，提升政府执行力

政府放权于民，在公共治理中融入更多的协商、对话、合作，使公民有更多机会与政府沟通，将有助于缓解政府与公民之间的冲突和矛盾，从而增进公民对政府的理解和信任，并提升政府执行力。美国20世纪70年代陷入的那场"信任危机"致使美国政府一改传统的管理风格——集权、命令、控制，进而主张分权、公民本位、公民参与等行为取向。我国自20世纪80年代就开始关注"政府和公民的对话与合作"，但是由于结构上的政治体制和经济体制束缚，始终未能见到实质性的进展。20世纪末，我国政府开始大力倡导关注民生、服务于民、官民共治等行政理念，并出台了城镇低保、合作医疗、取消农业税、义务教育等聚焦民生的社会政策，这种"民本位"的行政理念已基本上渗透到了我国大量的公共事务活动中。近年来，在以人民为中心的发展思想指导下，公民参与公共治理的实践进一步增进了公民对政府的信任和理解，增强了政府的责任心和自信心，并将推进政府治理能力的现代化转型。

（四）广泛培育公民资格，提高公民参与的自主性和能动性

公民资格是公民对公共权利和公共义务所具有的感受能力，只有具备这种能力的人才能称之为合格的"公民"。在公民治理理论中，公民参与公共治理活动的基本前提是存在大量的积极公民，即具有公民资格的公民。在公共治理的线性连续谱上，两两之间是可以相互影响的，积极的公民资格是公民参与的逻辑起点，但反过来公民参与活动本身也有助于培养公民的自主性和能动性。约翰·密尔(John Mill)认为："最好的政府形式不仅要求最后的主权或作为最后手段的最高支配权力属于社会整个集体，而且每个公民对主权的行使都具有发言

权,并且不时地被要求参加政府或担任公职。"①公民参与不仅能够更好地维护公民个人的权益,更重要的是能够促进公民德性和智力的提升,以及积极、自主、独立等性格的培养。在我国城乡社区治理中,为什么社区管理的行政化现象突出,原因或许就在于此,公民缺乏独立意识,公民团体的活动也缺乏自主性。政府的"威权式"管理模式,一方面是由于外在因素所致,如政治体制、管理模式、领导风格等;另一方面却是因为政府不放心,害怕公民参与会导致"一团糟"。于是,他们潜意识中宁愿"事必躬亲",累一点,也不愿让公民"掺合",越是如此,公民的依赖性也越强,能动性越难以养成。所以,公民参与不仅仅以公民资格为逻辑起点,反过来它又可以促进积极公民资格的养成。

三、公民参与公共治理的实践困境

公民治理理论认为,公民参与公共治理并非一帆风顺,其行进中难免遇到障碍。公民参与本身并无好坏之分,"它可能发展民主的价值,能够创造对社区管理有益的实践行动。但是,公民参与并不必然对所有政策问题的讨论都是最高效的"②,因为公民对政策信息的认知和理性也是有限的。可见,公民治理在积极影响公共治理的同时,也会面临着各种困难或者失败。

(一)积极公民资格的匮乏

在博克斯的公民治理理论中,公民参与的逻辑起点是公民资格,缺乏积极公民资格的"公民参与"对公共治理都无济于事甚或有害。积极公民资格要求具备对公共权利和义务的感受能力,这实际上是一种公共责任意识。就现实情境来看,公民参与大多是盲目而无知的,对公共责任的感知根本无法谈及,他们更倾向于做一个"搭便车者",悠闲地等待公共问题的解决,在万不得已的情况下才会去充当"看门人",消极地参与危及自身利益的公共事务。或许这种现象是正常的,但是对公共治理的持续发展来说却是不利的。

(二)公民参与的能力限制

公民参与公共治理的基本假设是,存在可选的高素质、高能力的积极公民群

① [英]约翰·密尔:《代议制政府》,汪瑄译,商务印书馆,1982,第43页。

② [美]约翰·克莱顿·托马斯:《公共决策中的公民参与:公共管理者的新技能与新策略》,孙柏瑛等译,中国人民大学出版社,2005,第13页。

体。博克斯在分析公民参与治理的责任链时指出，个人的知识缺陷将会导致责任链的破坏，尤其是参与者的能力缺陷将直接限制公民与行政管理者的有效对话与沟通，进而影响公民参与的有效性[①]。公民参与的理想境界便是绝大多数公民能够参与到与自己相关的公共事务中来。当前，我国急需公民参与的公共事务是那些众多弱势群体面临的公共事务（如医疗、养老、教育等），而这些群体却又没有"能力"参与其中，他们或许连最基本的参与素质都不具备，更何况对公共权利和公共义务的感受能力？所以，在这些关切多数人福祉的公共事务中，一般采取"委托—代理"的方式实行"代理人参与"，其中代理人的"代表性"至关重要。但是，代理人往往会偏离委托人的原初目标，致使这些"被参与"行为最终难以奏效。

（三）公民参与的效率悖论

不难想象，对一个缺乏参与能力而又被迫参与公共治理的公民来说，哪有条件提高行政效率？在此，如果暂不计较公民参与面临的失败风险，即便公民是出于自愿而且有参与能力，但实施公民参与所需的"谈判、劝说、时间"等各种成本却不得不承认，这些方面带来的机会成本在一定程度上也可能会降低行政效率。所以，公民参与可能存在效率困境，即它不但不能促进行政效率的提高，反而可能会阻碍绩效提升。值得注意的是，这与前文所说的公民参与能"促进效率提高"并没有实质性的冲突，因为公民参与有助于提高效率是有一定条件的，也就是说，在撇开"态度冷漠、公民资格缺乏、能力限度、机会成本"等问题的情况下，公民参与理应有助于效率的提升。

基于以上困境分析不难发现，导致我国公民参与困境的原因有以下几点：第一，传统政治文化"造就"了被动消极的公民意识。公民的公共意识仍然不足，甚至形成了累积性的"参与惰性"，加之自上而下的政府管理模式对社会活力根深蒂固的影响，致使政府内部的管理者自感"一切都是理所当然的"。故政府监管与社会活动之间的结构性张力依然是关涉公共意识提升的大问题。第二，理性经济人驱使所致的理性无知。一般认为，在前工业社会乃至工业社会中，人们

---

① ［美］理查德·C. 博克斯：《公民治理：引领 21 世纪的美国社区》，孙柏瑛等译，中国人民大学出版社，2005，第 80 页。

的行为会更多地受到“自身利益最大化”的诱使，公民参与的积极性会直接源自“成本-收益”的权衡结果，当其捞不到好处，参与成本太大而收益太少时，他们更倾向于选择“不为”或是“消极作为”。第三，参与体制不完善，致使参与随意性大、参与渠道不畅。众所周知，我国公共治理中的公民参与更多是基于“自上而下”的运作逻辑，公民参与的制度尚不健全，政府对公民参与具有绝对的控制权和影响力，甚至公民参与有时会受制于经济上或政治上的“精英”人物。所以参与制度缺乏保障导致参与随意性大、参与渠道受阻。第四，现有的经济发展水平导致公民参与的被动。公民参与的热情一定程度上取决于经济收入的无忧或相对满足状态。虽然我国已步入小康，人们的温饱基本解决，但社会两极分化依然存在，还有部分人在为生活奔波。按照英格尔哈特(Inglehart)的观点来看，处于较低收入水平的公民持有“物质主义”价值观[①]，其参与公共事务的热情不高，更不会主动要求“查政府的账”，因为他们更关注如何增加收入，参与冷漠成为必然。第五，公共精神不足。公民资格的缺乏，实际上表现为公共责任和公共精神的欠缺。在我国的公民参与实践中，公民参与带有很强的盲动或无知，普遍缺乏对公共“大责任”的关注和理解。公民如果以低公共精神的姿态参与公共治理，就会降低参与的效度和信度。可见，诸多原因交杂势必导致公民参与在一定程度上的“梗塞”。

四、讨论：新发展阶段我国公民治理的前景

我国新发展阶段是一个典型的公民治理时代，博克斯的公民治理理论正好适应了公共治理的时代需求。公民治理理论是针对西方选举民主的困境而倡导的一种新型治理模式，该模式鼓励积极的公民参与，以及公民与政府的协作和对话，实际上它是对参与式民主弊端的弥合与补充，是协商式民主的实践模式。所以，公民治理理论的基础理应是“协商式民主”。协商式民主就是公民通过自由而平等的对话、辩论、协调、审议等方式，参与公共决策和公共事务的民主模式，

① ［美］罗纳德·英格尔哈特：《静悄悄的革命：西方民众变动中的价值与政治方式》，叶娟丽、韩瑞波等译，社会科学文献出版社，2016，第121页。

它"旨在追求一个人格受到尊重、每个人的声音及其理性观点得到尊重的公正社会"[①]。自20世纪80年代以来,协商式民主一直是西方社会的主流政治思想,并直接主导着西方政府治理的发展方向。但是,细究起来,我国的协商式民主也由来已久,"和而不同"是中国传统"和合文化"的重要内容,即在一个统一体中,不同方面、不同要素相互依存、相互影响,相异相合、相反相生,这充分体现了中华民族"和为贵"的价值理念。我国高层的"政治协商"和基层的"协商议事"由来已久,不同形式的创新实践也在不断涌现,但经验总结和宣传力度尚待加强,协商式民主的实践发展仍需加快步伐。在新发展阶段的公民治理时代,我国政府应该如何"有所为"与"有所不为",这是需要进一步思考的重要问题。本研究认为,公民参与在公共治理中既有助于推进公共治理实践,但又存在一定的现实阻碍,而要真正使公民参与在公共治理中发挥其应有作用,就必须拾回那些被遗忘的"和合文化",将公民治理模式立基于"以人民为中心"的话语体系,彰显公共治理的协作、多元、法治、公开、平等、责任等理念,这势必成为我国公民治理模式发展的理性选择,也是公民参与公共服务绩效评价持续推进的内在要求,以及助推我国全过程人民民主发展的题中应有之义。

① [澳]何包钢:《协商民主:理论、方法和实践》,中国社会科学出版社,2008,第17页。

第三章
我国公民参与公共服务绩效评价的实践探索

第一节　公民参与公共服务绩效评价的演进历程

公共服务绩效评价源自政府绩效评价实践，我国政府绩效评价发端于20世纪80年代的目标责任制，时至今日目标责任制依然是我国政府绩效管理的重要手段。公共服务绩效评价实践的推进，得益于国家层面的战略引导，党的十六届六中全会提出"建设服务型政府"的内涵和基本内容，2007年党的十七大进一步强调将服务型政府作为我国行政体制改革的目标。随后，公共服务绩效评价实践备受关注，各级地方政府高度重视公共服务质量提升，强调回应群众需求，并在公共服务绩效评价中引入公民参与，强调基于公民满意度导向的服务绩效评价。公民参与公共服务绩效评价的形式和层次具有多样性，结合阿斯汀(Arnstein)的"公民参与三阶梯论"①和周志忍的"公民参与五层次论"②，本研究将我国公共服务绩效评价的实践历程分为三个阶段，即探索阶段、发展阶段、转型阶段。

---

① Arnstein S R, "A ladder of citizen participation", *Journal of the American Institute of Planners* 35, no.4(1969): 216－224.

② 周志忍：《政府绩效评估中的公民参与：我国的实践历程与前景》，《中国行政管理》2008年第1期。

一、探索阶段(1980—1990 年):立足目标责任考核的内部参与

20 世纪 80 年代初期,我国开始将工作责任制引入政府管理实践中,当时工作责任制主要体现为干部岗位责任制,即通过确立政府部门职能及岗位标准,然后进行目标分解,进而将责任落实到个人,定期对履职情况进行监测和考核。1982 年,云南、湖南、陕西、山东等地都相继出台了省级层面的《行政机关工作人员岗位责任制的意见》,地方政府的工作责任考核逐渐规范化。为适应我国经济发展形势的新要求,1986 年目标责任制被引入政府绩效管理实践中,为提升政府工作绩效,地方政府竞相采取"目标管理"技术,建构以目标责任制为基础的政府绩效管理模式。目标管理(MBO)是德鲁克(Drucker)提出的经典管理理论。它是将组织整体目标逐级分解为部门分目标,进而转为个人工作目标的管理手段,也是把个人需求与组织目标结合起来的一种参与式管理制度。其强调组织管理中的参与性、民主性和自我控制,有助于改善管理者与被管理者之间的关系;重视目标考核,工作成果是评价目标完成的标准,也是绩效评价的依据。

20 世纪 80 年代中后期,在"分灶吃饭"的财税体制下,地方政府尤其重视经济目标责任制,政府发展地方经济的积极性空前高涨,所以当时目标责任制并非国家统一要求,而是具有明显的自愿性。1988 年,武汉市在政府工作中正式实施目标责任制。同年,我国城市目标管理研究会正式成立,参会的大中城市有 13 个,目标责任制在各地陆续推开。党的十四大召开后,很多地方政府的目标责任考核模式尤其强调经济发展的内容,官员奖惩与经济目标直接挂钩。随后,在压力型体制的驱使下,地方政府为了实现赶超战略,省市县乡逐级向下规定考核硬指标,目标考核下的任务目标非常明晰。到 1990 年各级地方政府进一步完善了目标责任考核的制度规范,目标责任制的地方实践逐渐走向成熟。

实践表明,探索阶段基于目标责任制的政府绩效评价特点表现为,以战略目标为导向,以城市近期经济发展目标为依据,促使城市发展战略具体化、定量化和阶段化,实现政府管理工作的科学性,具有较强的激励性,调动干部的工作积极性,增加政府工作的透明度和服务意识,使政府和群众的联系更加紧密。可

见,政府目标责任制强调上下级平等、权责明晰。事实上,目标责任制是政府内部管理的手段,更多的基层力量被激发出来,这时的参与式管理是基于政府内部管理的基层参与,外部公民参与尚未纳入其中,公民对目标责任制的绩效考核知之甚少。同时,基于内部控制导向的目标责任制,也暴露出了诸多问题,如形式主义、非人性化、量化指标有限、评价标准模糊、考核过程不透明,以致基层的责任机制不健全。

二、发展阶段(1990—2010 年):从机构评价迈向服务评价的公民参与

20 世纪 90 年代初,经济社会发展迫切需要建立一个高效、廉洁、回应性的现代政府,"民主、法治、参与、协商"等成为行政体制改革的基本理念。同时,西方发达国家纷纷强调将繁文缛节的过程导向转为公民满意的结果导向,新绩效测量学派也主张政府绩效评价的关注点应从机构绩效转向公共服务绩效,公民参与公共服务绩效评价呼之欲出。1992 年,英国政府发起了声势浩大的"公民宪章运动"。1993 年,美国政府发起了"重塑政府运动",并倡导"顾客至上"。这些为参与式绩效评价实践的推进奠定了基础。西方国家政府改革的经验也为我国提供了借鉴,经济发展、行政改革兴起等多方面因素,促使我国地方政府绩效评价发展转型势在必行,公民参与政府绩效评价备受关注。

20 世纪 90 年代中期,我国以"政风行风评议和群众评议"为主的公民评价实践开始出现,公民参与政府绩效评价实践备受关注。1998 年,沈阳市举办了"市民评议政府"的活动,开启了参与式政府绩效评价的历史先河;进而,1999 年珠海市开展了"万人评政府",2000 年杭州市举办了"满意单位和不满意单位"的评选活动,2001 年南京市开展了较有影响力的"万人评价机关",2017 年武汉市开展了"人民阅卷"活动,2021 年包头市开展了"市民评议政府"活动,等等。地方政府在不同层面上,以不同形式开展了"公民评价政府绩效"的活动,以改进公共服务质量或奖优罚劣。时至今日,公民参与公共服务绩效评价实践仍在持续,业已成为我国政府常态化管理的重要手段。此阶段,我国公民评价实践经历了从机构绩效评价到服务绩效评价的发展,其中 2008 年是公民评价进阶

发展的重要时间节点。党的十六届六中全会作出了“建设服务型政府”的战略部署，2008 年年初，胡锦涛在中共中央政治局集体学习时明确提出，建设服务型政府必须“推进以公共服务为主要内容的政府绩效评价和行政问责制度”，自此地方政府纷纷开始将绩效评价重点转向公共服务绩效。此阶段，我国公民参与公共服务绩效评价呈现了规模化评议的发展趋势，公民参与规模大，参与规范性逐步提升，尤其是新农村建设、经济增长方式、生态环保等开始受到重视，且大幅增加了社会治理指标，包括就业、治安、社会保障等，逐步形成了自上而下和自下而上相结合的两种模式并存的局面。此阶段公民参与公共服务绩效评价有了快速进展，但在参与形式、参与内容等方面仍存在不足，公民“象征性参与”明显。

整体而言，此阶段公民参与政府绩效评价表现出了如下特点：一是参与形式化突出。虽然此阶段公民参与备受关注，但公民实质性参与不够，评价结果束之高阁，公民被动参与明显；同时，在其后的公共服务绩效评价实践中，很多地方政府仍然将公民评价内容局限于机构行风评议，而在公共服务绩效评价中公民参与很有限。二是评价结果的有效性不足。公民参与的公共服务绩效评价，在实践中也被称为主观评价，这也是公民评价的基本特征。如 2000 年后，珠海市政府开始调整评价原则，形成了基于公众满意的珠海模式，这一评价模式将公众作为评价主体，政府各部门作为评价客体，以公民真实感受为评价准则；2005 年杭州市确立“三位一体”综合考评机制，即设置了目标考核、领导考评、社会评价三类，且社会评价占比较高。随着地方政府对公民满意度的日益重视，政府部门也开始公民评价的主观性问题，甚至降低其在综合绩效中的比重，这为后来理论界对主客观评价的争议研究埋下了伏笔，以致公民评价的有效性不高。三是参与过程逐步规范。随着公民参与公共服务绩效评价的纵深推进，公民评价的可持续性和规范性受到关注，2009 年 10 月 1 日，我国首个政府绩效管理地方规章《哈尔滨市政府绩效管理条例》试行，此后越来越多的地方政府开始关注绩效评价的规范性问题。此阶段虽然开启了公民参与公共服务绩效评价的制度化建设，为公民评价的持续推进奠定了基础，但公民评价的制度化建设并未在全国广泛推行。四是第三方评价作用凸显。广东模式以独立第三方为评价主体，立足公众满意度导向，以广东市、县两级政府为评价对象，由高校自选题目，独立操作，克服了政府在服务绩效评价中角色冲突。此外，兰州大学还成立了专门的政府绩效评价中心，作为第三方评价协助全省开展绩效评价活动。总体上，此阶段初步形成了多元主体参与绩效评价的格局，即便参与范围有限，但对公民评价的纵深发展也形成了一种推力。

三、转型阶段(2010 年至今)：信息技术与民生服务融合的公民参与

2010 年，党的十七届五中全会提出“加快社会体制改革，为科学发展提供有力保障”，关注民生公共服务水平被提到了国家战略高度。对改革发展关键期的中国而言，推进社会体制改革意义重大而深远，但加快社会体制改革，势必要实现基本公共服务均等化、提高民生福祉的整体水平。此阶段，我国政府绩效管理主要聚焦民生基本公共服务，强调深入推进公民参与公共服务绩效评价实践，群众参与的广泛性和积极性不断提升，我国公民参与公共服务绩效评价进入了一个新阶段，即公民实质性参与阶段。但是，此阶段公民实质性参与是在电子政务与民生服务水平不断发展和强化的背景下逐步提升而达成的，实质性参与并非终结状态：公民实质性参与处于发展状态，其将随着我国行政改革的深化，以及中国特色公民社会的成熟而不断拓展，进而实现公民评价走向高度自主评价的转型升级。

就信息技术驱动下的公民评价来看，国家现代化发展迫切要求加快政府信息化建设，强调“十二五”期间(2011—2015 年)全面提高信息化水平，并在《中华人民共和国国民经济和社会发展第十二个五年规划纲要》中提出，“推动信息化和工业化深度融合，加快经济社会各领域信息化”，至此电子政务走向发展转型。此阶段公民评价实践，借助开放的政务信息平台，以及信息技术带来的参与便捷性，实现了参与广度的突破。同时，“十三五”时期作为“互联网＋”“大数据”发展的窗口期，国务院 2015 年出台了《促进大数据发展行动纲领》，强调推广“互联网＋政务服务”，提出全面推进政务公开，公民评价的形式灵活多样，公民评价结果的回应及时性明显增强，公民参与的有效性大幅度提升。《中华人民共和国国民经济和社会发展第十四个五年规划纲要》提出，加快数字政府建设，推进政府

治理能力现代化转型，数据驱动的参与式绩效评价面临新的发展契机。实践中，深圳市于 2010 年将政府绩效评价范围拓展到所有机关部门，并引入多元评价主体，将评价重心放到公共服务领域，坚持“公民满意度”的评价导向，同时开发电子评价系统和电子民调系统，让信息和数据说话。2010 年，青岛市政府绩效评价模式也进一步完善了公民参与模式，即通过政府“在线访谈”“民生在线”“行风在线”和“市民监督团”等方式，开展公民满意度调查，大大提升了公民网络化参与的能力，此类活动一直延续至今，在青岛市公共服务效能建设中发挥了重要作用。另外，2012 年山东省开展了社情民意调查，调查中心的访问员从电脑中随机抽取滨州市 1 400 部电话，分别就群众普遍关心的就业、医疗卫生、教育、生态环境、文化建设、社会治安、干部作风等进行了随机抽样调查；与此同时，政府还通过网上问政、行风评议、民主恳谈、问卷调查等方式，组织公民参与公共服务绩效评价，推进服务型政府建设。

就民生服务导向的公民评价而言，此阶段在国家对社会民生高度关切的背景下，地方政府愈加重视公民参与公共服务绩效评价。2015 年，北京市政府首次邀请了 30 位市人大代表、政协委员和市民代表，参与 58 个市级政府部门领导述职考评，同时还增设并加大了民生指标权重，重点围绕住房、交通、教育、医疗、就业、养老等 9 大民生领域。同年甘肃省将民生扶贫作为绩效评价内容，体现了公共服务绩效评价指标已从经济效益，转向公共服务均衡发展。同年，天津市也开展了基本公共服务卫生项目的绩效考核，主要对各区县政府有关职能部门、专业公共卫生机构、城市社区卫生服务中心(站)、农村乡镇卫生院、村卫生室以及其他相关机构等的服务绩效进行评价，评价的服务内容具体明确，公民评价的可操作性强，公民参与的积极性提升。可见，此阶段各地方政府越来越多地将评价重心放在民生领域，基于民生服务导向的公民参与评价模式不断完善。

总之，该阶段公民参与公共服务绩效评价的特点是，公民参与整体上处于实质性有限参与状态。具体而言，地方政府聚焦公平正义和民生福祉，强调政府公共服务有效供给，重视群众获得感和生活质量提升；借助互联网+政务服务促使公民评价方式更加灵活，公民参与范围不断拓展，即公民不是简单地完全被动参与，而是有一定积极性地参与绩效评价的决策及结果反馈等环节。近年来，我国公民参与公共服务绩效评价实践不断推进，政府越来越重视公民参与公共活动中的重要性，但总体上公民参与仍处于实质性有限参与阶段。首先，参与内容有限。高度的公民参与是全过程参与，即包含选择评价对象、制定评价目标、确定指标体系、监督绩效结果、公开绩效报告及绩效信息使用等，都应体现公民参与。事实上，我国公共服务绩效评价中的公民参与，往往局限于监督和公开绩效报告两个环节，其他环节的公民参与涉猎较少，即参与内容有限。其次，公民参与的形式有限。公民参与集中于网上评议、电话调查、问卷调查等方式。其中对网络电子政务的评议，可能存在恶意评价、虚假评价等不可避免的问题；电话沟通访问可操作性较强，但仍存在覆盖面大小的问题，以及面对电话访问，公民评价也会出现敷衍回答的问题；而线下问卷成本较高、收回率难以确保。最后，公民参与的影响力有限。由于公民在整个绩效评价中信息获取和沟通不充分，且公民参与评价的制度化建设滞后，绩效反馈有限，因而不可避免地出现公民参与影响力小的问题。可见，此阶段公共服务绩效评价中的公民参与处于实质性且有限参与的状态，但在“十四五”期间以至未来，随着新一代数字技术与政府治理的不断融合，公民高度参与甚或主导型参与或将成为可能。

第二节 南京市“群众评议机关”：让人民满意

一、背景介绍

20 世纪 90 年代中期，我国地方政府机关作风建设尽管取得了一定成效，但自上而下的政府管理模式依然存在。这种由政府主导的自上而下的绩效评价模式，难免步入唯政绩至上的困局，即政府部门基于“任务导向”，为了应对上级规定的目标任务，以上级领导满意为目标开展工作，甚至排斥外部公民参与服务绩效评价。南京市在 1991 年就开始抓机关工作作风建设，此后的每年春节后第一个全市性会议的主题便是机关作风建设，南京市机关作风建设经过十几年的发展，铺就了后来“群众评议”的发展之路。2001 年，南京市委为进一步加强机关作风建设，提高公民满意度，提出了“向人民学习、为人民服务、请人民评判、让人民满意”的指导思想，在全市开展了“万人评议机关”活动，也即“群众评议机关”。为什么南京市政府开启了群众评议之路？一是当时中共中央对党的作风建设高度重视，提出了作风建设的具体任务，强调必须把执政为民作为党的作风建设的目标。二是来自南京市经济发展的竞争压力，与周边城市相比，南京的城市和市场环境不具优势，尤其是作为投资软环境的政府工作作风、行政效率、服务态度、服务手段和方式等，对地方经济的快速发展至关重要。三是 2001 年年底“朱自强宁波违纪事件”被媒体曝光，引起了南京市委市政府的高度重视，时任市委书记李源潮提出了“让人民满意”的政府绩效论断，“群众评判是干部作风改进的行动指南，凡是人民群众亮红灯的，就不能过关”[①]。南京市“群众评议机关”的实践模式，不断探索科学公正的评价方式，其实践模式前期经历了三次改革：2001 年市机关工委自拟的评价方案；2002 年机关工委和省社科联合作拟定的实践方案；2004 年经多方征询意见形成的综合评价方案，此方案包括群众评议与工作考核两部分。

当然，新事物的发展是不断进步的，20 多年来南京市“群众评议机关”活动经历了四个发展阶段：一是起步阶段（2001—2003 年），南京作为省会城市中较早实施“群众评议”活动的典范，根据评议结果采取“末位淘汰制”，对排在前十位的部门通报表扬，对排名末尾的领导免除职务。二是发展阶段（2004—2007 年），南京市政府在评议内容和程序上进行了创新和变革，如开发信息库，每年按照一定比例更新评议人及评议人信息；确立以群众评议为主、内部机关综合评议为辅的综合评议模式；细化评议内容，加入工作考核指标，进行综合评议，并把评议对象分为三组分别考核；实行网上评议等。三是转型阶段（2008—2013 年），将评议主体全部调整为群众；开展政风行风民主评议“述职直播”活动，回应民生关切；提升评议的科学性，评议表实施电子化。四是升级阶段（2014 年至今），创新

① 闫小波：《民意、民意机关及监督权——评南京市的“万人评议机关”及末位淘汰》，《南京工业大学学报（社会科学版）》2002 年第 2 期。

评议模式，将原先的"单一评议"拓展为印象评议、要素评议、事项评议和工作考核"四位一体"的综合评价体系；扩大评议范围，从单纯评议市级机关扩大到对各行政区机关、对涉及营商环境、事关群众生产生活的在宁大型国企进行评议；评价方式上更加注重科学性和合理性，引入"德尔菲法"和"层次分析法"，公民评价更加聚焦于服务类机关的评价，评价内容更关注民生领域。强调评议结果应用时的正激励，促使各机关单位积极作为而非消极避责。总之，南京市"群众评议机关"活动推进了公民参与的广泛性，机关作风建设取得了突破性进展，为参与式绩效评价在全国的广泛扩散起到了推波助澜的作用。

二、基本做法与实施过程

南京市"群众评议机关"活动经过 20 多年的发展，评价方式不断完善，目前形成了较为科学合理的公民参与评价模式。以下笔者将结合南京市《中共南京市委 南京市人民政府关于加强和改进机关作风评议工作的意见》(宁委发〔2013〕62号)[①]，重点介绍 2014 年以来的最新评价方案"四位一体"评议模式，即由印象评议、要素评议、事项评议、作风建设评议四项内容体系构成的公众评议模式。

(一) 评价目的

南京市开展"群众评议机关"活动，在巩固和发展党的群众路线、加强党和人民之间的亲密联系等方面发挥了重要作用。通过群众评议的活动，可以提升机关的服务意识和执行力，切实改进机关工作作风，改进机关服务绩效，鼓舞工作气势，树立勤政廉洁和执政为民的政府形象。

(二) 评价主体

1. 印象评议参评人

印象评议人员以群众满意度为标准作评。其参考现代企业管理的"360 度评价法"，对原"万人评议机关"的评议人进行调整优化，将原 10 个层面评议人，整合为社会和机关两类评议人，更加注重评议人的群众性，评议人总数约 11 000 名。其中，社会评议人包括基层党员代表、企业管理人员代表、教科文卫体专业

① 中共南京市委、南京市政府：《中共南京市委 南京市人民政府关于加强和改进机关作风评议工作的意见》，《南京市人民政府公报》2014 第 1 期。

人员代表、省市“两代表一委员”、市各民主党派、工商联、无党派人士和市机关作风建设监督员，共计 8 500 人左右。机关评议人包括驻宁党政军机关代表、市、区和街镇机关干部代表，共计 3 000 人左右。

2. 要素评议参评人

要素评议人员主要是以执行力建设为标准作评。包括两类：一是作风建设观察员。按照公开招募、组织推荐和定期轮换的方式，在全市各社区（建制村）、各类企业和开发园区、驻宁党政军机关和教科文卫中产生，约选取 1 000 人。二是其他要素评议人，主要是各部门的上下级机关、服务对象。在实施评议之前，要素评议参评人员的抽取根据被评议部门和参评人员的组成结构来决定，具有一定的随机性。

3. 事项评议参评人

事项评议人员主要是以服务效能为标准作评。由“12345”政务服务便民热线（以下简称“12345”热线）投诉举报人、市政务中心办理事项的具体经办人、部门（单位）服务窗口办事人员构成。考虑到每年市委、市政府会启动许多重大民生工程，更需要搜集第三方事项评议人对这些项目的评价，即抽样选择项目所涉及的审批对象、执法对象和服务对象作为三方事项评议人。

（三）评价客体

评价客体即评价对象。南京市“群众评议机关”活动以市级机关部门（单位）为主要评价客体，同时为提高行政民主性和服务性，南京市政府将评议对象分为四类（见表 3-1）。

表 3-1　评价客体的主要类别及权重

分　类	评　议　对　象	社会评议权重/%	机关评议权重/%
第一类	直接面向企业和市民群众，拥有执法队伍或办事窗口的市政府工作部门、垂直管理部门	70	30
第二类	包括第一组对象，与经济和社会发展关联度较高、服务面较广的市政府工作部门、群团部门和法检机关	50	50

续 表

分 类	评 议 对 象	社会评议权重/%	机关评议权重/%
第三类	市委工作部门及与企业、群众接触相对较少的其他机关部门(单位)	30	70
第四类	对经济和社会发展影响较大的企事业单位	70	30

资料来源:《南京市人民政府公报》,2014 年 1 月。

(四)评价内容

评价内容主要包括两个层面:一是总体层面的政府部门(单位)的作风建设及政府印象;二是具体层面的政府部门(单位)的执行力及其服务能力。对各部门的工作情况按照“满意”“基本满意”“不太满意”“不满意”四个标准进行评议。具体评价内容体系如下(见图 3－1)。

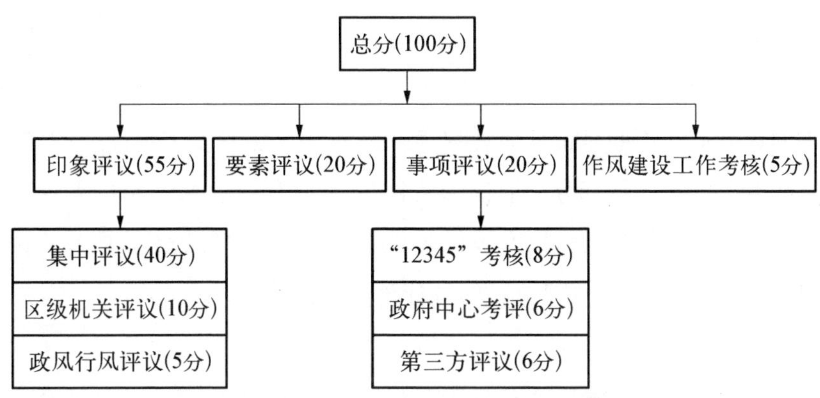

图 3－1 南京市“群众评议机关”的内容框架图

资料来源:《南京市人民政府公报》,2014 年 1 月

1. 印象评议

印象评议的内容主要是政府形象或公众对政府的第一印象,主要采取市级机关集中评议、民主评议政风行风、区级机关集中评议相结合方式。每两年举办一次市级机关集中评议。印象评议采用了多种评议形式,如书面评议、网上评议,组织党员、企业以及其他社会评议人。

2. 执行力要素评议

执行力要素评议项目包括两类：一是通用的共性项目，即各部门的常规工作；二是承担具体任务的个性项目，即南京市第二轮综合改革、“三争一创”、上级部门下达的其他年度重点工作。其评价主体是作风建设观察员。

3. 服务事项评议

服务事项评议主要针对机关服务内容进行，借助政府“12345”热线、政务中心窗口单位，进行具体事项的“一对一”评议。同时，由第三方机构不定期组织办事群众现场评议，为加强真实性及问题回应性，第三方机构会通过上门或电话调查的方式进行回顾评价。

4. 作风建设评议

作风建设评议主要是作风建设基础性工作、“三个服务”和“四解四促”落实情况、机关作风监督暗访等，对机关部门进行后台管理、动态监测，确保各部门在社会安定、反腐倡廉等方面卓有成效。

（五）评价方法

1. 书面评议

书面评议形式主要是指纸质评议表。纸质评议表除了主观部分的填写外，自 2008 年以来，其主体部分采取读卡式填写，以便统计。采取由群众评议办公室直接发放、邮寄方式发放，以及委托有关区县作风办发放的形式展开。这是最早的评价方法，也是群众接受度较高的评价方法。

2. 网上评议

(1) 电子评议表。电子评议表是从 2012 年开始，面向基层社区群众和企业管理人员实施的一种问卷形式。委托省级机关作风办、各区县作风办，以及有关单位发放网上评议的专用密钥信函，内含一次性的用户名和密码，由评议人登录网上评议系统，在线填写，提交评议表。

(2) 网上公众评议平台。南京市“群众评议机关”活动期间，在“龙虎网”开通网上评议的平台，使公众可以摆脱时间和地域约束，通过网络参与到评议政府绩效的公共活动中，提出自己的建议。考虑到网络资源分布的不平等以及一些恶意评价、虚假评价的现象，网上评议的结果只供参考，不计入总评议分数。网上评议与书面评议结果一并汇总。

3. 其他方式评议

在第三方事项评议环节，现场抽选前来服务窗口办事的群众进行评议，并且通过上门或电话回访的形式，搜集随机抽取项目服务对象的反馈意见。这也是公众评价成本较低的可行方式。

（六）评价程序

南京“群众评议机关”活动的主要步骤如下（见图3-2）：

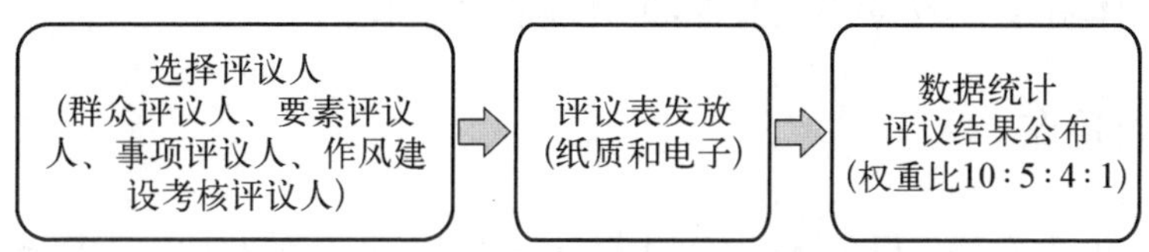

图3-2　“群众评议机关”活动主要步骤示意图

1. 选择评议人

在“四位一体”评议模式中，群众评议、要素评议的评议人采用过随机抽样的方式，从各类评议人信息库中抽取。事项评议环节的评议人既包括从信息库中抽取的人员评议，也包括办事窗口现场邀请、上门或电话回访搜集反馈信息的评议。作风建设考核环节以自我评议和部门评议为主，不需要抽取评议人。

2. 评议表发放

评议表发放的形式包括纸质发放和电子发放。纸质评议表的发放与回收有直接、委托、邮寄三种方式。另有报纸评议、网上评议。

3. 数据统计和结果公布

专门数据统计软件按照“有则导入、综合评定”的方式汇总。在得分权重上，印象评议、要素评议、事项评议、作风评议的总体比值为10∶5∶4∶1。得分不再局限于某一指标，而是体现综合性和精细化特点。明确评议排序及得分情况，并向市委常委会报告，向媒体公开。

（七）评价结果应用

行政问责是南京“群众评议机关”结果应用的重要体现。2001年，南京市首次公开评议结果，排名末位的房产局、市容局两位局级领导被免职。2002—2011这十年间，群众评议结果一直没有公开，而是机关内部通报。其后，评议结果逐年公开，但问责处理措施较以往温和。具体而言，针对政绩突出的部门，进行评比表彰。排名前25%的单位被评为“作风建设先进单位”，连续两次获此殊荣的，被评为“作风建设人民满意单位”，并由市委、市政府颁发证书和奖牌。针对政绩不佳的部门，开展作风建设整顿，具体方式如通报批评、约谈整改。连续两次评议处于末位的部门，将面临责任考核，以行政问责倒逼南京市政府进行服务改进甚至体制改革，接受群众监督，提升绩效服务水平。

三、活动特点

南京市“群众评议机关”作为公民参与公共绩效评价的初期探索模式，其在探索、发展、质疑中不断完善且持续推进，彰显了公民参与绩效评价之“南京模式”的生命力和实践真谛，也彰显了该模式独有的实践特点。具体包括以下两个方面：

第一，以服务群众为本，重视群众对服务部门的评价。我国有很多“群众评议”形式的绩效评价活动没能坚持下去，在经历过轰轰烈烈的几次实践之后逐渐式微。因为当地政府盲目跟风，搞形式主义，违背了群众评价的本质，挫伤了群众的积极性，评价项目被迫停止。南京市政府实践成功的最主要原因在于，其摒弃了“官本位”思想，坚持执政为民，以服务群众为宗旨，对人民负责、让人民满意。在民本理念指导下，南京市党政机关开始立足群众需求，解决实际问题，不断提升公共服务水平，推进人民满意的服务型政府建设。为此，南京市在政府绩效评价中着重加强服务型机关工作的具体评价，强调群众从服务意识、服务举措、服务质量、服务效能等方面，对民生工程进行评价，以改进政府部门的工作作风和服务绩效。

第二，勇于突破传统行政的封闭性，强调群众参与的过程性评议。传统行政强调自上而下的命令式管理，对规则负责，以保障组织结构的完整统一。南京市在评议过程中立足于让人民满意，强调群众在整个绩效评价中的参与性。在公共服务提供中，群众作为服务对象，具有服务接受者的相关权利，以及服务效果评判的话语权。一是在评议决策方面，群众参与主要体现在对评议方案的修改上，包括专家学者的参与、普通群众的参与，以及被评议对象的参与。二是在评议实施过程中，具体表现在信息采集方面用纸质问卷、电话访谈、网上评议等多种途径收集评议信息，尽可能赋予群众更多的参与机会。三是在结果运用上，群众参与主要集中于监督所提意见和建议的履行状况，在此环节群众参与力度相对较小，且缺乏有效的途径，但基于群众参与的监督体系依然发挥了一定的作用；同时，南京市评议结果从原来的只向市委、市政府报告，到在一定范围内公开，再到向社会公开的转变，提升了群众对政府的信任度。总体而言，群众参与热情较高，群众关心的问题在一定程度上得到了回应，政府责任落到了实处。

第三，参与人员结构多元，评价结果代表性强。南京“群众评议机关”活动自2001年开始，一直以大规模参与模式持续至今，对全国群众评议的广泛推进产生了一定的示范效应。一是参评人员范围广，选取过程公正。从评议主体的构成来看，南京“群众评议机关”几乎涵盖了所有的利益相关者。以2014年为例，参与机关测评的人员既有基层群众代表，也有党政干部等机关评议人，且按一定比例随机抽取评议人。其中，企业管理者、基层政府工作人员和基层社区群众参评的数量和比例有所增加，特别是针对服务型机关，南京“群众评议机关”在评议主体的结构上有一些调整，推出了“四位一体”的新模式。二是群众评议内容的针对性不断增强。依据机关及处室的性质，设置评议内容和权重，即按照一定的比例分配参评数额，针对不同类型的机关，获得相应的评议权重分值，这种分类设置评价内容的合理性不断提升。三是重视群众参与的有效性。对评议对象进行分类，明确不同类型服务的评议人，增加知情评议人参与的概率，提升群众满意度；建立相关评议人的信息资源库，针对评价内容进行随机抽取评议人员；通过媒体将评议结果向社会公布，强调广大群众对机关工作的监督。

四、总结与评价

南京市“群众评议机关”活动，作为一种群众广泛参与的政府绩效评价模式，不同于传统“自上而下”的绩效评价实践，其“自上而下”与“自下而上”相结合的创新之举，预示了参与式绩效评价的未来进路。实践经验表明，通过该模式的运行，南京市各级机关干部作风得到了明显改进；机关责任意识普遍增强，工作积极性明显提高，工作成效稳步提升；政民关系更加融洽，服务型政府建设得以推进。尽管南京市“群众评议机关”活动在提高行政效率、促进民生方面卓有成效，但也存在着一些不足之处：一是在评价主体上，底层弱势群体参与度不够，势必会导致评价结果产生偏差；二是在网络评价方面，网络资源分布不均衡，无法顾及所有的评价对象，而且存在群众对政府绩效恶意评价和虚假评价，政府无法有效规避，导致网络评价结果难以很好地融入评价系统中，只具有参考价值，没有发挥网络评价的实质作用；三是政府决策受到其他因素影响较大，群众参与的反馈机制不足，评价结果的应用效果有限。

总之，南京市“群众评议机关”的实践表明，评价活动能否持续并取得成效，关键在于是否让群众参与到评议的整个过程中。事实上，群众参与在各个评价阶段并不具有同样的重视程度，各个环节的参与程度也有别，但南京群众评议实践已成为群众评价政府公共服务的示范，此后也掀起了各地群众评价活动的热潮。同时，推进群众评议实践，必须理顺公民、被评议对象、政府领导、评价机构四类主体的关系，尽量让参与评价的各方能够感受到活动的价值，使社会整体效益提升。该模式的未来推进，尚需关注评价结果的客观公正和及时回应，注重反馈结果的可操作性，确保各方参与的持续推进，使群众评价活动实现惠民为民之目标。特别值得一提的是，虽然南京“群众评议机关”的评价内容没有单独聚焦公共服务，但是诸多指标都直接或间接地针对了政府公共服务质量和服务水平，其理应属于参与式公共服务绩效评价实践的先行者，包括之前沈阳和珠海的“群众评议”活动，都应归于参与式绩效评价的早期范例。这些都为后来公民参与公共服务绩效评价的广泛实践奠定了基础。

第三节　青岛市“三民”活动：以服务民生为本

一、背景介绍

1998 年，青岛市政府开始探索政府绩效评价模式，其最初提出的绩效目标管理工作是一个整体推进式的体系模式，并被列入全国政府绩效评价“六大模式”之首。此后，青岛市政府绩效评价实践经历了自发式目标责任制、系统化目标责任制、目标绩效管理、以市民参与为主的绩效评价等形式，逐渐形成了具有青岛特色的绩效评价模式。21 世纪初期，为适应政府管理方式转变的要求，构建服务型政府成为政府发展的基本目标，一些地方也纷纷开展了公民参与政府绩效评价活动。青岛市在政府绩效管理方面一直走在前列，始终坚持“以人为本，执政为民”的理念，其公民参与评价的范围不断扩大、工作力度不断加大。

从 2006 年开始，青岛市积极探索基于公民满意度导向的多样性“民考官”考评模式，即在考核中做到“参与对象多元、评价内容贴合民生、调查途径多样”的一种群众考核政府绩效的机制和体系。“民考官”活动在实践中主要通过“电话民意调查”“第三方评价”“特邀考官评价”三种形式来实现①。其中，2006 年开始的电话民意调查为全国首创，实现了基于电话访问形式的民意测评式绩效考评，在全国形成了一定的影响力。2008 年，青岛市政府通过第三方对政务“窗口”部门进行绩效评价，拓展了公民参与的途径和评价范围。特邀考官评价主要是以人大代表、政协委员、党代表和专家学者作为“特邀考官”的评价模式，目的在于推进绩效考核的专业化水平。青岛市“多样化民考官”机制，强化了“群众满意”在政府绩效评价中的作用，突出了群众参与评价的重要性，并重视民意调查结果的应用，为公民参与公共服务绩效的实践推进打下了基础。同时，“多样化民考官”活动中公民参与依然有限，评价结果缺乏量化指标，公民被动参与问题犹存，评价结果的社会公开不足，评价模式有待改进。

为进一步完善“多样化民考官”的实践机制，2009 年 12 月青岛市政府创造性地提出了“向市民报告、听市民意见、请市民评议”的“三民”活动。“向市民报告”是指政府部门负责人定期向市民述职，汇报本部门的履职情况，以及工作中存在的问题及其应对方案；“听市民意见”是指通过民意征集，将有建设性的市民意见纳入政府部门的工作规划中，借助民意改进工作；“请市民评议”是指市民在听完部门领导人的述职报告后，对部门工作进行评价，其中部门领导成了绩效考

① 陈雪莲：《论从技术化行政到民主化行政——以青岛市“多样化民考官”机制的发展轨迹为个案》，《理论与改革》2011 年第 3 期。

评中的“答卷人”，群众成为真正的“考官”。其中，市民代表不是上级指定，而是通过随机抽样、推荐和自愿报名三种方式相结合，选取1万名参评人参与考评活动。该“民考官”模式借助政府系统外的第三方力量，协调政民关系，提升政府部门工作效率和公共服务质量，践行服务行政，推进服务型政府建设。以下笔者将以2019年为例，对青岛市“三民”活动进行介绍。

二、基本做法与实施过程

（一）评价目的

青岛市政府开展政府绩效评价的“三民”活动，有助于加快政府效能建设，推进管理行政向服务行政的转型。一是通过调查研究，做到察民情、听民意、聚民智，可以及时发现问题，提高决策的科学性、民主性和有效性。二是组织“向市民报告、听市民意见、请市民评议”的活动，可以推进政务公开，增强行政透明度，促进群众在公共治理中的知情权、参与权、表达权、监督权得到保障，让群众对政府工作知根知底，提升政府公信力，进而赢得群众的充分理解和支持。三是开展“三民”活动，可以转变工作作风，消除官本位思想，有利于更好地倾听群众的声音，为群众排忧解难，建构为民、利民、务实、高效的政府新形态。

（二）评价主体

“三民”活动的评价主体是市民代表。市民代表的筛选主要采用“组织推荐”与“随机抽样”相结合的方式进行，共1万名。其来源主要包括城乡居民代表、企事业单位代表、人大代表、党员代表、政协委员、新市民代表、基层代表、专家代表、社会组织代表、新闻媒体代表等。评价过程中主会场和分会场的参评人有所不同，主会场的代表包括：党代表、人大代表、政协委员；第三方督查评议专家代表；中央、省驻青单位代表；区（市）部门代表；社会组织、行业协会代表；重点项目单位代表；民营企业代表；自愿报名代表（见表3-2）。分会场代表包括服务对象代表和社会各界代表两大类，具体名额按一定比重划分（见表3-3）。

表 3-2　"三民"活动的市级主会场　　单位：名

<table>
<tr><th colspan="2">代表类别</th><th>人数</th><th>代表类别</th><th>人数</th></tr>
<tr><td colspan="2">党代表、六大代表、政协委员代表</td><td>6</td><td>民主党派、工商联、无党派代表</td><td>7</td></tr>
<tr><td colspan="2">第三方督查评议专家代表</td><td>18</td><td>行风在线点评员代表</td><td>1</td></tr>
<tr><td colspan="2">中央、省驻青单位代表</td><td>2</td><td>政协服务热线义务监督员代表</td><td>2</td></tr>
<tr><td colspan="2">区(市)部门代表</td><td>10</td><td>社区居民代表</td><td>10</td></tr>
<tr><td colspan="2">社会组织、行业协会代表</td><td>5</td><td>事业单位代表</td><td>6</td></tr>
<tr><td colspan="2">重点项目单位代表</td><td>2</td><td>个体经营者代表</td><td>2</td></tr>
<tr><td rowspan="3">民营企业代表</td><td>重点民营企业代表</td><td>6</td><td>新市民代表</td><td>3</td></tr>
<tr><td>小微企业代表</td><td>2</td><td>媒体代表</td><td>1</td></tr>
<tr><td>创客代表</td><td>2</td><td>上年获评优秀建议市民代表</td><td>4</td></tr>
<tr><td colspan="2">自愿报名市民代表</td><td>6</td><td>市领导联系企业代表</td><td>5</td></tr>
<tr><td colspan="2">合计</td><td>100</td><td></td><td></td></tr>
</table>

资料来源：《2019 年市政府部门向市民报告、听市民意见、请市民评议活动实施方案》，青岛政务网，http://www.qingdao.gov.cn/ywdt/zwzl/smhd/smhd2019/sm2019_5/202202/t20220209_4336665.shtml。

表 3-3　"三民"活动的区(市)分会场①　　单位：名

<table>
<tr><th colspan="3">市民代表类别</th><th>一　组</th><th>二　组</th><th>三　组</th><th>四　组</th></tr>
<tr><td rowspan="5">服务对象代表</td><td colspan="2">社区或村居民代表</td><td>20</td><td>30</td><td>20</td><td>40</td></tr>
<tr><td colspan="2">重点项目单位代表</td><td>20</td><td>10</td><td>10</td><td>10</td></tr>
<tr><td rowspan="3">企业代表</td><td>重点民营企业代表</td><td>20</td><td>20</td><td>15</td><td>17</td></tr>
<tr><td>小微企业代表</td><td>7</td><td>7</td><td>7</td><td>7</td></tr>
<tr><td>创客代表</td><td>5</td><td>5</td><td>3</td><td>3</td></tr>
</table>

① 市北区、青岛西海岸新区会场，每组分别遴选 270 名、370 名市民代表，其他分会场每组遴选 220 名。

续 表

市民代表类别		一 组	二 组	三 组	四 组
服务对象代表	个体经营者代表	5	5	4	5
	新市民代表	7	7	5	7
	区(市)部门、镇街代表	30	30	45	30
	事业单位代表	10	10	20	10
	行业协会、商会代表	10	10	20	20
	中介机构	3	3	3	3
	往年获评优秀建议市民代表	1	1	1	1
	自愿报名市民代表	4	4	4	4
社会各界代表	党代表	15	15	15	15
	人大代表	15	15	15	15
	政协委员代表	15	15	15	15
	民主党派、工商联、无党派代表	14	14	9	9
	群团组织代表	8	8	8	8
	专家学者代表	6	6	6	6
合计		220	220	220	220

资料来源:《2019年市政府部门向市民报告、听市民意见、请市民评议活动实施方案》,青岛政务网,http://www.qingdao.gov.cn/ywdt/zwzl/smhd/smhd2019/sm2019_5/202202/t20220209_4336665.shtml。

（三）评价客体

“三民”活动评价客体是政府各职能部门,共计41个市政府部门,其中市政府研究室、市信访局、市人防办主要开展内部述职和评议,其他38个部门开展公开述职。这些部门根据工作性质被分为四组,包括经济组、执法组、内部综合组、公共服务组,每组的部门构成如表3-4所示。

表 3-4　"三民"活动的评价客体

组　成	市政府部门
第一组（经济类，10 个）	市发展改革委、市科技局、市科技局、市工业和信息化局、市水务管理局、市农业农村局、市海洋发展局、市商务局、市文化和旅游局、市地方金融监管局、市民营经济局
第二组（执法类，10 个）	市公安局、市司法局、市自然资源和规划局、市生态环境局、市住房和城乡建设局、市城市管理局、市交通运输局、市园林和林业局、市应急局、市市场监管局
第三组（内部综合类，9 个）	市政府办公厅、市财政局、市审计局、市外办、市国资委、市统计局、市大数据局、市行政审批局、青岛仲裁办
第四组（公共服务类，9 个）	市教育局、市民政局、市人力资源和社会保障局、市卫生健康委、市退役军人局、市体育局、市医保局、市供销社、市住房公积金管理局

资料来源：《2019 年市政府部门向市民报告、听市民意见、请市民评议活动实施方案》，青岛政务网，http://www.qingdao.gov.cn/ywdt/zwzl/smhd/smhd2019/sm2019_5/202202/t20220209_4336665.shtml。

（四）评价内容

青岛市"三民"活动的评价内容主要包括两部分：一是对市政府部门述职报告进行评价，报告内容包括本年度政府工作完成情况，以及未来工作安排。述职报告需要在关键民生领域回应群众，体现政府所做即公民所想。二是市民以实名方式针对青岛经济社会发展，重点从经济发展、公共教育、基础设施、医疗卫生、生态环境、社会治理等方面提出意见建议，并着重突出民生导向，如 38 个部门向市民报告年度工作情况，主要聚焦办实事、民生领域的工作成效；同时，重视第三方组织的力量，听取行业协会商会、科研院所、中介机构等建议，以激发公民参与公共服务绩效的积极性。总之，随着经济社会的不断发展，"三民"活动的评价内容也会不断优化，也将更接地气和贴近群众生活。

（五）评价方法

青岛市"三民"活动的评价方法有两类：

1. 现场评议

采取随机抽取、组织推荐和自愿报名的方式，邀请 1 万名市民代表，分别在市级主会场和分会场，现场听取政府述职报告，匿名填写评议票，每组发放评议票 2 500 张。综合考虑了市民不同背景、职业来源、部门职能的适配度，立足市民参与的有效性，有序开展现场评价活动。自 2020 年以来，受疫情影响，述职和评议改为线上举行，但市民评议活动要考虑部分线下需求，选取一些社区开展现场评议，甚至一些社区将“三民”活动搬到市民家门口，让活动到“家”。可见，现场评议方式并非一成不变，而是随着评价环境变化灵活安排。

2. 社情民意调查问卷

此民意调查问卷的对象与现场评议是同一批参评人，主要针对经济发展、政务服务、廉政建设、社会治安、义务教育、医疗服务、食品安全、交通出行、生态保护、环境卫生、改善民生、政府整体工作、未来经济社会发展信心等 19 项内容，其评价内容主要针对民生服务。由“三民”活动联席会议办公室，对参与活动的 1 万名市民代表进行了社情民意问卷调查，当场匿名填答后回收，由第三方统计结果。

“三民”活动的会场评议成绩，直接计入各政府部门年度绩效考核的社会评议中，会场评议成绩占政府部门社会评议的 80%，社会评议中另有 20%来自日常评议。总体上，社会评议在政府部门年度目标绩效考核的总分里占比是 35%，该权重在全国公民参与服务绩效评价中处于较高水平。各区（市）将独立组织开展面向本辖区的“三民”活动。值得注意的是，随着新一代信息技术的发展，“三民”活动的参与平台也在不断改造升级，网上云平台在活动中增加了市民参与的体验感，实现了线上线下相结合，提高了公民参与的有效性。

（六）评价程序

青岛市“三民”活动的具体实施一般包括三个步骤：

1. 启动筹备

每年 11 月上旬至 12 月上旬，开始启动评议工作。启动阶段包括以下几个步骤：一是前期做好一系列准备工作。具体包括：制定活动的实施方案；建立联席会议制度；成立“协调、宣传、督察检查、技术保障”等工作组；安排“三民”活动各项具体工作；多媒体平台展示政府部门岗位职责和亮点；公布市政府部门年终述职报告，便于公民参与应知应会。二是在青岛政务网和微信公众平台，公布政府部门述职材料，开通意见建议征集专栏，鼓励广大市民积极参政议政。三是组织市民代表报名，筛选和确定合适的市民代表。四是加强主会场和分会场的技术保障工作，明确各单位职责分工，做好组织活动规则的情况调查。

2. 报告和评议

这是“三民”活动的关键阶段，每年 12 月中旬，评议组根据政府部门的性质和分工不同进行分组，共四组，然后进入活动的正式环节。首先，按分组顺序，每组半天时间，市直部门的主要领导向市民汇报年度工作情况，每个部门限时 10 分钟。其次，按照顺序进入主会场进行述职汇报，并接受评议；市民借助电视和广播，能够同步收听收看到述职报告，市民通过述职报告和其他公开的部门工作报告材料，了解政府工作及其公共服务情况；市民根据自己了解到的情况，匿名填写评议票，完成后由工作人员收回。最后，市民可以根据市政府公布的官方网站，在“三民”活动的意见栏或各区(市)设置的联席会议办公室里，对政府服务工作提出自己的意见和建议。

3. 办理总结

每年 12 月中下旬，“三民”活动的联席会议办公室组织完成部门评议结果的汇总工作；对市民提出的意见和建议归类整理，开展评优活动，评选出优秀意见建议和优秀组织单位。青岛市政府尤其注重事后反馈，采取专题恳谈、集中面复、走访调研等形式随机调查，按照“分类处理、分批处理”的方式对意见建议做出积极回应。其中，具有参考价值的建设性意见，将纳入来年政府工作的讨论范围，并对重点内容进行研判吸收；同时，为提高信息的公开性和透明性，青岛政务网将公布群众所提意见建议的落实情况。

（七）评价结果运用

“三民”活动的评价结果应用主要包括两个方面：

1. 奖优罚劣

将社会评议分值最大化，计入绩效考核结果，划分优秀、完成任务、不合格三个等次；各组前 30%为优秀，完成任务的等次据实确定，综合得分低于 700 分的为不合格，考核结果作为对班子调整和干部使用的参考标准。评优工作主要由意见建议办理组牵头落实，并邀请部分专家参加，负责“优秀意见建议和优秀组织单位”的评选工作。(1) 优秀意见建议评选。采取部门推荐和评选工作领导小组筛选相结合的方式进行，分为推荐、初评、终评三个阶段：首先，市政府各部门于12月20日前按照评选标准，填写“优秀建议推荐意见表”，分别推荐上报优秀意见建议（不超过4条）；其次，评选工作领导小组根据推荐结果核实有关参评材料，按照1∶2的比例提出候选意见；最后，评选工作领导小组上报市联席会议办公室最终结果，经审核后确定获奖名单，并以市联席会议办公室名义在全体会上表彰奖励。(2) 优秀组织单位评选。由评选工作领导小组依照标准，推荐优秀组织单位和先进组织单位，经审定后确定获奖名单，并以市联席会议办公室名义在全体会上表彰奖励。

2. 改进工作绩效

“三民”活动很重视评价结果的应用，不断完善市民意见建议的督办反馈机制，在汇总市民意见建议后的第一时间，对意见建议及时进行转办和反馈。其中有较高价值和可操作性的意见建议，将会被吸纳到政府及其职能部门，以指导政府决策和下一年度的工作规划。同时，注重与“建言青岛 美美与共”建言献策工作的互动，并将在《建言与决策》专门刊物中展现优秀意见和建议，进一步强化评价结果的重要性。

三、活动特点

（一）强调基于民生服务的民意调查

“三民”活动自2009年启动以来，活动成效日益凸显。一是青岛市政府立足群众满意，不断强化民生导向，近年来，尤其关注活动本身是否接地气、是否贴近群众生活，尽可能将民生公共服务绩效评价纳入评价体系。二是为了多维度听取市民意见，青岛市政府在“三民”活动的基础上，积极拓展其他参与形式，如借助“12345”热线，对市民来电进行综合性分析，梳理市民最关心最急切的问题，形成“民生大数据库”，助推政府科学合理决策。三是加强与有关主流媒体互动，对各渠道的市民意见建议进行归类整理，形成有价值的市民意见库，并作为政府部门述职报告重点应答问题的依据。四是关注服务对象的意见，不断优化参评人大代表构成，增加基层一线和市场主体的代表名额，目前基层代表街镇全覆盖，企业比例已超过30%。这种基于广纳民意的评价活动，正是“三民”活动可持续性推进的生命力所在。

（二）重视评价过程的信息畅通

活动期间，政府各部门必须保证信息顺畅，保持评价过程公开透明。近年来，随着“互联网＋政务服务”的推进，“三民”活动网上云平台不断改造升级，青岛政务网的“PC端和手机端”场景模式日益优化，市民意见建议征集专栏作用凸显，政民互动顺畅，这对常态化疫情防控下的评价活动而言尤为关键。同时，新闻媒体全程跟踪报道，社会各界广泛积极参与，形成线上线下多种形式交流的良好互动模式；尤其是近两年依托国家到地方的多种主流媒体，“三民”活动信息发布渠道不断拓展，明显增进了市民对评价活动的深入了解。总之，“三民”活动基于民生导向，强调提高公民参与有效性，应从绩效评价过程的信息畅通出发，坚持活动过程公开透明，做到收集的第一手评价信息真实可靠。

（三）实施专家全过程参与

“三民”活动通过单位推荐后层层筛选，形成了来自社会服务领域代表、街镇代表及党代表等专业人士等，构成的覆盖面广、专业性强的专家评议队伍。在人大代表建议和政协委员提案办理过程中，初期评价专家直接以专家身份参与建议提案办理，根据不同分工对每一件建议提案情况进行全面准确的了解，每位专家与代表委员、承办单位、公众等进行充分沟通交流。中期第三方（评价）专家组工作办公室在每年第一阶段办理工作结束后2个月内，都会梳理政府系统承办的建议提案办理结果，围绕答复后不满意件、C类件，以及近年来反复提出的建议提案，进行第三方评价，并对办理结果进行阶段性复评。具体程序包括：一是承办部门自查，即评价前一周将形成的评价材料送交专家组，专家对建议提案先分析承办地自查情况；二是专家深入现场查，即评价专家坚持问题导向，通过电话、走访等方式，深入实地开展调研，将建议提案落实和推进结果与部门计划进行对比，听取代表委员及周边市民的反映；三是召开评价复查，即针对专家参与的前期环节进行复核会诊，查漏补缺。可见，青岛市“三民”活动积极调动各类资源，引导专家参与评价，将专家置于政府服务绩效评价的全过程。

（四）突出评价全过程监督

“三民”活动的有关文件明确规定，坚持市民参与评价的全过程管理，规范监督整个评价流程,保障人民权益。青岛市政府对违反规定情况给予高度重视。一旦出现不规范问题,将追究有关部门和人员责任;针对情节严重的按党纪、政纪严肃处理。青岛"三民"活动为提高社会评价活动的有效性,采取当场回收、密封评议票,引入第三方组织汇总,评价结果作为官员政绩考核的重要参考。此外,青岛市监察委加大监督力度,随机选取一定比例的市民代表进行规范调查,防止市民代表在评议过程中遭到违规、施压等不公正待遇,避免出现弄虚作假、徇私舞弊等行为。另外,青岛各区(市)设 11 个分会场,每个分会场除现场参与外,还能通过视频直播方式线上参与,全面了解市政府各部门工作情况。参与形式创新提高了政府信息透明度,有利于群众积极参与到政府公共服务绩效评价中来,形成了政民良性互动的局面。

四、总结与评价

自 2009 年以来,青岛"三民"活动主要围绕"述""听""评"展开,逐渐改变了地方政府在政府绩效评价中内外角色矛盾的问题,公民参与状态正在从"有限参与"向"高度参与"转变;同时,公民评价内容不断聚焦民生服务,评价体系不断完善,政府公信力和执行力明显提升。一是遴选程序科学,市民代表结构得到优化,扩大了市民代表遴选的范围;同时,按照每组述职部门的特点,灵活调整代表结构,确保评议结果客观公正。二是群众参与积极性得以提升,参与渠道多样化,包含网上征集、现场书面意见、微博平台、微信小程序等,市民随时随地都可提出意见;同时,出台"回娘家"建议提案办理,强化第三方评价和二次办理。三是更加注重回应民生,尤其是针对公共服务类,通过公开挂牌督办、全程跟踪、第三方参与、述职报告点评等进一步突出评价重点;在述职报告手册中加入了部门职责解释,便于市民充分理解政府工作的实际情况,确保评价结果的客观性和有效性。四是活动效果愈加显著,市民代表满意度在整体工作、经济发展、改善民生、未来发展信心方面都有不同程度的提高①。

① 青岛政务网:《2019 年青岛"三民"活动社情民意调查报告出炉,市民满意度持续提升》,http://www.qingdao.gov.cn/ywdt/zwzl/smhd/smhd2019/sm2019_1/202202/t20220209_4336506.shtml,访问日期:2022 年 3 月 20 日。

虽然“三民”活动在一定程度上调动了公民参与的积极性，提升了公民评价的主体地位，但仍没有突破传统政府绩效评价的结构性约束。如市民主要通过提前在网上了解政府工作职责、目标及现场听取述职报告，然后对各部门打分；汇报现场的政民互动不足，公民参与的主动性有待提升，在参与形式和内容等方面也存在一定的局限性。依据马克·霍哲概括的良好政府绩效评价和绩效改进体系的七大步骤[①]，青岛“三民”活动中公民参与只集中于后三个步骤，即监督部门绩效或项目绩效、公开绩效报告、改进和完善绩效管理，这三个方面的参与实际上是一种被动参与；而面对主动参与的前四个步骤时却明显不足，如活动的决策、规划、组织等环节。如青岛市民没有参与选择哪些部门需要进行评价、其评价内容的重点是什么、衡量标准如何，这些因素是影响公民参与服务绩效评价有效性的关键变量。虽然公民意见能够通过评价活动被政府采纳吸收，并转化为政府的决策，但这种决策参与只是辅助性的，发挥的作用有限。但不可否认的是，青岛“三民”活动为参与式绩效评价提供了新的经验指导：

第一，强化价值理性导向。从某种意义上来说，地方政府绩效评价的确是一套行之有效的工具，但是在当前服务型政府建设的推进过程中，一般地方政府部门最为核心的目标，仍然是最大限度地满足群众需求。事实上，当前地方政府对群众力量的认知仍显不足，即强调绩效评价的工具性用途，未能深入挖掘公民参与公共服务绩效评价的内在价值、达到回应型政府的预期目标。而青岛“三民”活动卓有成效的原因就在于，坚持以群众需求为价值导向，极大地发挥了公民在基层治理中的作用。

第二，建立健全科学的评价体系。由于群众需求是不断发展变化的，社会问题不能单靠某个部门、某个组织独立解决，而是需要多元主体之间加强协作、互相监督。如在评议人员的筛选上，政府部门需要对参评人员的结构问题、专业性问题等进行多方考量，还需要参考第三方组织的意见，以确保公民参与更加有效；在评价指标上，也需要考虑政府工作重心、问题难点、民生诉求，确保评价内容覆盖全面，有层次有重点。因此，一个行之有效的评价体系必须科学设计且规

---

① ［美］马克·霍哲：《公共部门业绩评估与改善》，张梦中译，《中国行政管理》2000 年第 3 期。

范实施。

第三，注重对非政府组织(NGO)的发展与引导。与国外繁多的非政府组织相比，我国非政府组织发展规模小、数量少，无法担任独立第三方评价的角色。为在公共服务绩效评价中引入更多的第三方组织力量，我国要积极培育民间组织，创造良好发展环境，促使其法治化、规范化，有条件的地方政府可以依据当地实际情况出台有关规范性文件，保障民间组织有序健康发展，以促进公民参与公共服务绩效评价的有效性和可持续性。

第四节　上海“一网通办”政务服务“好差评”制度：服务体验者导向

一、背景介绍

“好差评”制度，是指由企业和群众来评价政府公共服务“好或坏”的规则安排，也是践行“以人民为中心理念”、优化营商环境的重要举措。为深入推进“放管服”改革，了解企业和群众的服务感受和真实诉求，提高政府效能，2019年3月的《政府工作报告》提出，建立政务服务“好差评”制度，政务服务绩效由企业和群众来评判。随后便在广东、江西、浙江、贵州、上海等地进行首批试点，国务院办公厅于2019年12月3日正式印发了《关于建立政务服务“好差评”制度提高政务服务水平的意见》，并对“好差评”制度的总体要求、目标责任、评价途径、评价结果、保障措施等内容做了具体规定。这标志着“好差评”制度的实践将正式迈入全国推广阶段，也是地方政务服务发展转型的主要标志。

为什么要开展“好差评”活动？一是经济高质量发展的需要。党的十九大之后，我国改革进入了攻坚期，社会主义市场经济体制将面临向高质量发展的诸多挑战，而营商环境的转型升级尤为关键。为此，政府自身的变革应走在前面，转变行政方式，提升行政效能迫在眉睫。二是行政改革的趋势。针对政务服务实践中存在的"我还活着""奇葩证明""我是我"以及重复证明、循环证明等行政"怪象",政府力图解决针对社会的"无知"盲目服务,全面精准了解群众的政务服务诉求,改进政务服务质量,推进便民服务更接地气,切实提高群众获得感,进而提出了全面实施政务服务"好差评"制度。三是数字技术发展的驱动。随着互联网、大数据、云计算、人工智能等高新技术的迅猛发展,数字和智能技术不仅激发了市场的创造力,也激活了社会参与的热情,调动了政府自我革命的勇气。基于此,政府将通过实施政务服务"好差评"制度,倒逼政务服务部门改进工作方式和工作作风,提供优质高效的政务服务。

"一网通办"于 2018 年 10 月 17 日正式开通运行,是上海首创的一种政务服务模式,多次被写入《政府工作报告》,并作为经典案例被列入《2020 联合国电子政务调查报告》。实践表明,"一网通办"在促进数据共享、优化营商环境、提升用户体验和满意度、提高政府效能等方面,发挥了极其重要的作用。上海"一网通办"政务服务"好差评"制度,是全国首批试点省份之一,为推进"一网通办"从"部门中心"向"用户中心"转变,立足"一网通办"实践已发现的运作问题,结合 2018 年 9 月颁布的《上海市公共数据和一网通办管理办法》,于 2019 年 7 月 23 日印发了《建立"一网通办"政务服务"好差评"制度工作方案》,该方案对"好差评"制度在上海的实践运作进行了总体规划,工作方案对"好差评"制度的总体要求、评价体系、评价结果应用等都作出了规定。2019 年 10 月 29 日政务服务"好差评"正式上线运行,"一网通办"标志公开发布,这意味着上海市正式迈向了一体化政务服务发展的时代。"好差评"制度的具体运行包括市区两级及其全部政务服务事项,即包括市区街镇等所有层级和所有政务服务事项,实现了政务服务"好差评"全覆盖。截至 2022 年 1 月 31 日的数据显示[①],上海"一网通办"政务服务"好差评"活动的办件量为 19 055 万件,评价总量为 4 588 万条,好评率为 99.97%,按期整改率为 100%,社会反响好,总体效果达到预期。

① 上海"一网通办"官网,http://zwdt.sh.gov.cn/govPortals/appr/apprIndex,访问日期:2022 年 5 月 16 日。

二、基本做法与实施过程

(一) 评价目标

上海推动"一网通办"的改革旨在让政务服务像网购一样方便,切实提升公共服务效能。上海推行"一网通办"政务服务"好差评"的总目标在于:让"一网通办"的政务服务效能从"以部门为中心"转向"以用户为中心"。具体而言,上海市"一网通办"政务服务"好差评"制度实践,可以深入贯彻以人民为中心的发展思想,强化政务服务以使用者办事体验为导向,切实做到惠企利民,促进"一网通办"转变各级政府服务部门的工作作风,实现公共服务的高质量发展。就"一网通办"政务服务的实践而言,上海市政府通过重点打造一批"免申即享"服务、高效办成"一件事"、公共服务标杆场景应用,优化高频事项全流程一体化服务体验,最终实现政务服务业务流程再造,以及政务服务的智能化、精准化和个性化①;在此基础上,借助"好差评"活动提升使用者服务体验满意度,促推"一网通办"政务服务的转型升级。

(二) 评价主体

上海"一网通办"政务服务"好差评"实践活动的评价主体是所有使用政务服务的企业和群众,即服务使用者。由于政务服务使用者并不受户籍限制,且政务服务覆盖群体广泛,因而作为评价主体参与"好差评"的企业和群众覆盖面超过了以往参与式绩效评价。这种完全基于服务体验选取评价主体的做法,促使以前由政府内部监督考核为主的评价模式,转向了基于服务体验的以企业、群众为主的评价模式,这是对"以人民为中心"真谛的最好诠释,也是我国公共服务绩效评价走向真正公民参与的未来趋势。

(三) 评价客体

上海"一网通办"政务服务"好差评"的评价客体,覆盖"一网通办"所有政务服务的承办单位,所有提供政务服务的单位和全市不同层级(市、区、街镇、村居)

---

① 上海市人民政府官网:《2022 年上海市全面深化"一网通办"改革工作要点》,沪府办发〔2022〕1 号,https://www.shanghai.gov.cn/202205bgtwj/20220308/8c4368cbcd7e4b3da4f559b183201b5d.html,访问日期:2022 年 5 月 6 日。

的政务服务窗口都被作为“好差评”的评价对象，实现了服务窗口的承办单位全覆盖。同时，评价对象的确定，具体由市政府办公厅、“12345”热线、市大数据中心、各区政府、各部门、各级政务服务窗口等负责完成。2019 年 10 月以来，全市有“1600＋实体窗口”共计 2 万个工作岗位，均备有“好差评”二维码。目前上海“一网通办”政务服务“好差评”官网信息显示，“好差评”涵盖上海市 16 个区级行政区的政务服务窗口以及 55 个市级政务服务部门。其中，区政务服务窗口一般包括：区级行政服务中心，含实体窗口的延伸服务点；区级公共法律服务中心；区级不动产登记和房产交易中心；区级档案馆；街道（镇）市场监督管理所等；街道（镇）社区事务受理服务中心等①。这些部门的政务服务主要涉及经济发展、执法监督、资源环境、科教文卫、民生保障、公用事业、综合服务七个领域（见表 3－5）。同时，上海市“好差评”活动涉及的公共部门类别繁多，不仅包括政府职能部门，而且也包括一些党群部门、机关事业单位、国有企业；不仅有正式的常规部门，还有非常规部门。可见，“一网通办”政务服务“好差评”活动的评价客体远远超出传统公民参与评价的范围，具有广覆盖性，这也符合“好差评”活动和“一网通办”运作模式预期的发展目标。

表 3－5　“一网通办”政务服务“好差评”的评价对象

服务类别	政务服务部门（企业）	数量/个
经济发展	发改委、税务局、财政局、经信委、商务局、国资委、化工管委、烟草专卖局、酒类专卖局、交通委、统计局	11
执法监督	公安局、司法局、药监局、市监局、金融法院、金融监管局、监察局、国安局、应急管理局	9
资源环境	住建委、规划与自然资源局、房管局、生态环境局、粮资储备局、市容局、农业农村委、气象局、水务局	9
科教文卫	科委、教委、文旅局、卫健委、体育局、新闻出版局、知识产权局	7
民生保障	民政局、残联、总工会、人社局、医保局、人防办、红十字会	7

① 资料由笔者根据各区级政务服务窗口归纳总结所得。

续　表

服务类别	政务服务部门(企业)	数量/个
公用事业	燃气公司、城投公司、电力公司	3
综合服务	文创领导办、合作交流办、邮政局、宣传部、民政局、侨办、团市委、机关事务局、档案局	9
合　计		55

资料来源：笔者根据上海一网通办"好差评"官网信息整理而来，截止时间为 2022 年 4 月 28 日，http://zwdt.sh.gov.cn/govPortals/appr/apprIndex。以上服务部门(企业)为市级部门的简称。

(四) 评价内容和指标

上海"一网通办"政务服务"好差评"的评价内容，是指全市企业和群众接触到的所有政务服务，包括窗口服务和线上服务，如实体大厅(窗口)服务情况、"一网通办"(线上)具体事项办理情况、"12345"热线、自助终端。其主要涉及经济管理、执法监督、资源环境、科教文卫、民生保障、公用事业、综合服务等诸多领域。值得一提的是，所谓政务服务是指行政管理过程中的服务或涉及行政审批权的公共服务，它是基于行政管理而产生的服务事项，针对服务使用者，因服务使用者主动申请而产生的；而公共服务的范围要比政务服务广，即公共服务除政务服务之外，还包括政府基于民生发展或公众需求，面向公众主动供给的服务。而后者无须公众主动申请便能自动使用或享用。因此，群众评议政务服务被纳入本研究的范围。

关于"一网通办"政务服务"好差评"的具体评价标准，一般由市政府办公厅和市大数据中心，根据国家"好差评"的评价标准，立足于服务标准化建设的要求，建构政务服务机构和平台管理服务的具体指标。就当前"好差评"实践来看，具体包括线上服务的评价指标和窗口服务的评价指标，其中线上服务的评价指标有"指南准确性、办事便捷性、办理时效性、服务创新性"四个；窗口服务的评价指标有"服务效率、服务水平、服务态度、服务便民"四个。以市知识产权局为例，其具体评价指标和结果如图 3－3 所示。总之，上海"好差评"的线上线下评价，覆盖了全部服务事项、服务渠道和承办单位，是评价内容相对比较全面且更接地气的评价模式。

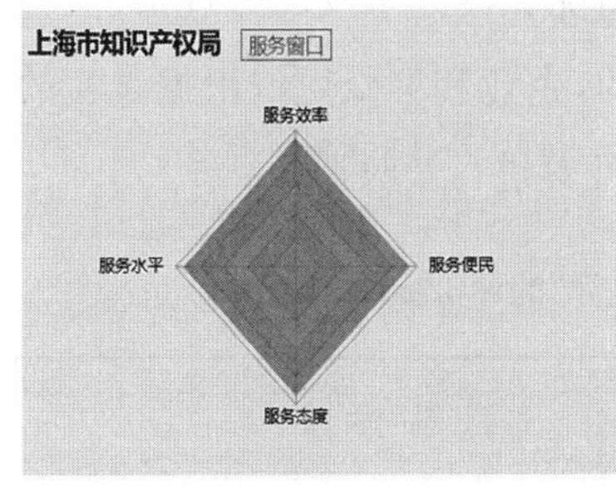

图 3－3　市知识产权局一网通办“好差评”的评价指标和结果

资料来源：上海一网通办“好差评”官网，2022 年 4 月 29 日，http://zwdt.sh.gov.cn/govPortals/appr/deptEvaluationIndex?dept_code=SHZCSH

（五）评价方法

上海“一网通办”政务服务“好差评”的评价方法，包括线上不见面评价和线下见面评价两种。

1. 线上不见面评价

此方法是指由市政府办公厅和市大数据中心负责组织评价活动，具体需要在“一网通办”总门户以及“随申办”手机移动端设置“好差评”功能；然后由服务体验者（企业和群众），在办理政务服务的某一具体事项环节进行在线评价；评价选项包括“非常满意、满意、基本满意、不满意、非常不满意”五个，并用获得“★”的数量来呈现最后结果（见表 3－6）。一般而言，1 个“★”（非常不满意）或 2 个“★”（不满意）都是“差评”，3～5 个“★”为“好评”。此类评价的评价主体和评价客体是在不见面状态下，对政务服务进行的评价，评价主体完全根据线上服务体验对具体环节进行评判，包括线上操作指南的准确性、便捷度、时效性、服务创新性等，且评价结果实时呈现。

2. 线下见面评价

此方法主要针对下线实体窗口服务，具体由市政府办公厅、市大数据中心和各级政务服务窗口组织实施，即在所有实体服务窗口设置政务服务“好差评”的二维码，办事企业和群众可以通过现场扫码进行评价，扫码方式包括“随申办”手机端、微信“随申办”小程序、支付宝等。采用实名办事的用户在评价时，会自动匹配具体办理事项，以便评价结果的精准及时反馈和服务改进，评价标准同线上评价。此方法评价内容主要针对实体窗口服务情况和具体事项的办理情况，且评价主体和评价客体是面对面产生服务后进行的，企业和群众可以根据真实的服务体验对服务效率、服务态度、服务水平、便捷性等进行及时评价。

表 3-6 "一网通办"政务服务"好差评"的评价标准

评价结果选项	星级标准
非常满意	★★★★★
满意	★★★★☆
基本满意	★★★☆☆
不满意	★★☆☆☆
非常不满意	★☆☆☆☆

总之，两种评价方法的具体方式都是借助网上评价系统进行的，线上线下评价的差异只是服务场地的区别。同时，在星级评价的基础上，服务使用者还可以对某项具体服务事项发表意见，这也是评价中非常重要的部分。另外，各级政务服务的线上线下服务评价同步进行，且采取"一次一评"，即针对线上服务设置评价功能模块，及时便捷地对政务服务情况进行评价，针对线下服务设置评价二维码，方便企业和群众在每次服务使用结束后，能够根据自身服务体验做出自主评价。

（六）评价程序

1. 组织启动

上海"好差评"活动自 2019 年启动后便自动常态化运行，但在实际活动中还需相关部门在年初根据本市年度重点工作和上一年的评价结果，科学设置"好差评"指标，优化调整评价体系。参与"好差评"组织实施的常规单位包括市政府办公厅、"12345"热线、市大数据中心、各区政府、各部门、各级政务服务窗口[①]，各

① 上海市人民政府办公厅：《建立"一网通办"政务服务"好差评"制度工作方案》，沪府办发〔2019〕20 号，https://www.shanghai.gov.cn/nw47964/20200824/0001-47964_62663.htm，访问日期：2022 年 5 月 16 日。

单位根据市(区)相关规定，分工负责启动环节的各项任务，完成评价模块的网络设置，尤其是各区及其政府部门应在评价前完成数据对接的系统改造，以便评价数据与“一网通办”自动整合。

2. 开展线上线下政务服务评价

企业和群众根据自己在“一网通办”和窗口服务中的实际体验，按照评价系统的说明和要求，进行服务满意度评价。由于企业、群众体验服务是根据自己的需要选择的，服务体验的时间存在不确定性，只要工作日评价系统正常开放，企业和群众都可以在服务体验后直接评价。线上线下服务评价自 2019 年 11 月开始常年进行。如果市区两级了解阶段性服务情况或特定事项的评价情况，就可以汇总分析阶段数据或具体事项的数据。总之，线上线下评价形式灵活、覆盖面广、有效性强，是上海“好差评”活动过程中的关键阶段。

3. 分析和公开结果

这是“好差评”的最后环节，也是企业和群众参与评价最关注的环节。首先，分析评价结果。企业和群众完成评价后，“好差评”的网络评价系统将形成大规模的评价数据，上海市将对年度“好差评”的情况进行归纳整理，按服务事项、服务渠道、承办单位等维度进行总结和分析，形成评价结果信息库。其次，公开评价结果。在每年的“好差评”活动中，有关部门在完成数据分析后将公示评价结果和差评事项，主要立足“公开为原则，不公开为例外”，在“一网通办”门户网和“随申办”手机端公开；定期对各区及其职能部门的“好差评”综合排名进行公示，定期公示群众反映强烈的问题和典型案例。

4. 受理差评与整改

此阶段是“好差评”活动的结果应用环节。重点针对“差评”突出集中的问题，所有出现 1 个“★”或 2 个“★”差评结果的承办单位，都必须及时调查情况并进行整改，具体由“12345”热线、市大数据中心、各区政府、各部门等专门负责整改。“差评”受理时限有严格要求，就区级窗口服务而言，区级行政服务中心在 1 个工作日之内给“差评”所属单位派单，由该单位与反映问题的企业、群众沟通了解情况；然后，针对确有问题的事项，“差评”承办单位在接单后的第 5 个工作日(复杂工作是 10 个工作日)之前，必须核清事实并完成整改，同时区行政服务中心跟踪回复整改情况，并在"好差评"网上统一回复。对于较复杂的案件，"差评"承办单位在接单后的第5个工作日可以提出书面申请，经审核同意后可以延长办结时间，但须在接单后第15个工作日之前办结。区级行政服务中心负责督促承办单位限时上报和整改。

5. 整改回访

各承办单位完成"差评"整改后，有关部门将通过人工回访、短信和网上评价系统等渠道，对整改情况进行满意度测评，具体由市政府办公厅、市大数据中心、"12345"热线等负责完成。对于"一网通办"的不见面服务，一般由"12345"热线负责对实名"差评"进行电话回访，了解评议人对整改结果的满意度；对于线下窗口服务，一般由区级行政服务中心负责完成评议人对整改结果的满意度测评。对于应解决而未解决、谎报瞒报的差评问题，有关部门将通过随机抽查、实地察看、档案查阅、电话访谈等多渠道督促。同时，定期汇总公开各区、各承办单位"差评"整改和办结情况，促使"差评"问题得到有效监督，做到政务服务事事有回应、件件有着落。

（七）评价结果运用

"好差评"活动的出发点就是问题导向和使用者满意，推进政府公共服务提质增效。这不仅符合政府绩效评价的初衷和未来发展，也是我国政府改革、促进公共服务高质量发展的必然要求。

1. 服务改进

与以往大规模公民参与公共服务绩效评价不同，上海"一网通办"政务服务"好差评"非常重视评价结果的应用，其主要立足企业和群众的服务需求，将评价结果用于"服务改进"，强调提升政务服务水平，切实推进政府职能转变。具体而言，市政府办公厅和市大数据中心牵头落实评价结果应用环节的工作，要求各区及其职能部门开展"好差评"常态化管理，对"好差评"进行日常巡查和不定期检查。

2. 绩效问责

对1个"★"或2个"★"的差评问题，重点监督、整改和回访，对不能及时整改或整改不到位的差评案件进行严肃问责，甚至作为考核官员晋升的重要参考。可见，上海"好差评"的评价结果始终立足"问题导向"，以服务改进为目的，对改进不到位的承办单位严肃追责。

三、活动特点

上海"一网通办"政务服务"好差评"制度与以往参与式绩效评价不同，其最为突出的特点在于企业和群众参与评价的渠道须借助网络，活动实施将评价模块植入网络系统，让服务使用者根据实际体验进行及时评价，体现了企业、群众参与评价过程的及时性、精准性、灵活性和高效性，评价结果具有更强的自主性和真实性。其具体特点如下：

1. 坚持"双公开"评价原则

"好差评"在以人民为中心思想的指导下，始终坚持两个"公开"，即公开为原则，不公开为例外。一是服务使用者(办事人)对全部政务服务评价进行公开，这是评价系统自动完成的，只要服务使用者在"好差评"平台上做出评价，评价结果就会全部公开，不存在办事人选择性公开的情况。二是承办单位对政务服务评价结果的回复必须公开，尤其是对差评问题的回复必须全部公开，这将有助于政府与群众之间的及时沟通。

2. 评价内容全覆盖

"好差评"的评价范围聚焦于行政或具有行政审批权的服务，是因企业、群众申请产生的点对点的"公共服务"，而且服务事项纳入了"一网通办"，是完全集成和模块化的常规性服务，故服务评价的精准度更高。为此，"一网通办"政务服务"好差评"活动要求实现评价范围全覆盖。一是服务事项全覆盖，即所有一网通办的服务事项都必须纳入"好差评"服务。二是服务渠道全覆盖，包括线下实体服务窗口、线上"一网通办"各种端口(PC端、随申办APP、随申办微信和支付宝小程序)、"12345"热线、自助服务终端，其中"12345"热线和自助终端的评价已全部归入"好差评"的评价系统。三是承办单位全覆盖，所有承办政务服务的单位和服务窗口都被纳入"好差评"评价对象。其中，服务窗口是指全市的服务窗口，包括市、区、街镇、村居的政务服务窗口。

3. 评价内容更精准

"一网通办"政务服务"好差评"活动强调"三对应"，评价活动要对应办事人、办理事项(服务事项)、承办人,即评价主体对应办事人、评价内容对应办理事项(服务事项)、评价客体对应服务承办人。相较于传统公民参与公共服务绩效评价的笼统性,上海“一网通办”政务服务“好差评”活动具有更强的精准性。这将有助于公共服务部门更准确地发现问题并有针对性地解决问题,体现了“好差评”活动的精细化思维。

4. 评价方式便捷高效

上海“好差评”活动借助“互联网+政务服务”平台,实现了高效便捷的公民参与。办事人(评价人)只需在模块化的评价系统中操作,就可以实现服务体验的满意度评价,评价方式简单易行、耗时少、成本低,因而办人事的参与热情较高、自主性强。这种基于信息技术手段的公民评价公共服务绩效,也是我国从电子政务走向数字政府的重要试验。

5. 评价反馈及时

“一网通办”政务服务“好差评”活动在评价反馈环节,建构了全流程闭环式工作机制,形成了融“评价、反馈、整改、监督”于一体的闭环管理。同时,建立“1-5-15”的时限反馈制度,即1天内核实情况、5天内整改、15天内办结。办事人一旦完成评价,有关部门将会主动与其进行沟通,核实情况,这样大部分公共服务的堵点都会在源头上被疏通,需要进一步解决的大多是较复杂的问题。“好差评”的及时反馈机制,实现了差评诉求件件有落实,推进了政务服务的高质量发展。

四、总结与评价

上海“一网通办”政务服务“好差评”制度自2019年10月实施以来,始终坚持用户(服务使用者)满意导向,让企业、群众能够更多地获得“像网购一样便捷”的政务服务体验,切实提升群众的获得感和体验度。在制度设计和实践运作中,“好差评”制度是政府在“放管服”背景下刀刃向内的一场自我革命,也是引导政府从“任务导向”走向“问题导向”、从“以部门为中心”转向“以用户为中心”的创新机制,以推进政府走出无竞争压力“躺平区”,实现自我调整和自我革新。具体而言,上海“好差评”制度的主要贡献体现在如下方面:

首先,将"用户需求"作为评价活动的出发点和落脚点,更好地落实了"以人民为中心"的指导思想。这是"好差评"制度设计的核心所在。"好差评"制度有利于政府系统更精准地把握企业、群众对政务服务的意见和真实诉求,打破部门信息壁垒,解决管理碎片化问题,驱使政府不断变革;同时,面向外部公众需求开展评价,强调评价结果反馈,有助于突破传统服务绩效评价的内部控制瓶颈,改进公共服务质量,更好地为群众服务。

其次,加快"一网通办"优化升级。推进全面深化改革必须加快"放管服"改革,而"一网通办"改革正是"放管服"改革、优化营商环境的抓手。随着数字技术的发展,"一网通办"不应仅仅关注政府内部事务的"信息化"和"互联网+",而应关注对外服务的数字化和智能化。所以,"一网通办"具有较强的开放性、共享性和服务性,在"一网通办"政务服务中嵌入"好差评"评价系统,也是"一网通办"发展升级的推动力量。

再次,推进公共服务整体效能提升。"好差评"活动中很大一部分服务是数字化公共服务,即通过数字技术向企业、群众提供的服务。数字化公共服务是公共服务的新典范,也是"以人民为中心"的服务典范,其实现了跨部门的服务整合,具有明显的自助性、个性化、及时性和参与性;政府和公民之间不是单向的、被动的、静态的关系,而是互动的、双向的关系,因为政府通过数字技术强化了政民之间的交流和沟通,促使服务部门广纳民意,深入了解办事群众的实际需求,不断改进公共服务,实现公共服务的高质量发展。

最后,促进公民参与公共服务绩效评价转型。在传统政府绩效理模式中,政府主导绩效评价的所有环节,即便公民参与评价也基本上是政府内部控制的一种方式,公民参与流于形式。基于"一网通办"平台的公共服务绩效评价,可以通过技术赋权给办事人(企业),使办事人在简易的模块化操作中及时表达自己的意见,自主客观地进行满意度评价,办事人的评价权和监督权都给予了充分体现。同时,"一网通办"也可以通过技术赋能给服务承办单位,使政府精准识别服务需求和管理中的堵点,实现政民高效对接和互动,改进服务质量。可见,基于"一网通办"的政务服务"好差评"制度,有助于促进公民参与从"有限参与"向"高度参与"转变,推进公民参与公共服务绩效评价转型升级。

同时,上海"一网通办"政务服务"好差评"活动在实践中也存在一些亟待改进的地方。一是评价范围有待进一步拓展。虽然"好差评"已经实现了全覆盖,但目前上海"好差评"主要聚焦基于行政审批的"一对一"的政务服务,而政府面向群众的"一对多"的公共服务尚未纳入,评价范围依然有限。这也是"好差评"制度纵深推进的难题之一。二是评价维度的精准性尚需提升。虽然"一网通办"政务服务"好差评"有多样化的评价方式和渠道,五级量表能够对服务绩效进行有效排名,但五级量表模式下的评价指标,面对复杂多样的政务服务内容仍显精准不足。三是企业参与"好差评"仍然处于"有限参与"状态。目前"好差评"活动中的企业参与主要是满意度测评和结果应用的监督环节,而对"好差评"的前期策划、规则制定、组织实施等环节的参与仍然不够。虽然"一网通办"为"好差评"提供了技术条件,但参与者的技术能力和参与机会都未达到全程参与的要求,这也是我国公民参与公共服务绩效评价亟待突破的关键点。总之,上海"一网通办"政务服务"好差评"活动,实现了参与式绩效评价在技术和价值层面的突破,为公民参与公共服务绩效评价的数字化转型提供了示范,但同时还存在诸多困难和挑战,有关改革创新尚待进一步深化。

第四章
公共服务绩效评价中公民参与的意愿

第一节　研究背景

如何实现广泛有效的参与式绩效评价？公民参与意愿至关重要，较高的公民参与意愿是公民评价公共服务绩效迈向实质性参与的基本前提。自 1999 年珠海开展“万人评政府”以来，我国公民参与政府绩效评价实践陆续推开，并取得了阶段性的成果。但是，公民评价的实践表明，公民参与的意愿整体上并不强烈，参与的意向性模糊，“被迫参与”问题依然存在。为此，值得我们需要反思的是：公民参与意愿的影响因素究竟是什么？如何促使公民参与由消极应对转向积极争取？对这些问题的回答，无论是理论研究层面还是实践层面，大家都将目光聚焦到了政府，即政府质量和政府能力是影响公民参与意愿的关键变量，并推测政府行为对公民参与意愿有直接的影响。因为地方治理中的公民参与发展，很大程度上是在“政府让位，社会到位”的改革中进行的①，当前我国已步入政府主动迎接并培育公民参与的治理时代。

政府行为如何影响公民参与意愿？绩效信息使用作为绩效管理过程的终端环节，关注结果对组织和服务的影响，强调绩效信息对内部管理和外部责任的效

① 陈振明、[加] 安德鲁・桑克顿：《地方治理中的公民参与：中国与加拿大比较研究视角》，中国人民大学出版社，2016，第 37 页。

应[①],这为我们探讨公共服务绩效评价中的公民参与意愿提供了重要的切入点。绩效信息使用是影响政府绩效管理效果的关键[②],也是政府回应的重要表现。传统绩效管理研究更多聚焦绩效信息使用的前置条件及影响因素[③]。随着绩效信息使用研究的不断深入,学者们开始关注绩效信息使用的结果及其作用机制[④],一般认为政府绩效信息使用与组织决策[⑤]、员工满意度[⑥]与工作绩效[⑦]有显著相关性。这些都是从组织层面探讨绩效信息使用的结果变量,至于绩效信息使用是否有利于公民参与和满意度提升,有关研究尚缺乏足够关注。事实上,绩效信息使用对公民问责官员,促进绩效民主有直接影响[⑧],因为公民感知绩效信息后,会形成不同的绩效认同度,进而影响其下一轮公民评价的参与意向性甚至满意度。基于此,本研究将聚焦绩效信息使用对公民参与意愿的影响,展开对有关问题的探讨。本研究中的绩效信息使用,实质上是指评价主体对公民评价结果的及时应用或反馈,在参与式绩效评价中政府对评价结果的及时反馈和使用极为重要,公民尤其关注评价结果是否用于改进服务绩效,而非管理控制,较高意愿的公民参与,要求绩效信息得到及时有效的使用。在公民评价公共服务绩效的实践中,绩效信息使用不好,在很大程度上会影响公民的参与认知,挫败公民参与的积极性,降低公民的参与意愿。

总之,基于公民维度去研究绩效信息使用对公民参与意愿的影响,具有现实

---

① 董静:《政府绩效信息使用:国外研究视野与启示》,《行政论坛》2016 年第 1 期。

② Moynihan D P, Pandey S K, "The Big Question for Performance Management: Why Do Managers Use Performance Information?" *Journal of Public Administration Research and Theory* 20, no.4 (2010): 849 - 866.

③ Johnson J D, Donohue W A, Atkin C K, Johnson S, "A Comprehensive Model of Information Seeking: Tests Focusing on a Technical Organization", *Science Communication* 16, no.3(1995): 274 - 303.

④ Moynihan D P, "Goal-Based Learning and the Future of Performance Management", *Public Administration Review* 65, no.2(2005): 203 - 216.

⑤ Nielsen P A, Baekgaard M, "Performance Information, Blame Avoidance, and Politicians' Attitudes to Spending and Reform: Evidence from an Experiment", *Journal of Public Administration Research and Theory* 25, no.2(2013): 545 - 569.

⑥ Masal D, Vogel R, "Leadership, Use of Performance Information, and Job Satisfaction: Evidence from Police Services", *International Public Management Journal* 19, no.2(2016): 208 - 234.

⑦ Kroll A, "Drivers of Performance Information Use: Systematic Literature Review and Directions for Future Research", *Public Performance and Management Review* 38, no.3(2015): 459 - 486.

⑧ James O, "Performance Measures and Democracy: Information Effects on Citizens in Field and Laboratory Experiments", *Journal of Public Administration Research and Theory* 21, no.3(2011): 399 - 418.

的迫切性，且直接将公民参与意愿纳入研究框架中，可以更好地了解公民参与政治生活的心理状态，促进公民参与行动。但是绩效信息使用影响公民参与意愿的中间机制尚不明确，已有研究认为，在现实生活中政府与公民的关系是不确定的，政府回应过程中政府和群众有哪些互动模式，哪些因素影响了双方互动的效果等，有关研究明显滞后①。在"绩效信息使用影响公民参与意愿"的逻辑链条中，针对其中间环节"绩效信息使用如何引起公民参与意愿的改变"的相关研究，尤其值得期待。结合绩效信息使用理论和计划行为理论，本研究认为公民将根据自己的能力、知识和态度去认识和理解参与式绩效评价，进而对评价结果形成一定预期和意向性，故本研究将以公民认知作为中间变量，探讨绩效信息使用对公民参与意愿的影响。本研究的核心问题是：绩效信息使用是否影响公共服务绩效评价中的公民参与意愿？公民认知在绩效信息使用对公民参与意愿的影响中是否有中介效应？分析绩效信息使用影响参与意愿的内在机制，可以丰富公民参与理论和绩效信息使用理论，进而强化政府责任，提升政府公共服务水平，也为建设人民满意的服务型政府提供理论支持。

第二节　理论与假设

一、公民参与意愿的相关研究

（一）参与意愿的理论内涵

公民参与意味着公民权利的履行，也是公共权利的重新配置②。公民参与不仅涉及立法和司法领域，而且关涉公共服务、公共决策和一般公共事务，甚至政策执行过程。但公民参与实践与理论预期并非完全一致，公民并不总是积极

---

① 翁士洪：《参与-回应模型：网络参与下政府决策回应的一个分析模型——以公共工程项目为例》，《公共行政评论》2014 年第 7 期。

② Arnstein S R, "A Ladder of Citizen Participation", *Journal of the American Planning Association* 85, no.1(2019): 24 - 34.

关注公共利益并对参与保持主动[①]。公民参与意愿是公民参与行动的前提条件,只有当公民有较高的参与意愿时才能实现有效参与。意愿是心理学上的概念,科特勒(Kotler)认为,意愿达到一定程度可以驱使行为的发生,它表示个人为完成特定的行为而愿意进行尝试和付出努力的程度。公民参与意愿是公民愿意为参与行为付出心力的程度,是公民在社会治理、公共事务、社会责任等方面表现出来的意向程度。

参与式绩效评价与"唯GDP论英雄"的政府绩效评价模式不同,公民参与公共服务绩效评价更加关注公民实际的服务体验及获得感。公民参与绩效管理的意愿,是公民积极参与或自主发起政府绩效管理活动[②]。公共服务绩效评价中的参与意愿,强调公民从心理上对公共服务质量的认同,以及愿意为之进行尝试和努力的程度。另外,关于公民参与意愿的测量研究总体上不多,或许是因为研究者们不觉得参与意愿的测量是个难题。目前的测量主要采用李克特五级量表,答案选项分为完全不同意、不太同意、中立、比较同意、完全同意五个等级[③];也有研究用"是否愿意"来测量,答案选项分为"愿意"和"不愿意"[④]。本研究也是基于问卷的量表来测量参与意愿的。

(二)参与意愿的影响因素

影响公民参与意愿的因素有哪些?已有研究认为个体特征[⑤]、人的社会化[⑥]、外部激励[⑦]、社会动力和制度设计[⑧]等,对公民参与意愿都有重要影响。关

---

① Walters L C, Aydelotte J, Miller J, "Putting more Public in Policy Analysis", *Public Administration Review* 60, no.4(2000): 349 - 359.

② 孙斐、叶烽:《公众参与政府绩效管理的可持续性:一个系统性文献综述》,《行政论坛》2020年第1期。

③ 李萧薇、刘铁忠、张湖波、董金阳:《公众社区参与意愿对危化品危害利益相关者感知的影响》,《管理评论》2020年第1期。

④ 何可、张俊飚、张露、吴雪莲:《人际信任、制度信任与农民环境治理参与意愿——以农业废弃物资源化为例》,《管理世界》2015年第5期。

⑤ Fowler J H, Baker L A, Dawes C T, "Genetic Variation in Political Participation", *American Political Science Review* 102, no.2(2008): 233 - 248.

⑥ Cho W K T, "Naturalization, Socialization, Participation: Immigrants and (non-) Voting", *The Journal of Politics* 61, no.4(1999): 1140 - 1155.

⑦ Rosenstone S J, Hansen J M, "*Mobilization, Participation, and Democracy in America*", Longman Publishing Group, 1993, pp.30 - 125.

⑧ Gerber A S, Green D P, Larimer C W, "Social Pressure and Voter Turnout: Evidence from a Large-scale Field Experiment", *American Political Science Review* 102, no.1(2008): 33 - 48.

于公民参与意愿的影响因素，概括起来主要包括个体特征、社会环境、政府行为等方面。就个人层面来看，公民的性别、年龄、受教育程度、收入水平、新媒体使用能力、个人经历、住房产权和保障条件等因素，对公民是否愿意参与公共服务的共同生产行为有显著影响[①]。同时，公民认知水平、公民满意度、人格特质、公民意识、自我效能感等个体心理特征，对参与意愿也有显著影响[②]。就社会层面来看，社会规范、经济环境、社会信任、参与网络等也是影响参与意愿的重要因素[③]。就政府层面来看，政府态度、政府提供参与信息和平台建设的能力、政府回应等，对公民参与意愿有显著影响[④]。这些为本研究提供了很好的理论启示。

二、绩效信息使用的相关研究

（一）如何理解绩效信息使用

绩效信息使用（performance information use）的早期研究，可以追溯到 20 世纪 90 年代海恩德曼（Hyndman）和安德森（Anderson）对政府年度报告结果的公开问题研究[⑤]，于 2010 年左右进入研究鼎盛期。何为政府绩效信息？有研究认为，政府绩效信息是系统收集和使用的用于识别项目绩效的证据[⑥]，显然该定义并未明确绩效信息的实质内容。就概念内涵来看，狭义上的绩效信息是指描述公共组织产出与结果的数据[⑦]；广义上的绩效信息是指由绩效计划、措施、决策构成的绩效信息体系[⑧]。绩效信息表现形式包括组织效率、效果和公

---

① 陈俊杰、张勇杰：《公民为何参与公共服务的共同生产——基于社会治安服务的实证研究》，《甘肃行政学院学报》2020 年第 3 期。

② 彭勃、韩啸、龚泽鹏：《建构公众参与政务微博意愿的影响因素模型》，《上海行政学院学报》2017 年第 5 期。

③ 孟天广、马全军：《社会资本与公民参与意识的关系研究——基于全国代表性样本的实证分析》，《中国行政管理》2011 年第 3 期。

④ 宋典、芮国强、丁叙文：《政府质量对公民参与倾向的影响：一个有调节的中介模型》，《江苏社会科学》2019 年第 4 期。

⑤ Hyndman N S, Anderson R, "The Use of Performance Information in External Reporting: An Empirical Study of UK Executive Agencies", *Financial Accountability and Management* 11, no.1 (1995): 1 - 17.

⑥ Guthrie J, English L, "Performance Information and Programme Evaluation in the Australian Public Sector", *International Journal of Public Sector Management* 10, no.3(1997): 154 - 164.

⑦ Pollitt C, "Performance Information for Democracy the missing link?" *Evaluation* 12, no.1(2006): 38 - 55.

⑧ [美] 唐纳德·莫伊尼汉：《政府绩效管理：创建政府改革的持续动力机制》，尚虎平、杨娟、孟陶译，中国人民大学出版社，第 20 页。

平等指标[①],即绩效信息也是政府绩效管理和评价活动的产出[②],而且大多数是量化、加总且公开发布的数据[③]。同时,有研究者归纳相关研究认为,政府绩效信息有两个主要特征:一是不仅关注投入,而且更加注重服务绩效的产出,所以绩效信息一般表现为产出、结果、效率和效果等;二是绩效信息是基于技术理性的系统化收集和汇报[④]。可见,绩效信息强调生产过程和产出结果的科学性和理性。但绩效信息使用不仅是一个技术问题,而且可能是一个价值问题。

政府绩效信息使用是政府管理者整合绩效信息,优化组织内部流程和外部责任的目的性行为[⑤]。政府绩效信息使用的主体一般包括行政机构、立法机构和公众[⑥],其中公民是绩效信息的终极使用者,因为绩效信息使用必须有助于民主体制的有效运转[⑦]。可见,公民感知的绩效信息使用尤其值得关注。关于绩效信息使用的分类,阿希姆(Askim)根据使用方式,将其分为投机性使用、伪装性使用、无意性使用、清理性使用、适时性使用五类[⑧];莫伊尼汉(Moynihan)等根据使用目的,将其分为被动性使用、目的性使用、政治性使用和非正当性四类[⑨];哈默施密德(Hammerschmid)等根据使用范围,将其分为内部使用和外部

① Askim J, "How Do Politicians Use Performance Information? An analysis of the Norwegian Local Government Experience", *International Review of Administrative Sciences: An International Journal of Comparative Public Administration* 73, no.3(2007): 453 - 472.

② 卓越、张红春:《绩效激励对评估对象绩效信息使用的影响》,《公共行政评论》2016 年第 2 期。

③ Kroll A, "Drivers of Performance Information Use: Systematic Literature Review and Directions for Future Research", *Public Performance and Management Review* 38, no.3(2015): 459 - 486.

④ Kroll A, "Why Performance Information Use Varies Among Public Managers: Testing Manager-Related Explanations", *International Public Management Journal* 17, no.2(2014): 174 - 201.

⑤ Zhang H, Van de Walle S, Zhuo Y, "Does Trust in the Performance Measurement Organization Influence How Public Managers Use Performance Information?" *Public Performance and Management Review* 40, no.2(2016): 409 - 430.

⑥ 马亮:《政府绩效信息使用:理论整合、文献述评与研究展望》,《电子科技大学学报(社科版)》2014 年第 5 期。

⑦ Pollitt C, "Performance Information for Democracy the missing link?" *Evaluation* 12, no.1(2006): 38 - 55.

⑧ Askim J, "How Do Politicians Use Performance Information? An analysis of the Norwegian Local Government Experience", *International Review of Administrative Sciences: An International Journal of Comparative Public Administration* 73, no.3(2007): 453 - 472.

⑨ Moynihan D P, Hawes D P, "Responsiveness to Reform Values: The Influence of the Environment on Performance Information Use", *Public Administration Review* 72(2012): S95 - S105.

使用两种[①]。这些为深入理解绩效信息使用问题提供了重要基础。本研究拟结合我国公共服务绩效评价情景，将绩效信息使用聚焦于被考评的公共服务部门，并从公民感知的角度测量绩效信息使用。

如何测量绩效信息使用？已有研究主要从不同问卷主体和绩效信息使用范围进行测量。一是基于公民感知的绩效信息使用，莫伊尼汉和英格拉姆(Moynihan and Ingraham)通过询问市民“在多大程度上你同意关于你所在州绩效信息使用的下列陈述？绩效信息经常被官员用于决策制度、绩效信息经常用于指导政府活动”，采用李克特量表来测量[②]。二是基于官员感知的绩效信息使用，研究者们主要就绩效信息用于问题识别[③]、决策制定和项目推进[④]、外部沟通和绩效改进[⑤]等进行提问，采用李克特量对官员感知进行调查。三是基于绩效使用范围的测量，通过询问“测量结果、产出及效率等指标，用于如下六个方面的频率：战略计划；资源分配；项目管理；监控；评价；向内部管理、官员、公众或媒体汇报，1＝从来没有、4＝经常”[⑥]。本研究将采用李克特五级量表，从公民感知角度测量绩效信息使用。

（二）绩效信息使用的前因变量和结果变量

管理者为什么使用绩效信息？一般认为，管理者是否使用绩效信息，与个体、组织、环境等因素密切相关。首先，在个人特征方面，受教育程度越高，管理者使用绩效信息的可能性就越大[⑦]；有行政管理专业背景的管理者，更倾向于使

---

① Hammerschmid G, Walle S V D, Stimac V, “Internal and External Use of Performance Information in Public Organizations: Results from an International Survey”, *Public Money and Management* 33, no.4(2013): 261 - 268.

② Moynihan D P, Ingraham P W, “Integrative Leadership in the Public Sector: A Model of Performance Information Use”, *Administration & Society* 4(2004): 427 - 453.

③ Zhang H, Van de Walle S, Zhuo Y, “Does Trust in the Performance Measurement Organization Influence How Public Managers Use Performance Information?” *Public Performance and Management Review* 40, no.2(2016): 409 - 430.

④ Moynihan D P, Pandey S K, Wright B E, “Setting the Table: How Transformational Leadership Fosters Performance Information Use”, *Journal of Public Administration Research and Theory* 22, no.1(2012): 143 - 164.

⑤ Kroll A, “Why Performance Information Use Varies Among Public Managers: Testing Manager-Related Explanations”, *International Public Management Journal* 17, no.2(2014): 174 - 201.

⑥ Julnes P L, Holzer M, “Promoting the Utilization of Performance Measures in Public Organizations: An Empirical Study of Factors Affecting Adoption and Implementation”, *Public Administration Review* 61, no.6(2001): 693 - 708

⑦ Johnson J D, Donohue W A, Atkin C K, Johnson S, “A Comprehensive Model of Information Seeking: Tests Focusing on a Technical Organization”, *Science Communication* 16, no.3(1995): 274 - 303.

用绩效信息[①];在一个地方任职时间越长,越可能较少使用绩效信息,因为管理者更习惯借助经验来辅助决策和管理[②];对绩效评价实践持有积极态度的管理者,更容易使用绩效信息[③]。其次,在组织因素方面,组织规模、任务类型、组织文化、组织资源、领导支持等都是影响绩效信息使用的重要因素。有研究发现,相对于个人因素而言,组织因素对绩效信息使用的影响更大[④],可以说组织因素是影响绩效信息使用的关键因素[⑤]。那些越强调共识和规范的组织越可能使用绩效信息[⑥],其中发展型文化的组织更关注组织的适应性和发展创新,更重视绩效信息的目的性使用[⑦];相对于集体文化组织而言,理性文化的组织更可能使用绩效信息[⑧]。另外,政府财政状况也会影响绩效信息的使用[⑨],这与地方政府的经济绩效密切相关;当然领导支持对绩效信息使用也有间接的影响,其主要通过目标管理和组织文化而发生作用[⑩]。可见,绩效信息使用的影响因素很复杂,但组织因素的影响尤为突出。

---

① Kroll A, "The Other Type of Performance Information: Nonroutine Feedback, Its Relevance and Use", *Public Administration Review* 73, no.2(2013): 265 - 276.

② Moynihan D P, Hawes D P, "Responsiveness to Reform Values: The Influence of the Environment on Performance Information Use", *Public Administration Review* 72(2012): S95 - S105.

③ Kroll A, "Drivers of Performance Information Use Systematic Literature Review and Directions for Future Research", *Public Performance and Management Review* 38, no.3(2015): 459 - 486.

④ Hammerschmid G, Walle S V D, Štimac V, "Internal and Rxternal Use of Performance Information in Public Organisations: Results from an International Executive Survey", *Public Money and Management* 33, no.4(2013): 261 - 268.

⑤ 马亮:《政府绩效信息使用:理论整合、文献述评与研究展望》,《电子科技大学学报(社科版)》2014 年第 5 期。

⑥ Moynihan D P, Pandey S K, Wright B E, "Setting the Table: How Transformational Leadership Fosters Performance Information Use", *Journal of Public Administration Research and Theory* 22, no.1(2012): 143 - 164.

⑦ Moynihan D P, Pandey S K, Wright B E, "Prosocial Values and Performance Management Theory: The Link between Perceived Social Impact and Performance Information Use", *Governance* 25, no.3 (2012): 463 - 483.

⑧ Saliterer I, Korac S, "Performance Information Use by Politicians and Public Managers for Internal Control and External Accountability Purposes", *Critical Perspectives on Accounting* 24, no.7(2013): 502 - 517.

⑨ Bjornholt B, Baekgaard M, Houlberg K, "Does Fiscal Austerity Affect Political Decision-Makers' Use and Perception of Performance Information?" *Public Performance and Management Review* 39, no.3(2016): 560 - 580.

⑩ Moynihan D P, Pandey S K, Wright B E, "Setting the Table: How Transformational Leadership Fosters Performance Information Use", *Journal of Public Administration Research and Theory* 22, no.1(2012): 143 - 164.

绩效信息使用究竟会带来怎样的结果或影响？有研究归纳认为，绩效信息使用的结果主要有助于绩效反馈、组织学习、绩效改进，甚至可能带来负面影响①②。具体而言，绩效信息使用可以提升管理过程的公开透明性，管理者可以通过绩效信息沟通和反馈，提升下属的工作满意度。如果管理者以控制性的方式使用绩效信息，就会降低下属的工作满意度③。同时，绩效信息使用对绩效改进也有显著影响；管理者使用绩效信息与组织绩效之间有负相关，委托人越注重绩效信息使用，则代理人的绩效表现会越差④。另外，绩效信息使用也可能带来负面影响，如过度绩效审查可能带来组织活力不足、忽视非量化指标和整体目标⑤；绩效竞争或绩效排名也不一定奏效，甚至可能损害公共服务绩效⑥。这在基于北京“12345”热线“接诉即办”的一项研究中也得以证实，即进入“光荣榜”的街镇会降低其下一个月在“接诉即办”的整体得分和排名的提升程度。可见，已有研究更多从管理者角度探讨绩效信息使用的结果变量，对公民层面的影响研究不足，事实上绩效信息使用是一种绩效沟通方式，有助于绩效管理过程的公开和透明，对提升公民认知和满意度的作用是显而易见的。因此，本研究将从公民评价视角探讨绩效信息使用的另一个结果变量——公民参与意愿。

三、绩效信息使用与公民参与意愿

绩效信息使用是公共服务绩效提升的重要手段，也是政府绩效管理中的一种政府回应行为。绩效信息使用对绩效改进的影响，是基于绩效信息使用的政治逻辑而产生的，因为绩效信息使用有助于绩效管理过程的公开透明⑦，而这恰

---

① 马亮：《政府绩效信息使用：理论整合、文献述评与研究展望》，《电子科技大学学报（社科版）》2014 年第 5 期。

② 唐健：《政府绩效信息使用：一个文献综述》，《公共行政评论》2018 年第 1 期。

③ Masal D, Vogel R, “Leadership, Use of Performance Information, and Job Satisfaction: Evidence from Police Services”, *International Public Management Journal* 19, no.2(2016): 208 - 234.

④ Kroll A, “Drivers of Performance Information Use Systematic Literature Review and Directions for Future Research”, *Public Performance and Management Review* 38, no.3(2015): 459 - 486.

⑤ Smith P, “On the Unintended Consequences of Publishing Performance Data in the Public Sector”, *International Journal of Public Administration* 18, no.2(1995): 277 - 310.

⑥ Hood C, “Public Management by Numbers as a Performance-Enhancing Drug: Two Hypotheses”, *Public Administration Review* 72, no.s1(2012): S85 - S92.

⑦ Masal D, Vogel R, “Leadership, Use of Performance Information, and Job Satisfaction: Evidence from Police Services”, *International Public Management Journal* 19, no.2(2016): 208 - 234.

好有助于公民有效识别公共服务的质量，激发公民参与评价的热情和意愿。本研究的绩效信息使用更强调政府回应性，其主要关注两个环节：一是将公民评价结果及时反馈到政府部门，二是公民评价结果及时用于绩效改进。可见，政府要获得更加有效的公众评价结果，就必须理解政府回应的内在机制。

在绩效信息使用的既有研究中，研究对象包括组织整体和公民个体两类[①]，尤其是前者居多。在针对公民个体的研究中，大多讨论绩效信息使用对公民满意度的影响[②③]，而对公民参与意愿的关注甚少。事实上，在参与式民主理论看来，公民参与热情与组织响应能力密切相关，政府响应越及时，公民参与的意向性就越强。地方政府积极回应群众诉求，虽然不被视为高水平政治的一部分，但它在提供更多公民参与和社会包容机会方面发挥着关键作用[④]，因为公民参与意愿在很大程度上取决于政府的响应能力[⑤]。同时，梅特勒(Mettler)的研究发现，美国政府尽管运用了更多的社会政策，但公民对政府的抵触情绪依然高涨，因为绩效信息使用被忽视，所以造成了“政府与公民的脱节”[⑥]。在我国科层体系中，政府习惯于自上而下的命令式管理，公民参与公共事务的热情依然不足，通过绩效信息使用激发公民参与兴趣，是一个重要的突破口。从“绩效信息使用与参与意愿”的互动视角来看，将绩效信息使用视为“善治”的基本要素，注重积极回应公民评价结果，满足公民需求，将有助于激发公民更高的参与愿意，进而形成自上而下与自下而上相结合的合作共治场景，推进政府与公民的良性互动，以达成“善治”格局(见图 4 - 1)。可见，绩效信息使用对解释参与式绩效评价中

---

① 马亮：《政府绩效信息使用：理论整合、文献述评与研究展望》，《电子科技大学学报(社科版)》2014 年第 5 期。

② Masal D, Vogel R, “Leadership, Use of Performance Information, and Job Satisfaction: Evidence from Police Services”, *International Public Management Journal* 19, no.2(2016): 208 - 234.

③ James O, Moseley A, “Does Performance Information about Public Services Affect Citizens Perceptions, Satisfaction, and Voice Behaviour? Field Experiments with Absolute and Relative Performance Information”, *Public Administration* 92, no.2(2014): 493 - 511.

④ Pratchett L, “Local Autonomy, Local Democracy and the ‘new Localism’”, *Political Studies* 52, no.2(2004): 358 - 375.

⑤ 李华胤：《回应性参与：农村改革中乡镇政府与农民的行为互动机制——基于三个乡镇改革试验的调查与比较》，《中国行政管理》2020 年第 9 期。

⑥ Mettler S, “Making What Government Does Apparent to Citizens: Policy Feedback Effects, Their Limitations, and How They Might Be Facilitated”, *The Annals of the American Academy of Political and Social Science* 685, no.1(2019): 30 - 46.

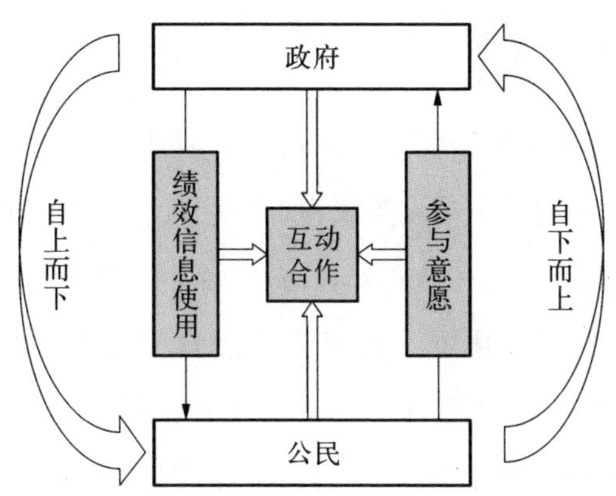

图 4-1　基于"绩效信息使用-参与意愿"的政民互动图景

公民参与意愿的影响机制提供了可能。

已有研究发现,绩效信息使用显著影响组织的决策行为,进而促进组织绩效提升①②。公共服务绩效评价中的绩效信息使用,强调政府对公民评价结果的回应,即及时应用评价结果,并将公民需求转变为组织决策付诸实践,推进服务质量改进。何和科茨的研究认为,行政人员把评价结果传达给公民,并把绩效评价信息与相关的政策制定活动结合起来,可以有效激发公民参与的兴趣与激情,从而推进公共服务质量的提升③。可见,强化绩效信息使用可以提升公民参与意愿,绩效信息使用是政府回应性乃至政府质量的重要表现之一,高质量的政府也是具有强回应能力的政府,回应能力越强公民参与意愿也会越高。在公共服务绩效评价中,绩效信息使用有助于公民参与意愿的提高,进而促进公民参与的可持续发展。据此,本研究提出如下假设(H1):绩效信息使用与公民参与意愿有显著正相关,即绩效信息使用程度越高,则公民参与意愿也会越高。

---

① 马亮:《绩效排名、政府响应与环境治理:中国城市空气污染控制的实证研究》,《南京社会科学》2016年第8期。

② Holm J M, "Successful Problem Solvers? Managerial Performance Information Use to Improve Low Organizational Performance", *Journal of Public Administration Research and Theory* 28, no. 3 (2018): 303-320.

③ Ho A T, Coates P, "Citizen-initiated Performance Assessment", *Public Performance and Management Review* 27, no.3(2004): 29-50.

四、公民认知的中介效应

绩效信息使用如何影响公民参与意愿？一般认为，在参与式绩效评价中政府居于主导地位，政府通过主动设置议程，激发公民的参与意愿[①]。这意味着公民仅仅是依赖服务供给方的利益需求者，而非服务绩效管理的积极参与人，但这并不符合参与意愿的本质内涵。如何让公民自愿参与并发挥作用？伊尔根(Ilgen)等从个体心理层面发现，个人只有在获得、感知和接收信息之后，才可能形成行为期望和意图[②]。可见，如果人们对外在信息无感，并且没有能力去认知这些信息，就难以对他人行为形成后果预期，个人的行为意图也难以明确。在计划行为理论看来，行为意向受主观规范、行为态度、知觉行为控制三个变量影响[③]。如果个体将行为评价为积极、有意义、有价值(行为态度)的，并且其认可的重要个人或组织认为，他们应该并且希望其执行该行为(主观规范)，个人感觉自己有能力成功实施某些行为(知觉行为控制)，就会有更高的行为意图[④]。哈格蒂(Hagger)等通过实证分析也发现，公民的行为态度、主观规范和认知行为控制，对公民参与政治生活的意愿有显著的正向影响[⑤]。基于此，本研究认为在参与式绩效评价中，参与态度、主观规范、知觉行为控制可以使公民有条件对政府行为形成预期，从而强化公民参与意愿。可见，公民认知在绩效信息使用对参与意愿的影响中发挥了至关重要的作用。

同时，公民参与的资源支持理论认为，公民对政治活动的知识储备是其积极介入政治活动、实施参与行为的决定性因素，参与知识能够提高公民参与的质量

---

① 刘小燕：《政府传播中的公众意愿回应模式》，《国际新闻界》2011 年第 11 期。

② Ilgen D R, Fisher C D, Taylor M S, "Consequences of Individual Feedback on Behavior in Organizations", *Journal of applied psychology* 64, no.4(1979): 349 - 374.

③ Ajzen I, "From Intentions to Actions: A theory of Planned Behavior", *Action Control: From Cognition to Behavior. Heidelberg*, eds. Kuhl J, Beckman J, Germany: Springer, 1985, pp.11 - 39.

④ Ajzen I, "The Theory of Planned Behavior", *Organizational Behavior and Human Decision Processes* 50, no.2(1991): 179 - 211.

⑤ Hagger M S, et al. "Using Meta-Analytic Path Analysis to Test Theoretical Predictions in Health Behavior: An Illustration Based on Meta-Analyses of the Theory of Planned Behavior", *Preventive Medicine* 89, no.8(2016): 154 - 161.

和卷入程度[①]。公民认知包括公民对参与公共活动的情绪倾向和意向、对参与公共活动的知识积累，以及对公共活动的相关信息进行加工所形成的认识或信念[②]。可见，公民认知关涉公民对公共活动的价值判断、态度倾向和知识积累，所以对公民认知的理解应包括对参与活动的态度、参与价值认知、对相关评价知识的认知。首先，行为态度是公民对特定集体行动的偏好或评价。此处的"行为态度"即公民对评价活动的理解或态度，它将影响到行为意向（参与意愿），对评价活动的态度越积极，则行为意愿就越强。其次，主观规范表现为一种规范的信念，强调个体认为社会对其是否应该执行某特定行为的期望，公民在做某项行为决策时会感受社会对其期望的影响程度，该程度也是社会价值的体现。但作用到个体身上，个体会形成不同的价值感受，所以公民认知中的"参与价值认知"是计划行为理论中主观规范的具体表现。最后，知觉行为控制是指个体感受完成某特定行为的难易程度，其反映了个体对促进和阻碍执行行为因素的知觉[③]，强调个人对自我知识和能力的认知。可见，个体是否有信心控制执行行为，公民对自己参与知识、技能的认知是知觉行为控制的关键；知觉行为控制越强，公民参与意愿也会越高。总之，公民认知包括参与态度、参与价值和参与知觉行为控制三大要素，根据计划行为理论，这三大要素共同作用于行为意向（参与意愿）。

关于绩效信息使用对公民认知的影响，万斯（Vance）等采用实验研究发现，长期的负向绩效回应会引起员工一系列的负面认知，从而产生消极的工作情绪[④]。詹姆斯（James）等通过实地试验的方法发现，公共服务绩效信息会影响公民对绩效的认知、满意度及对政府信任度[⑤]。在公共事件中，政府绩效信息使用和响应的类型、方式、程度的不同，也会导致公民认知出现偏差[⑥]。同时，关于公

---

① Brady H E, Verba S, Schlozman K L, "Beyond SES: A Resource Model of Political Participation", *American Political Science Review* 89, no.2(1995): 271 - 294.

② 瞿忠琼、鹿艺鸣：《探寻公众感知的本质与迭代逻辑》，《自然辩证法研究》2016 年第 4 期。

③ Ajzen I, "The Theory of Planned Behavior", *Organizational Behavior and Human Decision Processes* 50, no.2(1991): 179 - 211.

④ Vance R J, Colella A, "Effects of Two Types of Feedback on Goal Acceptance and Personal Goal", *Journal of Applied Psychology* 75, no.1(1990): 68 - 76.

⑤ James O, Moseley A, "Does Performance Information about Public Services Affect Citizens Perceptions, Satisfaction, and Voice Behaviour? Field Experiments with Absolute and Relative Performance Information", *Public Administration* 92, no.2(2014): 493 - 511.

⑥ 刘焕：《公共事件中政府回应对公众认知偏差的影响》，《情报杂志》2020 年第 1 期。

民认知对参与意愿的影响，已有研究认为参与态度和参与知觉行为控制对参与意向有显著影响①。可见，绩效信息使用会影响公民认知，在公共服务绩效评价中绩效信息使用程度越高，公民对公共服务绩效评价的知识了解越多、活动意义认知越到位、对活动参与的态度越好，进而公民参与的意愿也会越高。基于此，本研究提出如下假设（H2）：公民认知在绩效信息使用对公民参与意愿的影响中起中介作用。该假设的子假设为：

H2a：公民的参与知识认知在绩效信息使用对参与意愿的影响中起中介作用。

H2b：公民的参与价值认知在绩效信息使用对参与意愿的影响中起中介作用。

H2c：公民的参与活动态度在绩效信息使用对参与意愿的影响中起中介作用。

总之，绩效信息使用影响公民参与意愿的中间机制尚不明确，为了明确这一影响链条，本研究基于计划行为理论的分析认为，参与态度、主观规范、知觉行为控制可以促使公民对绩效信息使用形成预期，从而判断是否愿意参与服务绩效评价，并通过构建“政府回应—公民预期—参与意向”的分析框架（见图 4-2），

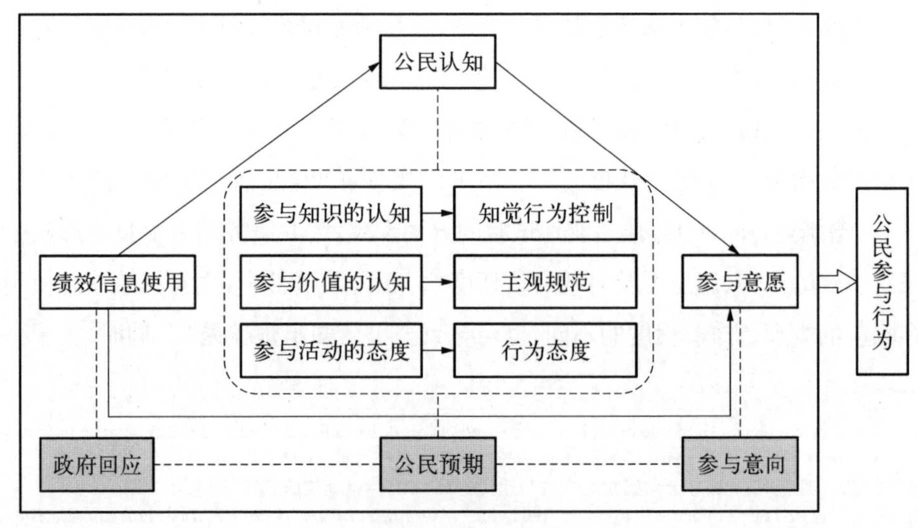

图 4-2 分析框架

① 张红、张再生：《基于计划行为理论的居民参与社区治理行为影响因素分析——以天津市为例》，《天津大学学报（社会科学版）》2015 年第 6 期。

引入中介变量公民认知，探究绩效信息使用影响公民参与意愿的作用机制。

第三节　变量、数据与方法

一、变量的测量

本研究的因变量为公民参与意愿。由前文的分析可知，公民参与意愿有别于公民参与，参与意愿一般体现在个体在公共治理活动中表现出来的行为意向上，更加注重个体的意愿表达。本研究对于公民参与意愿的测量问题是：如果您有机会参加本市开展的“群众评价公共服务质量”活动，那么您愿意参加吗？答案选项包括“愿意”和“不愿意”。在这里将“愿意”赋值为1，作为公民愿意参与公共服务绩效评价的倾向；将“不愿意”赋值为0，作为公民不愿意参与的个人倾向。公民参与意愿处理成二分变量，为后文的实证分析做铺垫。

本研究的自变量为绩效信息使用。绩效信息使用是政府回应的表现形式，强调公民评价结果能够用于改进服务质量的实践，其主要表现在评价结果对公民和政府部门的信息反馈、参与激励、服务改进等方面。基于此，本研究对公共服务绩效信息使用的测量题项有四个：群众评价结果会及时公之于众、群众评价结果会及时反馈给相关部门、群众评价结果会应用于奖优罚劣、群众评价结果会得到及时回应。采用李克特五级量表，可以获取绩效信息使用的累加均值得分。

本研究的中介变量为公民认知。公民认知是指公民对公共服务绩效评价活动的知晓和态度，其包括公民对公共服务绩效评价的知识、价值或意义、态度（或评价）等的理解。基于此，本研究将通过五级李克特量表来测量公民认知，测量维度为参与知识、参与价值、参与评价等。

另外，针对公民参与意愿影响因素的复杂性，本研究还设置了如下控制变量，即性别、年龄、个人收入、教育水平、参与经历。变量的具体测量情况如表4－1所示。

表 4-1 研究变量的测量

<table>
<tr><th>变 量</th><th colspan="2">测量问题或者指标</th><th>答 案 形 式</th></tr>
<tr><td>参与意愿</td><td colspan="2">如果您有机会参加本市开展的“群众评价公共服务”活动，那么您愿意参加吗？</td><td>愿意=1
不愿意=0</td></tr>
<tr><td>绩效信息使用</td><td colspan="2">群众评价结果会及时公之于众；
群众评价结果会及时反馈给相关部门；
群众评价结果会应用于奖优罚劣；
群众评价结果会得到及时回应。</td><td rowspan="4">非常同意=1
不同意=2
无所谓=3
同意=4
非常同意=5</td></tr>
<tr><td rowspan="3">公民认知</td><td>知识认知</td><td>您知道公共服务的基本范围；
若某项公共服务不到位，您知道应由什么部门负责；
您了解“12345”热线；
您知道出台了《“十三五”推进基本公共服务均等化规划》。</td></tr>
<tr><td>价值认知</td><td>群众评价公共服务有助于服务水平提升；
群众评价公共服务有助于增强政府服务意识；
参加公共服务评价对自己没有什么好处；
群众评价公共服务可能反而降低服务效率。</td></tr>
<tr><td>活动态度</td><td>群众评价公共服务纯属劳民伤财；
政府公布的公共服务信息完备；
政府公开的公共服务信息让人看不懂；
群众评价公共服务应该形成制度。</td></tr>
<tr><td>性别</td><td colspan="2">您的性别是______。</td><td>男=1
女=2</td></tr>
<tr><td>年龄</td><td colspan="2">您的出生日期是______。</td><td>直接填答</td></tr>
<tr><td>收入</td><td colspan="2">您去年的毛收入共____元。</td><td>直接填答</td></tr>
<tr><td>受教育程度</td><td colspan="2">您的文化程度是______。</td><td>没上过学=1
小学=2
初中=3
高中=4
中专/技校/职高=5
大专=6
本科=7
研究生及以上=8</td></tr>
<tr><td>参与经历</td><td colspan="2">有无参加过“群众评价公共服务”活动？</td><td>没有=1、有=2</td></tr>
</table>

资料来源：笔者自制。

二、数据与方法

（一）数据来源和分析方法

本研究选择公共服务作为公民评价的对象，因为民生公共服务更贴近群众生活，普通老百姓更容易接受和理解，也方便取样。同时，建设服务型政府的本质是让群众满意，而公共服务的水平和质量将直接影响群众的满意度。因此，针对公共服务绩效评价开展研究，具有可行性和代表性。

本研究的数据来自2017年11月在N市6个区开展的问卷调查。N市是长三角地区的中心城市之一，于2001年开始“群众评议机关”活动，并一直延续至今，其影响在全国备受关注。调查对象来自N市6个核心区，即鼓楼区、玄武区、秦淮区、建邺区、雨花台区、江宁区，这些区是N市经济、政治、文化相对比较繁荣的区域，且在N市“群众评议机关”活动中相对活跃，故选择N市6个区具有典型性。具体调查对象为辖区年满18周岁且居住5年以上的户籍居民，不包括在校大学生。由于本研究的经费有限，无法做到完全随机抽样，主要采取目的性抽样，并辅之以配额抽样。对调查对象的调查主要采取“入户”方式。具体而言，每个区的抽样按照“居委会、楼组、户”等层次展开，每个区抽5个居委会（每个居委会有24个样本），每个区共计120个样本。本研究共发放问卷720份，回收问卷698份，其中有效问卷667份，有效问卷回收率为92.6%。最后结合参与意愿研究的需要，对无效样本进行剔除，获得有效问卷600份。

关于数据分析方法，主要利用SPSS和STATA软件对有关数据进行处理和统计分析，具体方法包括因子分析、OLS、Logit模型等。因子分析主要用来检验问卷调查数据的质量，OLS主要是针对因变量为“数值型变量”的回归分析，Logit模型主要是针对因变量为“二分变量”的回归分析。另外，本研究采用中介效应统计模型对公民认知的中介作用进行检验，中介效应细分为完全中介效应和部分中介效应。中介效应的检验方法一般有逐步检验法和系数乘积检验法，本研究将采用逐步检验法来检验中介效应。

（二）数据质量分析

本研究变量存在相同测量情境，故而存在共同方法偏差的可能，为保障所收集数据的合理可用性,我们专门进行了必要的检验。本研究用SPSS做Harman单因子检验法验证共同方法偏差程度,如果抽取出的因子数量不止一个,且第一个因子的方差贡献率不超过40%,通常认为共同方法偏差不严重。分析结果表明,研究中抽取数量因子数大于1,其中因子1解释了21.065%,表明单一因子并未解释绝大部分的偏差,说明本研究所使用数据的共同方法偏差问题得到了很好的控制,不存在共同方法偏差。

本研究将运用SPSS软件,采用效度和信度分析来考察问卷数据的质量。对于问卷的效度分析,我们采用因子分析来验证所用量表是否能够很好解释变量的构成,所以针对"绩效信息使用、公民认知"变量的测量表进行因子分析,以检验量表的结构效度。分析表明,绩效信息使用的KMO值为0.813,公民认知的总体KMO值为0.734,其中参与知识的认知、参与活动的态度的KMO值均达到0.7以上,参与价值认知的KMO值为0.560,不太理想,但尚可接受。通过分析可以发现绩效信息使用量表中能够提取一个主成分,第一个因子的累计解释方差就达到了72.231%,说明其解释力较好。可见,量表整体的解释度较好,测量内容总体上有效。另外,对于问卷的信度分析,我们采用α信度系数法来检测。一般认为总量表的信度系数最好在0.8以上,0.7~0.8可以接受,0.6~0.7还可以接受。分析结果显示,绩效信息使用的α值为0.872,公民认知的α值为0.681。以上量表的Alpha系数均在0.6以上,说明量表内部一致性较好,问卷数据总体上可靠。

第四节 实证分析结果

一、变量的基本描述

就样本的分布情况(见表4-2)来看,50岁以上的受访者相对较少,占总人数的22.5%,其中青年人居多,因为参与公共服务绩效评价的公民需具有一定的评价能力,老年人数量相对较少比较合理。同时,N市城镇人口较多,城镇受访者的比例相对较高(83.8%)。在收入水平方面,800～5 000 元的比例是 52.67%,5 000～9 000 元比例是 38.67%,9 000 元以上比例是 8.67%,收入数据相对来说比较合理。在受教育程度方面,小学及以下的为 2%,初中的为 10.33%,高中(含中专/技校/职高)的占 23.17%,大专的占 21.67%,本科的占 32.67%,研究生的占 10.17%,不同层次的学历分布均衡。另外,表 4-3 的结果显示,绩效信息使用和公民认知的平均值居中,说明两个变量总体情况处于“中间”,“极好”和“极差”的情况少。总之,样本情况符合研究要求,关键变量的数据未出现偏差。

表 4-2　类别变量的描述性统计(N=600)

指　　标	标　　准	频数/人	频率/%
参与意愿	不愿意参与	78	13.00
	愿意参与	522	87.00
户口	城镇	503	83.80
	农村	97	16.20
性别	男	294	49.00
	女	306	51.00
年龄	20～30 岁	69	11.50
	31～40 岁	222	37.00
	41～50 岁	174	29.00
	51～60 岁	88	14.67
	61～70 岁	33	5.50
	71 岁以上的	14	2.33
政治面貌	中共党员	114	19.00
	民主党派	8	1.30
	群众	478	79.70

续 表

指　　标	标　　准	频数/人	频率/%
参与经历	参加过	115	19.20
	没参加过	485	80.80
受教育程度	小学及以下	11	2.00
	初中	62	10.33
	高中	88	14.67
	中专/技校/职高	51	8.50
	大专	130	21.67
	本科	196	32.67
	研究生	61	10.17
收入水平	800～5 000 元	316	52.67
	5 000～9 000 元	232	38.67
	9 000 元以上	52	8.67

资料来源：笔者自制。

表 4-3　数值型变量的描述性统计(N=600)

变　　量	平均值	标准差	最小值	最大值
绩效信息使用	3.043	0.913	1.00	5.00
公民认知	3.348	0.477	1.67	4.83
知识认知	3.142	0.821	1.00	5.00
价值认知	3.624	0.674	1.50	5.00
活动态度	3.278	0.500	1.75	5.00

资料来源：笔者自制。

二、绩效信息使用对公民参与意愿的影响分析

此部分主要采用 Logit 进行假设检验，以参与意愿为因变量，绩效信息使用为自变量，性别、年龄、参与经历、教育水平、收入水平为控制变量得出回归模型 2(见表 4－4)。分析结果显示，绩效信息使用对参与意愿有显著的正向影响($\beta=0.557$, $P<0.01$)，表明绩效信息使用与参与意愿正相关，绩效信息使用每增 1 个单位量，公民参与意愿的对数偶值会增加 0.557，可见假设 H1 得到支持。

表 4－4　绩效信息使用对公民参与意愿的直接效应

变　量	参与意愿(Logit 回归)	
	模型 1	模型 2
绩效信息使用		0.557***
男性	−0.053	−0.098
年龄	−0.017	−0.016
有参与经历	0.626	0.698
上过大学	0.300	0.447
收入水平	0.084	0.123
样本量	600	600
Pseudo R^2	0.023	0.057

资料来源：笔者自制。

注：双边检验，“*”表示显著性 $P<0.1$，“**”表示显著性 $P<0.05$，“***”表示显著性 $P<0.01$。收入水平是取对数之后进行回归。性别以“女性”为参照组，参与经历以“没有参与经历”为参照组，受教育程度以“没有接受过高等教育”为参照组。

三、公民认知的中介效应分析

表 4－5 的分析结果显示，模型 1 中绩效信息使用对公民参与知识的认知有显著的正向影响($\beta=0.238$, $P<0.01$)。模型 4 的结果显示，当参与知识认知进入模型后，参与知识认知对参与意愿有显著的正向影响($\beta=0.568$, $P<0.01$)，绩

效信息使用对参与意愿的影响仍然显著但影响减弱，系数的绝对值减小，由原来的 0.557(见表 4－4)下降到 0.449，这表明公民对参与知识的认知，在绩效信息使用对参与意愿的影响中起部分中介作用。可见，假设 H2a 得到支持。

表 4－5　公民认知的中介效应

变　　量	知识认知(OLS 回归)	价值认知(OLS 回归)	活动态度(OLS 回归)	参与意愿(Logit 回归)		
	模型 1	模型 2	模型 3	模型 4	模型 5	模型 6
男性	0.004	−0.136**	−0.033	−0.130	−0.018	−0.066
年龄	0.007**	−0.0001	0.0004	−0.018	−0.015	−0.016
有参与经历	0.356***	0.125	0.150**	0.493	0.590	0.539
上过大学	0.040	0.131*	0.066	0.464	0.433	0.407
收入	−0.005	0.030*	0.015	0.135	0.099	0.109
绩效信息使用	0.238***	0.141***	0.126***	0.449***	0.480***	0.438***
知识认知				0.568***		
价值认知					0.654***	
活动态度						1.011***
样本量	600	600	600	600	600	600
Pseudo R^2				0.085	0.081	0.087
R^2	0.098	0.057	0.064			

资料来源：笔者自制。

注：双边检验，“*”表示显著性 $P<0.1$，“**”表示显著性 $P<0.05$，“***”表示显著性 $P<0.01$。收入水平是取对数之后进行回归。类别变量的处理方式同上表。

模型 2 的结果显示，绩效信息使用对公民参与价值认知有显著的正向影响($\beta=0.141, P<0.01$)。模型 5 的结果显示，在公民参与价值认知进入模型后，参与价值认知对参与意愿有显著的正向影响($\beta=0.654, P<0.01$)，绩效信息使用对参与意愿的影响仍然很显著但影响减弱，系数的绝对值减小，由原来的 0.557

下降到 0.480，这表明公民参与价值认知，在绩效信息使用对参与意愿的影响中起部分中介作用。可见，假设 H2b 得到支持。

模型 3 的结果显示，绩效信息使用对公民参与活动的态度有显著的正向影响($\beta=0.126, P<0.01$)。模型 6 显示，在公民参与活动的态度进入模型后，活动态度对参与意愿有显著的正向影响($\beta=1.011, P<0.01$)，绩效信息使用对参与意愿的影响仍然显著但影响减弱，由原来的 0.557 下降到 0.438，这表明公民的活动态度，在绩效信息使用对参与意愿的影响中起部分中介作用。可见，假设 H2c 得到支持。总之，研究假设 H2 得到验证。

四、稳健性检验

为了使数据分析结果更有说服力，本研究进一步更换模型来检验分析结果的稳健性，将表 4－4 和表 4－5 的 Logit 模型重新用 Probit 模型进行估计，发现回归系数普遍减小，这也是由于 Probit 模型假设更严格的原因，但是所有变量的显著水平未发生改变，主效应和中介效应仍然成立。

鉴于城乡地区的资源禀赋不同，导致居民在认知水平、参与经历等方面有所差异，我们把样本按户口分类，分别考察绩效信息使用和公民认知对公民参与意愿的影响(见表 4－6、表 4－7)。在农村和城镇，绩效信息使用对参与意愿仍然有显著的影响，主效应仍然成立(模型 1 和模型 6)，在农村地区，公民知识认知的中介效应(模型 1、2、5)仍然成立，模型 3 和模型 4 显示，绩效信息使用对价值认知和活动态度的影响没有通过显著性检验，根据温忠麟的中介效应检验程序，当主效应通过了检验，在下一步检验中自变量的回归系数或中介变量的回归系数至少有一个不显著时，需要做 Sobel 检验。其中，当价值认知做中介变量时，在 Sobel test 检验结果中，z 值为 0.643，P 值为 0.520，中介效应不显著；活动态度做中介变量时，在 Sobel test 检验结果中，z 值为 0.784，P 值为 0.432，中介效应不显著，这可能与样本量较小有关，另外在农村，公民认知的整体水平偏低，所以导致其作用并没有很明显。但是，在城市地域，公民认知的各个维度仍然在绩效信息使用对参与意愿的影响中存在中介效应(模型 6－模型 7－模型 10，模型 6－模型 8－模型 11，模型6－模型 9－模型 12)，其结果与前文一致，这在一定程度说明模型的稳健性较高。

表 4-6 稳健性检验结果

变 量	农 村				
	参与意愿(Logit)	知识认知(OLS)	价值认知(OLS)	活动态度(OLS)	参与意愿(Logit)
	模型 1	模型 2	模型 3	模型 4	模型 5
绩效信息使用	0.775*	0.231**	0.072	0.055	0.717*
知识认知					0.665*
价值认知					
活动态度					
男性	−0.534	0.038	−0.275*	−0.164	−0.592
年龄	0.025	0.009	0.001	0.003	0.019
有参与经历	0.686	−0.239	−0.171	−0.292*	0.857
上过大学	0.583	0.093	0.076	0.008	0.514
收入	0.327	−0.008	0.001	0.021	0.337
样本量	97	97	97	97	97
R^2	0.072	0.062	0.061	0.061	0.112

资料来源：笔者自制。

注：双边检验，"*"表示显著性 $P<0.1$，"**"表示显著性 $P<0.05$，"***"表示显著性 $P<0.01$。收入水平是取对数之后进行回归。类别变量的处理方式同上表。

表 4-7 稳健性检验结果

变 量	城 镇						
	参与意愿(Logit)	知识认知(OLS)	价值认知(OLS)	活动态度(OLS)	参与意愿(Logit)		
	模型 6	模型 7	模型 8	模型 9	模型 10	模型 11	模型 12
绩效信息使用	0.552***	0.237***	0.149***	0.135***	0.424**	0.451***	0.420**
知识认知					0.577***		

续　表

变　量	城　镇						
	参与意愿（Logit）	知识认知（OLS）	价值认知（OLS）	活动态度（OLS）	参与意愿（Logit）		
	模型 6	模型 7	模型 8	模型 9	模型 10	模型 11	模型 12
价值认知						0.723***	
活动态度							0.959***
男性	−0.03	−0.008	−0.111*	−0.015	−0.048	0.027	−0.021
年龄	−0.023	0.008**	−0.0003	−0.0005	−0.025**	−0.022*	−0.022*
有参与经历	0.654	0.459***	0.166*	0.215***	0.357	0.491	0.418
上过大学	0.474	0.043	0.123	0.064	0.498	0.464	0.434
收入	0.084	−0.001	0.034*	0.015	0.09	0.052	0.069
样本量	503	503	503	503	503	503	503
R^2	0.061	0.115	0.063	0.082	0.089	0.091	0.088

资料来源：笔者自制。

注：双边检验，“*”表示显著性 $P<0.1$，“**”表示显著性 $P<0.05$，“***”表示显著性 $P<0.01$。收入水平是取对数之后进行回归。类别变量的处理方式同上表。

总之，本研究的假设验证结果表明（表 4－8），在公共服务绩效评价中绩效信息使用对公民参与意愿具有显著正向影响；公民认知的各维度指标在绩效信息使用影响参与意愿的关系中起中介作用，即总体上公民认知在绩效信息使用对参与意愿的影响中有中介效应。

表 4－8　假设验证结果

研　究　假　设	验证结果
主效应：	
H1：绩效信息使用对公民参与意愿有显著正向影响。	验证

续 表

研 究 假 设	验证结果
中介效应：	
H2a：公民参与知识的认知在绩效信息使用与公民参与意愿关系中起中介作用。	验证
H2b：公民参与价值认知在绩效信息使用与公民参与意愿关系中起中介作用。	验证
H2c：公民参与活动的认知在绩效信息使用与公民参与意愿关系中起中介作用。	验证

资料来源：笔者自制。

第五节 结论与讨论

一、研究结论

本研究基于绩效信息使用理论和计划行为理论，借助N市问卷调查数据，分析了绩效信息使用对公民参与意愿的影响。分析结果发现，绩效信息使用对公民参与意愿有显著正向影响，公民认知在绩效信息使用对参与意愿的影响中起中介作用。

首先，公民参与公共服务绩效评价的意愿普遍较高。就N市的调查样本来看，大部分受访者(87%)有意愿参与公共服务绩效评价，这一结果说明如果有机会，公民是愿意参与到公共服务绩效评价中去的，这与实践中人们感知的公民参与意愿的普遍低迷不同，也与一些研究结果不同。一般认为，当前我国公民评价制度不完善，参与式绩效评价的形式主义突出，公民的实质性参与得不到保障，以致很多公民没有更高参与意愿。但是，本研究的分析结果显示，公民并非对评价活动缺乏意向性，只是由于参与平台不畅、参与评价的规则不明确，公民缺乏便捷高效的参与渠道，因而公民评价的效果不佳。而N市是“群众评议机关”的典型城市，有着悠久的参与式绩效评价历史，公民评价制度规范相对完善；同时，随着公民社会的不断发展，N市良好的参与文化也会进一步强化公民的参与意愿，故呈现较高的公民参与意愿实属正常。

其次，绩效信息使用是影响公民参与意愿的重要因素。学术界关于绩效信息使用和参与意愿间关系的研究比较少，本研究表明绩效信息使用对公民参与意愿有显著影响。一般认为，政府回应在政府与公民的互动中发挥关键作用[①][②]，当前我国正在迈向"强政府-强社会"的治理图景，但公民在与政府的对话中尚处于被动地位，公民对自身的参与效能缺乏信心，通过绩效信息使用提升政府回应质量是消解民怨、营造良好政民互动氛围的关键。而且，公民参与公共服务绩效评价活动，更侧重于公共服务质量评价，这关系到公民的切身利益，绩效信息使用越及时，政府回应性越强，公民就越能感受到政府的关切，也越愿意参与到活动中去表达自己的利益诉求，进而促使政民良性互动以达成善治。

最后，公民认知在绩效信息使用对参与意愿的影响中起中介作用。一方面，绩效信息使用对公民认知有显著影响，这与马萨尔和沃格尔(Masal and Vogel)的研究观点相符；另一方面，公民的价值认知、知识认知和活动态度等，对参与意愿的影响也是显著的，这符合计划行为理论的观点，即个人对某一行为所持有的态度、主观信念及知觉行为(或所拥有的相关知识能力)都会影响个人的行为意图[③]。总之，公民认为绩效信息使用越及时，其对绩效信息的预期和绩效感知也会越积极；同时，当公民有态度、有能力去认知公共服务质量、判断绩效信息使用(政府回应)的价值和意义时，也会对政府活动形成一定的预期和参与意向。

二、讨论

本研究的理论贡献在于：第一，基于参与意愿的微观视角讨论公民参与的内驱力，对参与式绩效评价研究有一定的理论推进。既有研究更多探讨公民参

① 陈新：《互联网时代政府回应能力建设研究——基于现代国家治理的视角》，《中国行政管理》2015年第12期。

② 孟天广、李锋：《网络空间的政治互动：公民诉求与政府回应性——基于全国性网络问政平台的大数据分析》，《清华大学学报(哲学社会科学版)》2015年第3期。

③ Ajzen I, "From Intentions to Actions: A theory of Planned Behavior", *Action Control: From Cognition to Behavior. Heidelberg*, eds. Kuhl J, Beckman J, Germany: Springer, 1985, pp.11 - 39.

与的中观或宏观因素对公民参与有效性的影响[1]，而忽视了参与效度的前置因素“意愿”的重要性，目前关于公民参与意愿的研究多集中在公共决策[2]、环境保护[3]、社区建设[4]等领域，公共服务绩效评价中公民参与意愿的研究明显不足。事实上，公民参与公共服务绩效评价活动是民意反馈的重要途径，只有充分理解参与意愿的内在影响机制，才能对公民行为和需求做出更为准确的判断。故本研究对参与式绩效评价的理论拓展有较大价值。

第二，立足绩效管理的重要环节“绩效信息使用”，探讨绩效信息使用对参与意愿的影响，推进了绩效信息使用理论在公民维度的发展。与传统绩效信息使用理论[5]关注组织决策和组织绩效不同，本研究发现绩效信息使用对公民参与意愿有直接影响，这不仅是对绩效信息使用理论的拓展，也为参与式治理乃至政府回应的理论发展等提供了解释。公民参与和政府回应的已有研究主要关注公民诉求和参与如何改进政府回应，促进政府从被动回应型转向政民合作型。好的治理强调政府与公民的良性互动，其意味着专家治理向社会治理的转向。本研究表明，绩效信息使用作为政府回应的重要形式，在“政民互动”中发挥着非常重要的作用，及时的绩效信息使用或政府回应，有利于增进公民参与的意向，进而促进政府绩效的改进。这为剖析绩效信息使用影响组织绩效的内在机制提供了重要切入点，也为政府行为如何提升公民参与意愿提供了理论启示。

第三，根据计划行为理论，本研究在绩效信息使用影响参与意愿的关系链中引入公民感知，建构了基于“行为-预期-意向”的公民参与的内在逻辑，深化了对公民参与的相关研究。计划行为理论已被广泛运用于参与意愿相关的研究[6]，但是，其指标构建比较空泛，可推广性不足。本研究验证了绩效信息使用这一政

---

① 曾莉：《公众主观评价的影响因素研究述评——兼谈参与式政府绩效评价的进路》，《华东理工大学学报(社会科学版)》2013 年第 1 期。

② 翁士洪：《参与-回应模型：网络参与下政府决策回应的一个分析模型——以公共工程项目为例》，载《公共行政评论》2014 年第 7 期。

③ 何可、张俊飚、张露、吴雪莲：《人际信任、制度信任与农民环境治理参与意愿——以农业废弃物资源化为例》，《管理世界》2015 年第 5 期。

④ 李萧薇、刘铁忠、张湖波、董金阳：《公众社区参与意愿对危化品危害利益相关者感知的影响》，《管理评论》2020 年第 1 期。

⑤ Behn R D, “Why Measure Performance? Different Purposes Require Different Measures”, *Public Administration Review* 63, no.5(2003): 586 - 606.

⑥ 倪琪、张思阳、刘霁瑶、赵敏娟：《公众参与跨区域流域生态补偿的行为研究》，《软科学》2022 年第 1 期。

府行为对公民认知的影响，即通过政府回应改善公民对政府的预期，增强公民参与意愿。这一逻辑链条有助于我们更深入地理解公民参与意愿形成的内在机理（见图4-2），解释公民实质性参与行为的前置因素。总之，本研究结论有助于参与式绩效评价研究，更深入地理解和把握绩效信息使用促进公民参与的条件，在一定程度上为破解公民参与的源头性困境提供了理论支撑。

本研究对参与式绩效评价的可持续性推进具有一定的政策启示。首先，重视对公民参与意愿的积极引导，创造良好的参与环境，激发公民参与的热情。满足公民诉求的合理表达，除了完善传统的正式参与渠道外，还应借助现代信息技术手段，如政府网站、微博、抖音、微信公众号等网络媒体，畅通公民表达诉求的平台，积极拓展公民评价的范围，并注重参与渠道的规范性和可持续性，推进公民的实质性参与落到实处。其次，政府应及时合理地使用绩效信息，保持积极的回应态度，增强公民对评价活动的充分认知，实现对公民评价结果的有效分析、反馈与利用，以切实提升服务绩效，使参与式绩效评价的预期目标得以体现。同时，政府应完善回应机制，推进基层政府的数字化转型，使公民参与不受时空限制，最大限度地参与到公共服务绩效评价实践中，实现公民满意的活动预期。最后，加强公民精神及参与能力的培育，通过宣传教育、完善激励制度、培养社会组织、创造各种公民参与的活动机会等，来增加公民参与知识，提升公民认知，增强公民对评价活动的理解和公共生活的认可，推进公共服务绩效评价迈向真正可持续的公民参与。

当然，本研究尚存一些不足：一是变量的测量，对参与意愿的测量主要采用二分类别变量的形式进行。事实上参与意愿有程度之别，同时对绩效信息使用的测量也只能限于公民的主观感受，而非全面客观的绩效信息使用情况，以致研究问题的深入分析受限。二是研究样本的选取应呈现不同区域的差异，N市属于经济较发达地区，公共服务水平相对较高，在一定程度上代表了我国高质量公共服务的发展区域，故研究结论在全国的可推广性受限。三是研究数据都来自问卷调查，有较强的主观性，所以问卷数据的社会期许问题难以被排除。希望在未来的相关研究中结合主客观数据对研究问题做进一步拓展，当前大量基层绩效评价的客观数据，尤其值得挖掘。

第五章
公共服务绩效评价中公民参与的能动性

第一节　研究背景

公民参与公共服务绩效评价，是服务型政府建设的内在要求，也是良治(good governance)政府之要义。在“以人民为中心”的理念引导之下，我国公共服务绩效评价的关注重心已从繁文缛节、内部控制转向外部公民满意，公民积极而实质性的参与至关重要。自 1999 年珠海开展“万人评政府”以来，我国地方政府纷纷以不同形式在不同层面上开展了“公民评议政府”活动，当前，这种活动已遍及全国，使我国政府绩效评价呈现出一种“政府主导、自下而上、上下呼应”的态势，备受社会关注。

近年来，在我国公共服务绩效评价领域，公民参与虽然取得了明显进展，但总体上还处于“有限参与阶段”[①]，实践效果并不尽如人意，公民参与面临严峻挑战。各地在推行公民参与公共服务绩效评价的过程中，或是出于政绩追求，或是应付上级，没有真正使公民评价成为反映民意和采纳民智的工具[②③]，进而导致公民参与的积极性不高，公民评价公共服务绩效基本上处于虚位状态。虽然第

① 周志忍：《政府绩效评估中的公民参与：我国的实践历程与前景》，《中国行政管理》2008 年第 1 期。

② Ma L, “Performance Management and Citizen Satisfaction with the Government: Evidence from Chinese Municipalities,” *Public Administration* 95, no.1(2017): 39 - 59.

③ 马亮、杨媛：《公众参与如何影响公众满意度——面向中国地级市政府绩效评估的实证研究》，《行政论坛》2019 第 2 期。

四章研究发现公民参与意愿不低，但这仅仅是公民参与的意向表达，而非实际参与行动的热情；同时，即便一些地方政府努力引导公民参与，但被动参与依然普遍。这种被动参与状态势必导致公民评价的“非理性”或“效率悖论”，进而影响公共服务精准供给。因此，就参与式绩效评价而言，当前更为关键的问题在于公民“是否自觉而主动地参与”。这不是一个单纯依靠工具理性解决的技术问题，而是一个关涉行政体制改革的系统工程[①]。国内外对此问题的实证研究相对较少，故探讨公共服务绩效评价中公民参与的能动性尤显急迫。在公共服务绩效评价实践中公民参与缘何被动，影响公民参与能动性的因素究竟有哪些？对此问题的回答，将为参与式绩效评价理论的智识增长献益，也可为公民参与能动性的提升，以及公民评价的有效性和可持续性提供策略思考，进而促进公共服务质量的实质性改善，乃至人民满意政府的达成。

第二节　理论与假设

一、公共服务绩效评价与公民参与的能动性

一般而言，公共服务绩效评价存在两种主要模式，即客观测量和主观评价[②]。客观测量是基于成本效益分析的内部量化评价，这也是公共服务绩效评价的传统模式。主观评价是根据人们对公共服务绩效的主观感知而进行的定性化测量，其注重对公共服务满意度等软指标的测量，公民满意度是其典型的测量指标[③]。所谓公民参与公共服务绩效评价，是指运用一定的标准和方法，由公共部门启动和实施，以一定规模的公民参与为特征的公共服务水平测量，它是基于公民感知服务绩效的外部定性测量。

---

① 周志忍：《政府绩效评估中的公民参与：我国的实践历程与前景》，《中国行政管理》2008 年第 1 期。

② 倪星、李佳源：《政府绩效的公众主观评价模式：有效，抑或无效——关于公众主观评价效度争议的述评》，《中国人民大学学报》2010 年第 4 期。

③ 曾莉、李佳源：《公共服务绩效主客观评价的契合性研究——来自 H 市基层警察服务的实证分析》，《公共行政评论》2013 年第 2 期。

关于公共服务绩效评价中的公民参与，在早期研究中，凯思琳(Kathelene)等针对服务领域的研究发现，不同人群参与公共服务绩效评价的积极性存在差异，公民评价结果也大相径庭[①]。随后，金(King)等从微观层面探讨了生活压力、教育匮乏、邻里隔阂对公民参与的影响[②]，尤其是个体的受教育程度、活动认知等影响力尤甚。张(Zhang)等借助公共安全服务的研究表明，公民的议题知识对参与积极性有显著正向影响，即对活动内容有更深入了解的公民更愿意积极参与[③]。同时，何和科茨基于公民角色，借助"公民发起的绩效评价(CIPA)"模型研究指出，关键利益群体在服务绩效评价中至关重要，如何维持公民的参与兴趣是CIPA模型所要面临的一个重要挑战[④]。另外，有研究认为个体的心理因素也是不可忽视的。汤姆森(Thomsen)等采用随机调查实验发现，个体承受的心理成本对公民合作行为有显著影响，如主观压力感知、社会规范压力、自主权丧失、身份受损等会降低公民参与的兴趣[⑤]。可见，在国外关于公民参与积极性的研究议题，已引起学者的广泛关注。但这些研究大多是间接的，主要涉及公民参与意愿、参与热情和兴趣等，而专门聚焦公民参与"能动性"的直接研究甚少。在国内，周志忍首次提出了政府绩效评价中公民参与的动力问题，并追问公民参与的动力来自何方，在现有体制下我国如何推动积极的公民参与?[⑥] 这也引发了诸多学者对公民参与能动性的关注，如一些学者从公民参与的动因、公民参与的动力机制等方面对问题进行了回应，但这些研究更多的是基于宏观层面的理论分析，实证研究相对不足。

能动性(agency)是道德哲学讨论的核心概念。在格瑞特(Gewirth)看来，能

---

① Kathelene L, Martin J A, "Enhancing Citizen Participation: Panel Designs, Perspectives, and Policy Formation", *Journal of Analysis and Management* 10, no.1(1991): 46 - 63.

② King C S, Feltey K M, Susel B O, "The Question of Participation: Toward Authentic Participation in Public Administration", *Public Administration Review* 58, no.4(1998): 317 - 326.

③ Zhang Y L, Liu X S, "Issue-specific Knowledge and Willingness to Coproduce: The Case of Public Security Services", *Public Management Review* 22, no.10(2020): 1464 - 1488.

④ Ho A T, Coates P, "Accounting for the Value of Performance Measurement from the Perspective of Midwestern Mayors", *Journal of Public Administration Research and Theory* 16, no.20(2006): 217 - 237.

⑤ Thomsen M K, Bækgard M, Jensen U T, "The Psychological Costs of Citizen Coproduction", *Journal of Public Administration Research and Theory* 30, no.4(2020): 656 - 673.

⑥ 周志忍:《政府绩效评估中的公民参与：我国的实践历程与前景》,《中国行政管理》2008年第1期。

动性有两个最基本的构成要素，即自发性（voluntariness/freedom）和目的性（purposiveness/intentionality）。“自发性”意味着行为主体的行为不受外力支配，是行为主体可控的且自主的，同时对其选择所可能导致的后果有所认知。“目的性”意味着行为主体具有一定的理性能力和辩证能力。理性能力是指行为主体能为自己的行为设定目的。辩证能力是指行为主体可将对目的的欲求当作自己的行为理由，形成原则。同时，吉登斯认为，能动性不仅仅是指行为主体在做事情时所具有的意图，而是首先指他们做这些事情的能力[①]。这里的行为主体是一个有预期和目的的行动者（agent），行动者是具有反思性、认知理性和实践意识的“知识人”，主体性是行动者的核心要义。可见，能动性是指行动者自觉、自主、理性地实施行为的能力（capacity），它是行动者有行为能力的一种状态。

何为公民参与的能动性？目前专门性的研究甚少，比较接近的相关研究更多地聚焦于公民参与动力或参与积极性的影响因素，鲜有专门界定概念本身。有研究认为，公民参与的积极性来自被评价对象的内在需要和参与者的内在期望[②]，公民参与的动力主要分为内动力和外动力，内外两种动力共同影响公民参与评价的积极性[③]，等等。结合上文对有关能动性研究文献的梳理，本研究认为，所谓公民参与的能动性是指公民自觉、自主、理性地参与公共服务绩效评价的行为状态，自发性和目的性是其基本构成要素。它是公民有参与“动能”的一种状态，强调的是一种“所做”而不是“所欲”[④]。公民作为参与主体之理性人，能自主决定是否参与，能为自己设定参与目的，会思考如何参与以造成某种变化或起某种作用。为此，后文将从“自发性”和“目的性”两个维度来对公民参与能动性进行测量。

二、公民参与能动性的影响因素

国内外已有研究主要从公民参与动力或公民参与行为本身，间接讨论了公

① ［英］安东尼·吉登斯：《社会的构成》，李康、李猛译，中国人民大学出版社，2000，第 30－260 页。
② 郭庆松：《政府绩效评估与公民参与的动力机制》，《中共中央党校学报》2009 年第 6 期。
③ 包国宪、焦静茹：《政府绩效评估中公民参与的动力机制研究》，《开发研究》2013 年第 1 期。
④ ［英］安东尼·吉登斯：《社会的构成》，李康、李猛译，中国人民大学出版社，2000，第 68－295 页。

民参与能动性的影响因素。虽然没有直接的相关研究,但一些涉及参与动力或是参与动因的研究,都是围绕公民参与主动性的影响机制展开的,对本研究有较大的启发和借鉴意义。具体而言,主要包括个体、政府、社会等不同层面的影响因素研究。

(一) 个体层面

公民参与的资源支持理论认为,公民对政治活动的知识储备是其积极介入政治活动、实施参与行为的决定性因素,参与知识能够增加公民参与的质量和卷入程度[①]。参与认知是个体对参与活动的结构系统、运行过程和活动内容等信息的心理认知反映,具有资源客观性和主观性的双重表现[②]。金认为,真正积极的公民参与应包含的关键要素是关注、承诺、信任,以及开诚布公的讨论,并提出跨越障碍的行动建议,即授权和教育社区成员,重新培训行政人员,提升参与者的认知水平[③]。个体对参与活动的知识了解越多,就越倾向于在公共活动中扮演积极的角色[④],参与认知水平将影响公民参与服务绩效评价的积极性[⑤]。也就是说,公民对公共服务绩效评价的知识、意义、价值等方面的了解越多,则参与的能动性会越强。据此,可提出假设:

H1:公民对公共服务绩效的认知水平越高,则参与的能动性越强。

公民个人的政治态度是影响参与积极性的重要因素。阿尔蒙德(Almond)和维巴(Verba)等在考察五个国家公民的政治态度后发现,个人的政治效能感(political efficacy)越高,他对政治系统的认同度就会越高[⑥]。政治效能感作为影响政治行为过程的一个关键性政治心理变量,是个人对政治事务或政府工作施

① Brady H E, Verba S, Schlozman K L, "Beyond SES: A Resource Model of Political Participation", *American Political Science Review* 89, no.2(1995): 271-294.

② 张明新:《互联网时代中国公众的政治参与:检验政治知识的影响》,《中国地质大学学报(社会科学版)》2011 第 6 期。

③ King C S, Feltey K M, Susel B O, "The Question of Participation: Toward Authentic Participation in Public Administration", *Public Administration Review* 58, no.4(1998): 317-326.

④ Moeller J, de Vreese C, "Spiral of Political Learning: The Reciprocal Relationship of News Media Use and Political Knowledge Among Adolescents", *Communication Research* 46, no.8(2015) 1078-1094.

⑤ Percy S L, "In Defense of Citizen Evaluations as Performance Measures", *Urban Affairs Review* 22, no.1(1986): 66-83.

⑥ [美] 安加布里埃尔·A. 阿尔蒙德、西德尼·维巴:《公民文化——五个国家的政治态度和民主制》,徐湘林等译,东方出版社 2008 年版。

加影响力的信念——主观政治能力[①],反映了个体对自己理解和参与政治活动能力的自信程度[②]。有关研究表明,个体的政治效能感对各种形式的政治参与都有显著的正向影响[③],特别是在传统的政治活动中,政治效能感对公民参与的积极性有显著的促进作用[④⑤],而且还呈现出了跨时间的稳定性[⑥]。强政治效能感的人一般对其国家及其象征、国家制度等都会产生强烈的归属感,并积极参与各种政治或公共活动,公民参与公共服务绩效评价是其参与公共活动的一种表现。基于此,可提出假设:

H2:公民的政治效能感越强,则参与能动性越强。

另外,公民评价的动因可以归纳为责任动因、权力动因和利益动因。公民参与行为往往不是由一种动因引发的,而是多种动因共同驱动的结果[⑦]。其中,责任和权力动因可以归结为公民身份意识,利益动因是公民参与的效能和成本考量。公民身份意识即公民意识或公民性,其蕴含个体与国家之间的契约关系[⑧]。它是公民在民族国家中,在特定的平等程度上具有的一种普遍性权利与义务的主动及被动的成员身份,公民意识越强则其参与国家公共事务的积极性会越高。于是,可以提出假设:

H3:公民意识越强,则参与能动性越强。

(二)政府层面

观念上的阻碍使决策者天生具有抵触公民获取准确价格和服务绩效信息的

---

① 吴重礼、汤京平、黄纪:《我国"政治功效意识"测量之初探》,《选举研究》1987 第 2 期。

② Niemi R G, Craig S C, Mattei F, "Measuring Internal Political Efficacy in the 1988 National Election Study", *American Political Science Review* 85, no.4(1991): 1407 - 1413.

③ Harel O, *Resources*, "*Political Efficacy and Political Performance: Political Participation on Facebook*", Leiden University, 2013.

④ Moeller J, Vreese C D, Esser F, "Pathway to Political Participation: The Influence of Online and Offline News Media on Internal Efficacy and Turnout of First-Time Voters", *American Behavioral Scientist* 58, no.5(2014): 689 - 700.

⑤ 郑建君:《个体与区域变量对公民选举参与的影响——基于 8506 份中国公民有效数据的分析》,《政治学研究》2016 第 5 期。

⑥ Kenski K, Stroud N J, "Connections Between Internet Use and Political Efficacy, Knowledge and Participation", *Journal of Broadcasting and Electronic Media* 50, no.2(2006): 173 - 192.

⑦ 芦刚、徐彦山:《公民参与地方政府绩效评估的动因解析》,《哈尔滨市委党校学报》2010 年第 3 期。

⑧ 郭忠华:《当代公民身份的理论轮廓——新范式的探索》,《公共行政评论》2008 第 6 期。

偏好[①]。公民评价存在严重的形式主义困境，政治制度和政府理念对公民参与的能动性都存在影响[②③④]。在真正积极的公民参与中，政府与公民之间是彼此信任的，甚至相互之间会开诚布公地讨论[⑤]。公民对政府的信任度越高，则公民更可能为公共利益而合作。据此，可提出假设：

H4：公民对政府信任度越高，则公民参与能动性越强。

同时，有效的参与应该是积极、真正、深入、持续的发展过程，行政管理过程和参与技术对公民参与的能动性有重要影响[⑥]。当然，参与技术也包括政府的信息化技术，以及技术引导下的政府信息公开程度。同时，政府态度和立场与其行动的悖逆，也是造成群众“挫败感”的一个重要原因[⑦]。回应性是反映政府态度的重要变量，参与挫败感往往取决于政府对公民的回应性，尤其是政府对评价结果的实际应用。据此，可提出如下假设：

H5：政府信息的公开程度越高，则公民参与能动性越强；

H6：政府对评价结果的应用越及时，则公民参与能动性越强。

（三）社会层面

对个体行动者而言，社会关系（social connection）是非自愿的或无法避免的。阿尔蒙德和维巴的研究发现，公民合作程度较高的国家，其非政治关系中社会相互作用的发生率也相对较高，公民参与的能动性在很大程度上受“社会关系”影响[⑧]。在人类社会活动中，社会关系更多体现为一种民情，包括行动者的社会活动状态和精神要素，如社会平等、社会责任、结社活动、邻里关系等。以往

---

① Frates S F, “Improving Government Efficiency and Effectiveness and Reinvigorating Citizen Involvement”, *Perspectives on Political Science* 33, no.2(2004): 99 - 103.

② 孟华：《政府绩效评估的民众基础及其改善》，《东南学术》2005 年第 2 期。

③ 王锡锌：《对“参与式”政府绩效评估制度的评估》，《行政法学研究》2007 年第 1 期。

④ Migchelbrink K, Van de S, “When Will Public Officials Listen? A Vignette Experiment on the Effects of Input Leg-itimacy on Public Officials' Willingness to Use Public Participation”, *Public Administration Review* 80, no.2(2020): 271 - 280.

⑤ King C S, Feltey K M, Susel B O, “The Question of Participation: Toward Authentic Participation in Public Administration”, *Public Administration Review* 58, no.4(1998): 317 - 326.

⑥ Ho A T, “Exploring the Roles of Citizens in Performance Measurement”, *International Journal of Public Administration* 30, no.11(2007): 1157 - 1177.

⑦ 王锡锌：《对“参与式”政府绩效评估制度的评估》，《行政法学研究》2007 年第 1 期。

⑧ [美] 加布里埃尔 · A. 阿尔蒙德、西德尼 · 维巴：《公民文化——五个国家的政治态度和民主制》，徐湘林等译，东方出版社，2008，第 150 - 379 页。

的研究更多强调个体因素、政治文化和政府行为等对公民参与积极性的影响，而对影响公民参与积极性的社会因素却关注不多。为此，本研究试图在公民参与能动性的研究中纳入社会因素。

一般认为，公民社会越完善，社会资本也会越发达，进而公民参与公共事务的热情和主动性就会越高。本研究的社会资本（social capital）特指社会组织的特征，诸如信任、规范及网络，它们能够通过促进合作来提高社会效率[①]。可见，社会资本的要素体现为"参与公共事务、社会信任、参与社团（社会网络）"等。其中，参与公共事务本身意含了参与的主动性；而参与社团则增加了人们在任何单独交易中进行欺骗的潜在成本，体现了以往合作的成功，参与网络越发达，则公民参与公共活动的意识越强；社会信任则有助于凝聚分散的社会力量，社会信任度越高，意味着社会凝聚力越强，进而公民参与的热情就会越高。据此，可提出假设：

H7：社会资本越丰富，则公民参与能动性越强。

除此之外，邻里守望和社会平等感也是不可忽略的因素。邻里守望（neighbourhood watch）在任（Ren）等的研究中被称为非正式集体安全感（informal collective security），其主要包括三个维度：非正式的社会控制、非正式的社会强制、邻里信任[②]。邻里是多个户集合而成的聚落，体现了人们之间最基本的社会关系。邻里越是互帮互助、交往互动，则邻里之间的信任度会越高，进而公民的社会团结意识越强，公民参与公共事务的意识也会越强。同时，公平正义的根本在于，一个国家的每个公民是平等的、自由的权利主体[③]，社会平等体现了制度选择主体权利的实现状况。在管理领域内，个体行为的能动性不仅取决于利益诱惑，而且也会受活动环境平等性的影响[④]。因为行动者总是按照你和他人平等的普遍权利所要求的那样去行为。据此，可提出如下假设：

---

① ［美］罗伯特·D. 帕特南：《使民主运转起来——现代意大利的公民传统》，王列等译，江西人民出版社，2001，第 95－189 页。

② Ren L, Cao L Q, Lovrich N, Gaffney M, "Linking Confidence in the Police with the Performance of the Police," *Journal of Criminal Justice* 3, no.1(2005): 55－66.

③ 同上。

④ Adams J S, "*Injustice in Social Exchange Advances in Experimental Social Psychology*", New York: Academic, 1965.

H8：邻里守望越好，则公民参与能动性越强。

H9：社会越平等，则公民参与能动性越强。

第三节　变量、数据与方法

一、变量的测量

本研究的因变量为“公民参与的能动性”，它是参与者有行为能力的一种状态，自发性和目的性是其基本构成要素。结合前文对行动者自发性和目的性的理解，本研究从自发性和目的性两个维度设置“自觉性、自主性、反思性、贡献性”等指标，以测量公民参与的能动性。“自觉性和自主性”可以反映行动者的自发性内涵，“反思性和贡献性”可以反映行动者的目的性内涵。

本研究的自变量为公民意识、参与认知、政治效能感、政府信任、信息公开、结果应用、社会资本、邻里守望、社会平等。(1) 个体层面。公民意识主要借鉴杨宜音的量表，从“公共性和契约性”两个维度测量[①]。参与认知是指公民对公共服务绩效评价活动的知晓和态度，包括公民对公共服务绩效评价的知识、价值或意义、态度（或评价）等。关于政治效能感，美国密歇根大学调查研究中心(SRC，1952)设计的一套测试量表得到了学界的较高认同，其测量问题主要涉及“政治复杂、投票唯一方式、官员不关心、无法判断”等。本研究采用美国全国选举研究中心修正后的量表，从内、外效能感两个角度进行测量。(2) 政府层面。本研究将从公民角度来测量政府信任，测量内容包括理解老百姓疾苦、绩效信息的真实性、公民评价的实质性等。信息公开从规则、公共服务政策、公共服务实时信息、信息共享等方面测量。结果应用主要表现为评价结果对公民和政府部门的信息反馈、参与激励、服务改进的回应等。(3) 社会层面。根据帕特南对社会资本的理解，社会资本主要包括信任、规范和人际网络。本研究将社会资本操

① 杨宜音：《当代中国人公民意识的测量初探》，《社会学研究》2008 年第 2 期。

作化为居民的社会信任、参与公共事务、社团参与情况，同时借鉴胡荣等的量表，主要从以上三个方面对社会资本进行测量①。邻里守望主要从非正式的社会控制、非正式的社会强制、邻里信任三个维度测量。社会平等，将借鉴全国综合社会调查问卷(CGSS 2015)的量表来测量。

另外，本研究的控制变量是性别、收入、政治面貌、受教育程度等，其中为了数据分析所需，我们将受教育程度处理成“上过大学”和“没上过大学”两类。变量操作化的具体情况如表 5－1 所示。

表 5－1 变量的测量

变量类型	变量名称	测量题项	答案形式
因变量	公民参与的能动性	自觉性：您自觉查阅群众评价公共服务活动的相关信息；您自觉关注群众评价结果的应用情况。	分值为 1～10
		自主性：您主动争取机会参加群众评价公共服务活动；您为评价活动的有效开展积极宣传。	
		反思性：作为被调查者，您会认真如实地填答问卷；作为志愿者，您会预先考虑评价活动实际价值，再决定是否参与。	
		贡献性：您不会因参加评价活动耽误休息时间而介意；您会为群众评价活动提供力所能及的资源。	
自变量	公民意识	公共性：在国家利益面前，个人利益再大也是小的；纳税是为了给国家做贡献；老百姓应该听从政府且下级应该听从上级；法院是一个替老百姓讲理的地方；为老百姓当好家是国家干部的责任。	非常不同意＝1 不同意＝2 无所谓＝3 同意＝4 非常同意＝5
		契约性：只要纳了税，就有权利讨论政府怎么花钱；做生意要懂得让利给对方；民告官是正常的；只要不犯法，就应该抓住每一个赚钱的机会；人们不敢见义勇为是因为周围没有人支持。	

① 胡荣等：《社会资本、政府绩效与城市居民对政府的信任》，《社会学研究》2011 年第 1 期。

续 表

变量类型	变量名称	测 量 题 项	答案形式
自变量	参与认知	参与知识认知：您知道公共服务的基本范围；若某项公共服务不到位您知道应由什么部门负责；您了解“12345”热线；您知道出台了《“十三五”推进基本公共服务均等化规划》。	非常不同意＝1 不同意＝2 无所谓＝3 同意＝4 非常同意＝5
		参与价值认知：群众评价公共服务有助于服务水平提升；群众评价公共服务有助于增强政府服务意识；参加公共服务评价对自己没有什么好处；群众评价公共服务可能反而降低服务效率。	
		参与活动的态度：群众评价公共服务纯属劳民伤财；政府公布的公共服务信息完备；政府公开的公共服务信息让人看不懂；群众评价公共服务应该形成制度。	
	政治效能感	老百姓对政府的做法没有任何影响力；政府官员不会在乎我们老百姓的想法；政治有时候太复杂了，所以我们老百姓实在搞不清楚。	
	政府信任	政府不理解老百姓想要什么；当老百姓遇到困难时政府能为老百姓排忧解难；您无法相信政府对外发布的绩效信息；群众评价公共服务绩效是应付形式或官场作秀。	
	信息公开	政府信息公开的规则明确；政府能够及时公开公共服务的政策或措施；政府能够及时公布公共服务的实施情况；您能够很方便地查询到公共服务的相关信息。	
	结果应用	群众评价结果会及时公之于众；群众评价结果会及时反馈给相关部门；群众评价结果会应用于奖优罚劣；群众评价结果会得到及时回应。	
	社会资本	参与公共事务（您对以下事项的关心程度）：工作单位的事情、居住小区的事情、本市的事情、国家大政方针。	从不关心＝1 不太关心＝2 一般＝3 比较关心＝4 非常关心＝5
		参与社团（您对以下社团活动的关心程度）：老乡聚会、同学或战友聚会、社区居委会活动、单位活动、兴趣团体活动、寺庙或教会活动、志愿服务活动。	

续　表

变量类型	变量名称	测　量　题　项	答案形式
自变量	社会资本	社会信任(您对以下人员的信任程度)：家庭成员、亲属、朋友、同事、邻居、同学、教师、医生、陌生人、商人。	完全不信任＝1 比较不信任＝2 一般信任＝3 较信任＝4 完全信任＝5
	邻里守望	您不在家时,邻居会帮您照看家门;发现有人正在邻居家里为非作歹,您会及时报警;您和邻居会相互串门。	非常不同意＝1 不同意＝2 无所谓＝3 同意＝4 非常同意＝5
	社会平等	应该从有钱人那里征收更多的税来帮助穷人;现在有的人挣钱多,有的人挣钱少,但这是公平的;只要孩子够努力、够聪明,就能有同样的升学机会;在我们这个社会,工人和农民的后代与其他人的后代一样,有同样多的机会成为有钱、有地位的人。	
控制变量	性别	您的性别是______。	直接填答
	收入	您去年的毛收入共______元。	直接填答
	政治面貌	您是中共党员吗?	是＝1 否＝0
	受教育程度	您的文化程度是______。	没上过学＝1 小学＝2 初中＝3 高中＝4 中专/技校/职高＝5 大专＝6 本科＝7 研究生及以上＝8

资料来源：笔者自制。

二、数据与方法

本研究的数据来源与第四章相同,主要采取目的性抽样,并辅之以配额,共发放问卷720份,回收问卷698份。我们结合参与能动性分析数据的需要,剔除无效问卷后，最终获得有效问卷667份。在统计分析方法上，本研究主要采用多元线性回归模型(OLS)，分析单位是公民个体，分析软件为STATA15.0。

对于问卷的信度分析，主要采用克朗巴哈(Cronbach)的Alpha信度系数法，分析结果显示，参与能动性、信息公开、结果应用、社会资本等量表的Alpha系数均超过0.8，说明这些量表的信度很好；而参与认知、公民意识、政府信任、政治效能感、社会平等、邻里守望等量表的信度相对低，但Alpha系数均超过0.6，可以接受。另外，本研究针对"参与能动性、公民意识、参与认知、政府信任、政治效能感、信息公开、结果应用、邻里守望、社会平等、社会资本"等量表进行因子分析，以考察题项能否反映所要测量的构念，检验量表的结构效度。结果显示，各量表的KMO值均在0.7以上，说明各分量表题项关联性较好，适合进行因子分析。就共同度和负荷量来看，各量表所有题项的共同度都在0.6以上，量表负荷量的绝对值均达到0.6以上，且量表的累积方差贡献率均在50%以上。可见，以上量表测量内容在总体上是有效的。

第四节　实证分析结果

一、变量的基本描述

变量的分布情况如表5-2所示。就分类变量的情况而言，性别、教育水平、政治面貌的分布相对合理，男性占52.05%，本科及其以上学历的46.95%，中共党员20.43%。就连续变量的分布而言，受访者的平均年龄为38.31岁，平均月收入为4 863.82元，平均居住时间超过17年，这说明本次受访者大多为40岁以下的中等收入常住居民，也说明大多数受访者属于公共服务的实际使用者。而公民意识、参与认知、政治效能感、政府信任、信息公开、结果应用、邻里守望、社会资本等变量的均值，都接近各变量"取值范围"的中间值，这说明绝大多数变量处于"一般"，"极好"和"极差"的情况少。

表 5 - 2 全样本的变量分布(N=667)

分类变量	频数/人	频率/%	分类变量	频数/人	频率/%
性别： 男 女	 316 291	 52.05 47.95	政治面貌： 中共党员 非中共党员	 124 483	 20.43 79.57
受教育程度： 没上大学 上过大学①	 322 285	 53.05 46.95			

连续变量	平均值	标准差	最小值	最大值
年龄/岁	38.31	11.49	21.00	84.00
收入/元	4 863.82	3 217.30	800.00	12 500.00
居住时间/年	17.81	14.00	5.00	61.00
参与能力性	5.98	2.08	0.00	10.00
公民意识	4.60	0.67	2.50	6.25
参与认知	3.32	0.48	1.67	4.83
政治效能感	2.64	0.79	1.00	4.67
政府信任	3.44	0.96	1.00	5.00
信息公开	3.12	0.84	1.00	5.00
结果应用	3.09	0.92	1.00	5.00
社会资本	2.65	0.52	0.88	4.67
邻里守望	3.56	0.74	1.00	5.00
社会平等	2.88	0.73	1.00	5.00

资料来源：笔者自制。

① 上过大学是指具有本科及以上学历。

二、参与能动性的现状分析

公民参与能动性的总体情况如表 5－3 所示。公民参与能动性指数主要通过“自觉性、自主性、反思性、贡献性”等叠加形成。就公民参与能动性的总体情况来看，能动性的平均值为 5.98，说明公民参与公共服务绩效评价的能动性总体上一般。为了进一步证明此判断的说服力，本研究先采用等样分类，即将样本总分升序排列后分为 5 类，并设置 5 个对应类别的能动性，即非常低、比较低、一般、比较高、非常高。然后计算各类的均值，并将此均值作为各类能动性水平的临界值(见表 5－4)。由此发现，表 5－3 中参与能动性的平均值(5.98)与表 5－4 中“一般”的临界值 6.09 更接近。可见，公民参与能动性的实际情况离“比较高(7.15)”尚有一段距离，其总体上处于一般水平，这与实践中的表象吻合。在我国长三角地区，良好的经济环境应推动一个规范、互助、诚信、网络化、多元化的公民社会蓬勃发展，公民热心公共事务实属情理。但是，数据结果反映的却是另一种情况，即参与冷漠极为普遍。

表 5－3　参与能动性的描述性分析

参与能力性要素	平均值	标准差	最小值	最大值
自觉性	5.21	2.64	0.00	10.00
自主性	4.77	2.65	0.00	10.00
反思性	7.62	2.33	0.00	10.00
贡献性	6.31	2.62	0.00	10.00
参与能动性	5.98	2.08	0.00	10.00

资料来源：笔者自制。

表 5－4　参与能动性的判断标准

样本分类	第 1 个 20%样本	第 2 个 20%样本	第 3 个 20%样本	第 4 个 20%样本	第 5 个 20%样本
能动性类别	非常低	比较低	一般	比较高	非常高
临界值	2.92	4.97	6.09	7.15	8.7

资料来源：笔者自制。

就参与能动性的具体情况来看，表 5－3 的结果显示，在能动性的两个维度上，“自发性”的两个指标值相对较低，即自觉性的平均值为 5.21，自主性的平均值为 4.77。而“目的性”的两个指标值相对较高，平均值最高的是“反思性”(7.62)，其次是“贡献性”(6.31)。这说明公民参与的自发性相对弱，而公民参与的目的性还是比较强的。可见，受访者自觉关注或自主参与公共服务绩效评价的积极性不高。不过，公民一旦参与评价，则他们可能会理性配合，并贡献自己力所能及的资源。由此可见，我国公民参与能动性还需政府积极引导，我国传统孕育了明哲保身的臣民文化，公民参与的集体冷漠，也需要情境中的理性权威来化解。总之，在公共服务绩效评价的实践中，公民参与能动性总体上一般，趋于极端的情况不突出。所以，公民参与能动性总体不强的现象客观存在。究竟是什么因素在影响参与能动性？下文将对此作以分析。

三、参与能动性的影响因素分析

表 5－5 的结果显示，模型 1 中个体层面的公民意识、参与认知、政治效能感等对参与能动性均有显著影响，其中政治效能感的影响为负。调整后的判定系数为 0.204 0，说明模型 1 中所有自变量能够解释参与能动性 20.4％的变异。在模型 2 中加入政府层面的影响因素后，结果显示公民意识、参与认知、政治效能感、政府信任等对参与能动性有显著影响，而且调整后的判定系数为 0.230 1，其相对模型 1 有较大提升，说明模型 2 明显优于模型 1。在模型 3 中加入社会层面的影响因素后，个体层面的公民意识、参与认知、政治效能感、政府信任、社会资本、邻里守望等对参与能动性有显著影响，而且调整后的判定系数为 0.254 3，即自变量能够解释参与能动性 25.43％的变异。同时，3 个回归模型的方差检验均显著，说明模型的线性关系显著。值得一提的是，性别、收入、受教育程度、政治面貌等所有控制变量始终没有显著性，这说明人口统计学特征对参与能动性没有实际影响。

表 5－5　各层面因素影响公民参与能动性的回归模型[①]

变　量	模型 1		模型 2		模型 3	
	系数	标准误	系数	标准误	系数	标准误
男性	0.212	0.216	0.155	0.214	0.126	0.212
收入	0.000	0.000	0.000	0.000	0.000	0.000
上过大学	0.030	0.260	0.197	0.263	0.193	0.267
中共党员	−0.065	0.283	−0.100	0.280	−0.188	0.281
参与认知	1.710****	0.254	1.446****	0.261	1.244****	0.264
政治效能感	−0.269**	0.137	−0.400***	0.142	−0.375***	0.141
公民意识	0.415**	0.182	0.360**	0.180	0.314*	0.179
政府信任			0.316**	0.134	0.259**	0.134
信息公开			0.067	0.167	0.073	0.166
结果应用			0.177	0.140	0.159	0.140
社会资本					0.513**	0.239
邻里守望					0.314**	0.156
社会平等					−0.175	0.159
样本量	667		667		667	
Prob>F	0.000 0		0.000 0		0.000 0	
R^2	0.222 4		0.255 5		0.286 3	
Adj R^2	0.204 0		0.230 1		0.254 3	

资料来源：笔者自制。

注：双边检验，“*”表示显著性 $P<0.1$，“**”表示显著性 $P<0.05$，“***”表示显著性 $P<0.01$，“****”表示显著性 $P<0.001$。另外，关于分类型自变量的说明：男性的参照对象是女性；中共党员的参照对象是非中共党员，非中共党员中包括民主党派、群众两类；“上过大学”的参照对象是“没有上过大学”。

① 有关表中分类型自变量的说明：男性的参照对象是女性；中共党员的参照对象是非中共党员，非中共党员中包括民主党派、群众两类；上过大学的参照对象是没有上过大学。

（一）个体层面的因素对参与能动性的影响

表 5－5 的结果显示，个体层面的公民意识、参与认知和政治效能感等，对参与能动性的影响始终显著。其中参与认知是参与能动性最强势的影响因素，其次是公民意识。

就参与认知对参与能动性的影响来看，3 个模型的回归结果均表明，在所有的自变量中，参与认知对参与能动性的影响力最为强劲。模型 3 中参与认知的回归系数为 1.244，意味着在同等其他条件下参与认知每增加 1 分，则参与能动性会增加 1.244 分，即参与认知对参与能动性有显著的正向影响。因为实践中公民评价是否主动，可能要取决于公民对活动本身的认知，即公民对相关知识的了解越多、活动意义的把握越好、个人态度越积极，则公民参与活动的积极性会越高，参与的能动性也会越高。可见，参与认知水平越高，则参与能动性越强。研究假设 H1 得以验证。

就政治效能感对参与能动性的影响来看，3 个模型均表明政治效能感对参与能动性有显著的负向影响。模型 3 中政治效能感的系数为－0.375，则意味着在同等其他条件下政治效能感每增加 1 分，其参与能动性会减少 0.375 分，即政治效能感越强，则公民参与能动性越低。一般认为，政治效能感越强，其对国家及其制度安排的认同感会越强，相应参与积极性也会越高。但是，表 5－5 结果与假设的影响方向相反。究其原因，可能是因为个体感受的政治影响力越强，则参与期望越高，而实践中公民参与的规范和制度并不尽如人意，加之公民评价的负面现象频出，使得高期望者更容易失落，进而参与能动性反而更低。可见，研究假设 H2 只得到部分验证。

就公民意识对参与能动性的影响来看，模型 3 中公民意识的回归系数为 0.314，这意味着在同等其他条件下公民意识得分每增加 1 分，则公民参与能动性会随之增加 0.314 分。即公民的权利义务意识越强，则公民身份意识也会越强，于是其参与能动性会越高。可见，公民意识越强则公民参与的能动性越强，研究假设 H3 得以验证。

（二）政府层面的因素对参与能动性的影响

就政府信任对参与能动性的影响而言，表 5－5 的结果显示，政府信任对参与能动性有稳定的显著性正影响，即公民对政府的信任度越高，则参与能动性越强。模型3中其回归系数为0.259，意味着公民对政府的信任度每增加1分，则在同等其他条件下参与能动性的得分会增加0.259分。公民对政府的信任度受“收入分配、政治腐败、贫富差距、民生保障”等综合因素影响，随着服务型政府的推进，民生事业建设步伐不断加快，加之近年来党内反腐败力度加大，群众也更亲近和信赖政府，进而参与能动性也会越高。所以，公民对政府的信任度越高，则公民参与的能动性越强。研究假设H4得以验证。

信息公开对参与能动性没有显著影响。表5-5的嵌套回归结果显示，信息公开对参与能动性始终没有显著影响。这或许是因为实践中部分基层政府的信息公开避重就轻，群众对政府关心的一些信息公开话题基本持消极态度。同时，在传统政治文化的影响下，公民习惯于依赖政府，被动接受服务，其主动采集信息和利用信息的能力相对较弱，进而信息公开对公民参与的内在驱动影响不大，于是信息公开也不会对参与的能动性带来显著性影响。可见，研究假设H5没有得到验证。

结果应用对参与能动性没有显著影响。结果应用是政府对公民评价结果的回应，体现了政府官员对公民评价实践的实际态度，有助于激发公民参与的热情和能动性，但表5-5的分析结果却显示两者没有显著相关性。或许这是因为近年来政府对结果应用环节不够重视，评价的惩戒性不明显，形式主义严重，以致公民对结果应用没有期盼。于是，参与能动性也不会直接来自政府对结果的应用本身。所以，结果应用对参与能动性的影响不显著，研究假设H6没有得到验证。

（三）社会层面的因素对参与能动性的影响

就社会资本对参与能动性的影响来看，模型3的结果显示，社会资本对参与能动性有显著正影响。其回归系数为0.513，意味着社会信任每增加1分，则在同等其他条件下参与能动性的得分会增加0.513分。即个体参与公共事务越频繁、社会信任度越高、社会关系网越发达，则社会资本会越高，进而公民参与公共服务绩效评价的能动性越强。事实上，在经济发达的N市，社会建设的步伐较快，公民社会的发展趋势明显，而社会资本也相对活跃，所以公民参与能动性受社会资本影响就不言而喻。研究假设 H7 得以验证。

就邻里守望对参与能动性的影响来看，模型 3 的结果显示，邻里守望对参与能动性有显著影响。邻里守望的回归系数为 0.314，意味着邻里守望值每增加 1 分，则在同等其他条件下公民参与能动性的得分会增加 0.314 分，即邻里守望值越高则公民参与能动性越强。受益于近年来城市社区建设的成就，在 N 市的很多成熟社区中邻里之间相互帮助、友好往来，加之单位制的逐渐解体，社区内部的"熟人"模式深受居民认同。和谐的社区文化使公民乐于参与公共事务，于是公民评价公共服务绩效的积极性也会更高。研究假设 H8 得以验证。

社会平等对参与能动性没有显著影响。一方面，因为 N 市作为经济发达地区，社会公平度相对较高，无论是在经济市场还是政治领域，人们更多强调真实本领，"能者上"是 N 市经济社会发展的主导原则。另一方面，因为本次受访者是居住 5 年以上的户籍居民，而户籍人口是公共福利的最大受益者，其对社会平等问题没有更强烈的消极情绪。所以，在受访者群体中，个体感受到的社会平等差异并不明显，进而社会平等对参与能动性的影响也不明显。研究假设 H9 没有得到验证。

同时，通过比较 3 个回归模型的判定系数发现，模型 3 调整后判定系数(0.286 3)最大，即模型 3 最优，同时模型 3 的线性关系显著。为了排除模型的多重共线性，本研究对模型 3 进行了多重共线性检验，检验结果显示，方差膨胀因子均小于 10，即自变量之间不存在多重共线问题(表略)。因此，以上回归结果可靠。

第五节　结论与讨论

一、研究结论

第一，公民参与能动性普遍不高，公民评价的"象征性参与"突出。前文分析结果表明，总体能动性处于"一般"状态，这说明在经济发达的 N 市，公民参与公共服务绩效评价的能动性普遍不高。另外，就能动性要素的情况来看，受访者的反思性相对较高，其次是贡献性，而能动参与不容乐观。参与能动性的“自主性”指标得分最低，说明目前公民参与的自主性不强，公民评议尚处于“象征性参与”阶段。在公共服务绩效评价实践中，公民的发言权和影响力非常有限，他们始终处于信息的被动接受地位，难以达成自觉的参与态势。

第二，公民参与能动性受个体、政府、社会等多方面因素影响，其中个体因素的影响力最强劲。即个体层面的公民意识、参与认知、政治效能感等对参与能动性均有显著性影响，其中参与认知是参与能动性最强劲的影响因素。这与张①、布雷迪(Brady)②、穆勒(Moeller)③、珀西④等研究者的观点相符。关于政治效能感对参与能动性的负向影响，可能是因为群众过高的参与期望，一旦现实与之不符，便使参与能动性逆向行进。政府层面的影响因素主要是政府信任，而信息公开和结果应用对参与能动性没有显著影响。另外，在社会层面，社会资本、邻里守望对参与能动性有显著影响，社会平等的影响不显著。相对于个体层面和社会层面，政府层面的影响因素对参与能动性的影响较小，或许这与 N 市相对快速的社会发展以及前期参与式绩效评价的形式化有关。可见，在公共服务绩效评价的实践中，提高公民参与的能动性需重点关注个体层面和社会层面的因素，同时，必须尽快完善公共服务绩效评价体系，加强政府对公民参与的有序引导和实质性推进。

二、讨论：公民评价的主体模式建构

研究结果表明，个体因素是影响公民参与能动性的最强劲因素，参与式绩效评价必须摒弃传统的政府本位模式，构建公民评价的主体模式。公民参与公共

① Zhang Y L, Liu X S, “Issue-specific Knowledge and Willingness to Coproduce: The Case of Public Security Services”, *Public Management Review* 22, no.10(2020): 1464 - 1488.

② Brady H E, Verba S, Schlozman K L, “Beyond SES: A Resource Model of Political Participation”, *American Political Science Review* 89, no.2(1995): 271 - 294.

③ Moeller J, de Vreese C, “Spiral of Political Learning: The Reciprocal Relationship of News Media Use and Political Knowledge Among Adolescents”, *Communication Research* 46, no.8(2015) 1078 - 1094.

④ Percy S L, “In Defense of Citizen Evaluations as Performance Measures”, *Urban Affairs Review* 22, no.1(1986): 66 - 83.

服务绩效评价的传统模式，在一定时期或许是创新之举，但随着新一代信息技术的发展，我国服务型政府建设的纵深推进，新时代地方政府亟须建构激发公民参与能动性的评价模式（见图 5－1），以提升公民参与的能动性。公民参与的主体模式，是立足"知性"公民及其实际需求的公共服务绩效评价模式。该模式首先从公民需求的真实表达出发，将公民的服务需求传递给地方领导；然后地方领导根据这些需求信息产生评价动议并作出决策；评价机构再根据决策信息开展公民评价活动，并将评价结果反馈给政府部门；最后，政府部门根据公民评价结果对公民需求做出回应。值得注意的是，在公民参与公共服务绩效评价的主体模式中，公民除了可以向地方领导反映需求信息外，也可以主动向评价机构提供信息；同时，地方领导也不再局限于决策活动，更重要的是如何进行政府改革，以最终推进服务绩效乃至政府服务的改善。该模式与传统政府本位模式的最大区别在于，公民主体地位凸显，各部门之间存在更多互动，公民参与的能动性被激活，使基于供需对接的公共服务质量提升成为可能。

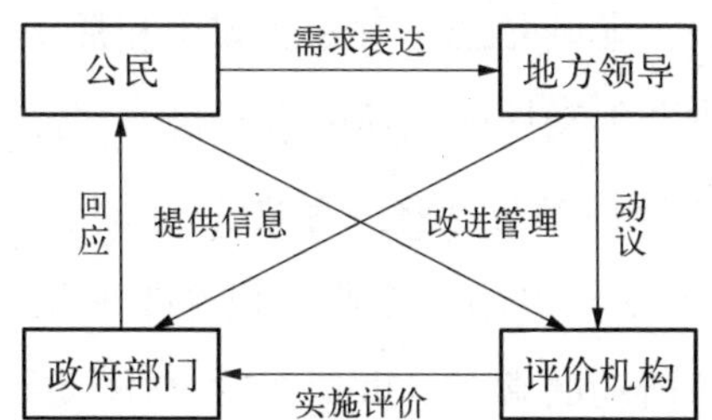

图 5－1　公民参与公共服务绩效评价的主体模式

如何实现公民参与公共服务绩效评价的主体模式？结合研究结论，本研究提出了如下实践启示：

（一）培育积极的公民身份意识

公民身份是指公民对自身权利义务和公共精神的感受能力，它"不仅是一种身份地位，更是一种实践活动，不仅是一种权利，更是一种责任"①。公民身份意识，强调公民作为一种身份或角色，在"权利与义务""地位与责任"之间的平衡意

① 李图强：《现代公共行政中的公民参与》，经济管理出版社，2004，第 114 页。

识和感知力。公民身份是公民有效且能动参与的逻辑起点，也是法治国家的基础。“积极的公民身份”是公民参与的原动力，其意味着公民积极投身于公共事务的思考和设计，影响公共部门的决策制定，满腔热情地考虑公共利益。培育积极的公民身份意识就是培育公民能动参与的意识。如何培育积极的公民身份意识？一是积极打造公共活动空间，开展多种形式的公共活动，加强公民对自身权利和义务的理论认知，以形塑公民的公共责任，提升公民素质。二是加强社区基层组织对公民权利和公民义务认知的建构，通过引导公民积极参与社区事务，开展政治文化的宣传，提升公民的政治认同感。总之，只有在公民主体意识得以提升的前提下，公民才会自觉付诸行动，如主动了解公共服务绩效、争取机会表达自己的服务需求和服务感知，进而为参与能动性打基础。此乃公民参与能动性提升的“内核”之维。

（二）加强公民参与的能力建设

参与能力是制约公民参与能动性的重要因素。培育能动的公民参与，需加强公民参与的能力建设。尤其是公民对专业知识和活动意义的理性认知能力，因为参与认知是影响参与能动性的强劲因素。目前，各地开展的“群众评政府”活动大多流于形式，“象征性参与”盛行，有效的公民参与比较欠缺。其中，可能的原因是，大多数公民对活动的相关专业知识并不熟悉，“无知”的被动式参与（或应付）成为此类评价活动的常态。事实上，参与能动性要求行动者是具有反思性、认知理性和实践意识的“知识人”[①]，对评价活动无所认知的个体难以体现主体性，也无法进入能动参与状态。可见，在个体层面，参与者认知水平的提高至关重要。对此，政府应积极引导公民参与，提升公民参与能力。一是进行评价活动相关专业知识的培训，让公民掌握评价所需知识，了解评价活动的价值和意义所在，以提高参与能力。二是加强学习型社区建设，引导公民终身学习、主动学习、全面学习，促使公民逐渐成长为自觉自主的理性“知识人”。三是完善公民参与的网络平台，节约公民参与成本，促进公民在繁忙的工作和生活之余积极参与公共活动。

① Gewirth A,“*Reason and Morality*”, University of Chicago Press, 1980, pp.20 - 212.

（三）重视政府对公民评价的支持

研究结果表明，政治效能感显著影响公民参与的能动性，个体对自我参与的影响效力评价越高，则其参与公共活动的能动性也会越强[①]。政治效能感是衡量政民关系的重要心理标尺，在本研究中它是公民对自身行为影响绩效评价过程的信心。就公民评价公共服务绩效的实践来看，个体的政治效能感，在一定程度上受政府对公民参与的支持和态度影响，因为决定公民参与成败的关键在于政府（尤其是主要官员）是否愿意与公民互动[②]。如果公民对自己参与能力有信心，且政府部门能够积极倾听群众意见，那么公民参与公共服务绩效评价的积极性会更高。因此，提升公民参与能动性，还需政府积极引导和支持。政府如何通过积极的政民互动提升公民参与的能动性？除了评价中激发公民参与热情和提振公民参与信心，还有一个很重要的环节，即将公民参与真正引入公共服务绩效的评价决策中。公共服务绩效评价是一项系统工程，涉及评价决策、评价主体、评价对象、评价内容、评价过程、评价方法等方面。评价决策作为评价活动的前期环节尤为关键，因为它将主导评价什么、谁来评价、评价谁等重要问题。各地公民评价的实践表明，公民参与内容单一，前期绩效目标设定中缺乏对公民意见的征询，且后期缺乏绩效反馈和承诺，这样势必导致公民参与不积极，甚至拒绝参与[③]。在公共服务绩效评价的前期环节引入公民参与，如动议产生前针对评价内容和对象，搜集公民舆论和需求偏好，在决策过程中引入公民意见，让公民与评价活动的发起者之间有充分的对话和讨论，等等，这些对公民参与主体模式建构和参与能动性提升至关重要。评价决策的共商共享，将有助于保障公民的参与机会，提升公民参与的自发性和主体性。

（四）构筑公民需求表达的话语空间

在公民评价公共服务绩效的实践中，公民需求的充分表达尤为重要。公民

---

① Hoffman L H，Jones P E，Young D G，"Does my Comment Count? Perceptions of Political Participation in an Online Environment"，*Computers in Human Behavior* 29，no.6(2013)：2248 - 2256.

② Migchelbrink K，Van de Walle S，"When Will Public Officials Listen? A Vignette Experiment on the Effects of Input Legitimacy on Public Officials' Willingness to Use Public Participation"，*Public Administration Review* 80，no.2(2020)：271 - 280.

③ 马亮、杨媛：《公众参与如何影响公众满意度——面向中国地级市政府绩效评估的实证研究》，《行政论坛》2019 年第 2 期。

参与公共服务绩效评价的能动性，不仅受制于公民的身份意识、参与能力和官员支持，还取决于公民对自身的利益考量，其最直接的体现就是公民需求能否得到充分表达乃至满足。公民需求得以真实而充分表达，是公民评价活动得以推进的原动力。在公民参与的主体模式中，需求的真实表达是公民有效参与公共服务绩效评价的基点，需求表达的平台和空间构筑尤为关键。需求表达应该是多渠道的，它可以是政府部门、评价机构、地方领导，以及外部媒体等多角度的空间建构，这样将有助于获取更多有效的需求信息。其中，内部平台空间尚需政府自身的改革勇气来支撑，落到实处效果甚佳；而外部空间是常规的网络媒体，这主要依赖于媒体的公正和公民的理性自觉。总之，内外话语空间的构筑，对公民需求的有效表达及参与能动性的激发不可或缺。

（五）完善基于情感联结的社会志愿机制

志愿机制的社会基础是社会共同体，社会共同体的核心是共同情感，基于情感联结建构社会志愿机制是动员公民参与、增进社会融合的必然要求。有关研究表明，公民参与的积极性在很大程度上受“社会关系”的影响，社会信任、互惠规范和参与网络等越发达，则公民参与公共事务的热情和主动性会越高。本研究发现，社会资本、邻里守望对公民参与能动性有显著影响，公民参与能动性的社会因素需引起重视。这与以往研究强调政府和个体层面的影响因素有别。在我国，迈向公共服务绩效评价积极的公民参与，尚需建立健全社区支持、邻里互助、自主结社等社会志愿机制。这样，基于情感联结的社会团结、情感分享、自愿合作的能量也将得以彰显，进而推动公民社会的健康成长。为此，我国需进一步理顺政府与社会的关系，完善社会志愿机制。具体而言，在市场活力得以释放、利益格局不断完善的基础上，国家应重视公民参与的体制机制建设，加强相关政策支持，推进公民参与的法治化，减少政府在公共领域和社会领域内的“不必要作为”，充分调动社会自治力量，促使公民积极承担社会事务，强化公民参与公共事务的主体性地位。此乃公民参与能动性提升的“结构”之维。

第六章
公共服务绩效评价中公民参与的效度

第一节 研究背景

公民参与公共服务绩效评价是否有效，是关系民主行政纵深推进的重要问题。公民评价又称外部评价，是指基于服务质量感知而进行的定性化考评。它是相对于内部测量[①]而言的，主观性、整体性、定性化是其基本特征。伴随民主行政理念的日渐深入，公民对公共行政的参与意识日益增强，在公民本位理念的支撑下，公共服务绩效评价的关注重心将从繁文缛节、内部控制转向结果导向、外部责任，公民广泛而有效的参与也备受关注。事实上，实务界推行公民评价政府绩效的背后有一个基本的理论预设，即公民能够准确感知实际的服务质量，公民评价结果与实际的服务质量之间具有一致性[①]。然而，在相关研究中，学者们基本上没有对此理论预设产生过任何怀疑，该预设似乎成了一个无须去验证的"真理"。随着公民评价活动的日渐增多，公民评价结果对公共部门的影响越来越大。自 2004 年以来，各地政府的公民满意度一路攀升，人们便开始了对公民评价活动的反思，即公民评价结果是否准确，公民评价与公共服务的实际质量相符吗？这是开展相关研究特需解释的首要问题，也是推进公民参与公共服务绩效评价实践需要回答的基本问题。

---

① 倪星、李佳源：《政府绩效的公众主观评价模式：有效，抑或无效——关于公众主观评价效度争议的述评》，《中国人民大学学报》2010 年第 4 期。

所谓“效度”是指测量的准确性，它“意味着真实性，即一个有关概念现实与真的现实之间的‘合适’程度”。公民参与公共服务绩效评价的效度，是指公民评价结果反映实际服务质量的准确程度，其强调公民评价结果与实际服务质量之间的关联度，即公民评价在多大程度上是基于实际服务质量（实际业绩）做出的。关于公民评价的效度研究，国外探讨已有时日，斯蒂帕克和帕克斯的研究分别代表了两种不同的意见，其后的研究也便围绕这两种意见展开，对于此话题的争议究竟孰是孰非，至今尚无定论。在国内，该话题尚未引起学界的高度关注，所以，弥补国内相关研究的任务尤显紧迫。为此，本研究拟借助公民最容易接近的公共服务——基层警察服务，采用Z市问卷调查和机构记录的实证数据，从宏观层面对公民评价的效度进行检验，即回答和解释以下问题：公民评价结果是否基于实际业绩做出？以尝试进行中国语境的理论对话，为“政府与公民的良性互动”奠定基础，也为科层制行政与民主制行政的张力做出实证性回应。

第二节　理论与假设

对公民评价的效度探讨，最初来自坎贝尔等对美国15个城市的调研启发，即在同一城市的同一类服务中，不同种族的城市居民对公共服务质量的满意度存在差异[①]。福勒(Fowler)也得出了类似的结论，即除了服务性因素之外，公民评价可能还受到种族、收入等非服务性因素的影响[②]，例如，在特定辖区，黑人对公共服务的满意度总是低于白种人的评价。这为后来公民评价的效度研究提供了非常重要的启发。随后，奥斯特罗姆针对实务界对公民评价的不重视或怀疑指出，公民评价与实际服务质量之间的偏差并不是因为公民评价本身不可靠，而是因为评价模式的单一性和评价内容的非具体性等所致[③]。事实上，对公民评

① Campbell A, Schuuman H, “*Racial Attitudes in Fifteen American Cities: Report for the National Advisory on Civil Disorders* ”, MI: Institute for Social Research, 1968.

② Fowler F, “*Citizen Attitudes Toward Local Government*”, Cambridge: Ballinger, 1974, pp.2 - 156.

③ Ostrom E, “Multi-Mode Measures: from Potholes to Police”, *Public Productivity Review* 1, no.3 (1976): 51 - 58.

价的正式质疑首先来自斯蒂帕克，其研究引起了学界对此问题的激烈争论，时至今日尚未完结。就现有文献来看，对公民评价效度的正式争论存在两种不同的观点：以斯蒂帕克为首的质疑方认为，公民评价并不准确，因为公民对公共服务的质量感知并非完全基于服务的实际质量做出，非服务性因素对公民评价的影响更明显；以帕克斯和珀西为代表的一批学者回应质疑认为，公民评价是基于服务质量的真实感知做出的，公民具有辨别服务水平的能力，公民评价值得信赖。

就质疑方的研究来看，斯蒂帕克直接将公民评价结果与实际业绩指标进行多元线性回归分析，结果发现，实际业绩并没有对公民评价产生显著影响，其解释认为，公民评价一般不会受实际服务质量影响，除非服务质量特别好或是特别差的时候这种影响才会显现出来，服务质量的提高未必会带来公民评价变好，二者之间的单向递增通常是不存在的①。斯蒂帕克的贡献并不在于提出解决问题的办法，而是以实证方式首次提出了对公民评价的疑问，并引发了人们对公民评价效度的反思。在此，非服务性因素即指影响公民评价的个体特征、情境因素和经历因素。其中，个体特征有性别、年龄、受教育程度、收入水平等②③④，情境因素是直接影响公民感知的客观环境因素，如警力、特行间数、辖区经济水平等，经历因素包括服务接触、互动关系等⑤⑥⑦⑧，结合警务绩效评价来看，户籍和警民

---

① Stipak B, "Citizen Satisfaction with Urban Services: Potential Misuse as a Performance Indicator", *Public Administration Review* 39, no.1(1979): 46 - 52.

② Kusow A M, Wilson L C, Martin D E, "Determinants of Citizen Satisfaction with the Police", *Policing: an International Journal of Police Strategies and Management* 20, no.4(1997): 655 - 664.

③ Brown T, "Coercion versus Choice: Citizen Evaluations of Public Service Quality Across Methods of Consumption", *Public Administration Review* 67, no.3(2007): 559 - 572.

④ Bridenball B, Jesilow P, "What Matters: the Formation of Attitudes Toward the Police", *Police Quarterly* 11, no.2(2008): 151 - 181.

⑤ Brown T, "Coercion versus Choice: Citizen Evaluations of Public Service Quality Across Methods of Consumption", *Public Administration Review* 67, no.3(2007): 559 - 572.

⑥ Bridenball B, Jesilow P, "What Matters: the Formation of Attitudes Toward the Police", *Police Quarterly* 11, no.2(2008): 151 - 181.

⑦ Bouckaert G, Van D, "Comparing Measures of Citizen Trust and User Satisfaction as Indicators of 'Good Governance': Difficulties in Linking Trust and Satisfaction Indicators", *International Review of Administrative Sciences* 69, no.3(2003): 329 - 343.

⑧ Sims B, Hooper M, Peterson S A, "Determinants of Citizens' Attitudes Toward Police: Results of the Harrisburg Citizen Survey - 1999", *Policing: An International Journal of Police Strategies and Management* 25, no.3(2002): 457 - 471.

关系等都可能影响公民评价。随后,布朗和库尔特在个体层面上采用多元回归分析,也得出了与斯蒂帕克类似的结论,即公民评价并非基于公共服务的实际质量做出[①]。该研究仍然没有脱离斯蒂帕克的模式,且某些变量(如期望)的操作化也显得有些牵强,这使其研究结论的有效性大打折扣。不过,该研究引入期望变量和公民对具体服务内容的评价,以及从个体层面分析问题等做法,为后来的相关研究提供了很好的借鉴。同时,一些非实证研究也对公民评价提出了怀疑,如布卡莱特(Bouckaert)等以非实证的方式提出,较好的服务质量并不意味着更高的公民满意度,公民满意度局限于给定的具体事项,将其汇总后的数据可能会失去应有的意义,而且满意度在很大程度上容易受到“公众情绪”的影响[②],所以应用公民满意度的汇总数据仍需谨慎。另外,国内学者对公民评价也产生过怀疑。相关研究认为,公民的评价能力主要取决于个体的认知水平[③],任何绩效评价本身都带有很强的主观性[④],且评价形式五花八门,技术方法很不可靠[⑤],所以公民评价的效度受到怀疑在所难免。同时,公民参与公共服务绩效评价存在内外功能冲突,基于内部效能优化的实际业绩与外部公民的效能感受很难取得一致[⑥]。总之,国内相关研究基本上是思辨层面的非实证研究,研究者质疑公民评价可能存在效度问题,但是缺乏实证数据支撑。

就回应质疑的相关研究来看,帕克斯认为斯蒂帕克之所以得出公民评价不可靠的结论,是因为公民评价与实际业绩指标在概念上有别,实际业绩指标主要针对投入性事项,公民评价指标主要针对投入人财物之后产生的效果,它属于结果性指标。将二者进行回归分析可能导致弱相关性,其通过路径分析发现,投入

---

① Brown K, Coulter P B, “Subjective and Objective Measures of Police Service Delivery”, *Public Administration Review* 43, no.1(1983): 50 - 58.

② Bouckaert G, Van D, “Comparing Measures of Citizen Trust and User Satisfaction as Indicators of ‘Good Governance’: Difficulties in Linking Trust and Satisfaction Indicators”, *International Review of Administrative Sciences* 69, no.3(2003): 329 - 343.

③ 吴建南、阎波:《谁是“最佳”的价值判断者:区县政府绩效评价机制的利益相关主体分析》,《管理评论》2006 年第 4 期。

④ 吴建南、岳妮:《利益相关性是否影响评价结果客观性:基于模拟实验的绩效评价主体选择研究》,《管理评论》2007 年第 3 期。

⑤ 邓国胜、李一凌:《公众网上评议政府:有效性及改进策略》,《统计与决策》2006 年第 20 期。

⑥ 王锡锌:《对“参与式”政府绩效评估制度的评估》,《行政法学研究》2007 年第 1 期。

性指标借助中间变量对结果性指标有显著影响[1]。帕克斯的最大贡献在于引入中间变量对公民评价的效度进行辩护。其后，珀西认为斯蒂帕克的研究可能遗漏了两个关键变量，即公民感知和公民期望，其通过问题的层层递进发现，公民评价与实际业绩之间存在一致性[2]。与前人相比，珀西在研究方法上并无特别之处，其最大的进步在于：问题设计严密，层层递进，并从公民感知入手回应问题，这为本研究提供了重要的分析思路。斯温德尔(Swindell)和凯利(Kelly)直接将公民评价结果与实际业绩指标进行相关分析发现，除了少部分指标之间没有显著相关性外，大多数还是存在显著相关性的[3][4]。该研究最大的优势在于跨地区跨领域进行了多维指标的比较，但其仅仅采用简单相关分析得出的结论不太具有说服力。而利卡里则采用标准化视觉评价代替"实际业绩"，结果发现，公民评价与实际业绩之间存在一致性[5]，虽然其研究视角新颖，但其应用范围很受限，因为不是所有的公共服务都能进行标准化视觉测量。可见，公民评价方式需要与其评价内容匹配，选择评价对象必须考虑实际的条件和能力。近年来，也有研究倾向于探讨更微观的公共服务。沙博诺(Charbonneau)和范里津(Van Ryzin)针对纽约市公立学校的绩效评价，将学校业绩测量结果与家长满意度进行回归分析，发现家长满意度与学校的实际业绩之间具有显著相关性，公民参与学校服务绩效评价是有效的[6]。显然，该研究在有效样本的获取和公民评价结果的客观性方面都具有一定的优势，但是研究结论的代表性或可推广性还是受限的。另外，国内学者严洁针对公民评价的可靠性开展了

---

① Parks R, "Linking Objective and Subjective Measures of Performance", *Public Administration Review* 44, no.2(1984): 118 - 127.

② Percy S L, "In defense of citizen evaluations as performance measures", *Urban Affairs Review* 22, no.1(1986): 66 - 83.

③ Swindell D, Kelly J, "Linking Citizen Satisfaction Data to Performance Measures: A Preliminary Evaluation", *Public Performance and Management Review* 24, no.1(2000): 30 - 52.

④ Kelly J, Swindell D, "A Multiple-Indicator Approach to Municipal Service Evaluation: Correlating Performance Measurement and Citizen Satisfaction Across Jurisdictions", *Public Administration Review* 62, no.5(2002): 610 - 621.

⑤ Licari M, Melean W, Tom W, "The Condition of Community Streets and Parks: A Comparison of Resident and Nonresident", *Public Administration Review* 65, no.3(2005): 360 - 368.

⑥ Charbonneau E, Ryzin G V, "Performance Measures and Parental Satisfaction With New York City Schools", *The American Review of Public Administration* 42, no.1(2011): 54 - 65.

实证研究，其分析发现公民能够从宏观层面对公共服务绩效进行评价，大多数公民能够识别公共服务的内容及存在的问题[①]。但该研究操作化比较粗糙，且研究对象缺乏典型性，研究结果带有较强的主观性。尽管如此，其毕竟在国内首次以实证方式对公民评价的可靠性进行了研究，这也为相关问题的探讨提供了思路。

由以上分析可知，斯蒂帕克关于"公民评价并非基于实际服务质量做出"的结论引起了诸多学者质疑，因为其直接将"公民满意度"这个聚合性变量与实际业绩指标进行回归分析，没有引入基于服务体验的公民感知，且斯蒂帕克本人也指出了"公民满意度"指标存在模糊性问题。在"顾客满意度理论"看来，满意度的形成来自其个人体验服务后的质量感知与期望的比较，所以探讨公民满意度与实际业绩之间的关系，首先需要回答公民感知与实际业绩的关系。帕克斯在批判斯蒂帕克的研究结论时指出，服务投入要作用于公民感知需要借助"中介性指标"，即公民首先通过对服务质量的真实感知形成一种知觉印象，然后在知觉印象的基础上形成满意度评价。其研究结果发现，借助"公民感知"后实际业绩会显著影响公民评价，即公民感知是基于实际服务质量做出的。事实上，无论公民感知是否受服务之外的因素影响，实际服务业绩对公民知觉皆有不同程度的影响，服务质量越好则公民感知相应越好。基于此，本研究认为公民感知是基于实际业绩做出的，公民感知到的服务状况与内部测量结果之间具有显著相关性，即研究假设 H1：实际业绩指标显著影响公民感知（公民感知是基于实际业绩做出的）。

在顾客满意度指数（ACSI）模型中，顾客满意度处于变量因果链的中间，感知质量和感知价值都是满意度的原因变量，而顾客抱怨和顾客信任则是受满意度影响的结果变量[②]，这说明公民通过感知质量进而形成自己的服务受益性判断。不管是感知质量还是感知价值都会对总体满意度产生直接的影响，公民感

① 严洁：《公民评价政府绩效的抽样调查设计与可靠性分析——以北京市为例》，《四川大学学报（哲学社会科学版）》2010 年第 1 期。

② Fornell C, Michael D, Johnson E, "The American Customer Satisfaction Index: Nature, Purpose, and Findings", *The Journal of Marketing* 60, no.1(1996): 7 - 18.

知的质量越好则满意度会越高,公民感知的价值(个体效益)越高则满意度也会越高[①②③]。而国内关于公民满意度的影响因素研究,基本上也是在此基础之上展开的,且研究结论类似,即公民感知显著影响公民评价结果[④⑤]。所以,本研究认为公民满意度是基于公民感知到的具体服务状况做出的,二者之间具有显著相关性,即研究假设 H2:公民感知显著影响公民满意度(公民满意度是基于公民感知做出的)。

总之,本研究试图采取以下策略对研究假设进行检验:第一,以公民最接近的公共服务为切入点,选择最贴切、操作比较容易的变量探讨公民评价的效度;第二,借助公民感知探讨公民评价与实际业绩的关系,避免直接将二者进行回归分析;第三,引入个体层面、情境层面和经历层面的控制变量,最小化潜在干扰变量的影响,力图对研究问题做出更全面、更客观的回应。可见,本研究的创新之处在于:以基层警务为研究对象,保证样本获取的可靠性;在公民评价的回归模型中,同时纳入个体层面和经历层面的控制变量,有助于更好地检验公民参与的效度。

第三节　变量、数据与方法

一、变量的测量

公民满意度是指公民对公共服务质量的感知与其期望值相比后,形成的一种整体性的好恶感觉程度,它是公民评价的结果形式,其表现为公民对辖区民警工作

① Sime B, Hooper M, Peterson S, "Determinants of Citizens' Attitudes Toward Police: Results of the Harrisburg Citizen Survey-1999", *Policing: An International Journal of Police Strategies and Management* 25, no.3(2002): 457 - 471.

② Ryzin G, Muzzion D, Immerwahr S, "Drivers and Consequence of Citizen Satisfaction: An Application of the American Customer Satisfaction Index Model to New York City", *Public Administration Review* 64, no.3(2004): 331 - 341.

③ Roch C H, Poister T H, "Citizens, Accountability, and Service Satisfaction: The Influence of Expectations", *Urban Affairs Review* 41, no.3(2006): 292 - 308.

④ 刘武、朱晓楠:《地方政府行政服务大厅顾客满意度指数模型的实证研究》,《中国行政管理》2006 年第 12 期。

⑤ 张跃先:《期望不一致、顾客情绪和顾客满意的关系研究述评》,《管理评论》2010 年第 4 期。

的总体满意度分值。公民感知是指公民对具体服务质量的知觉，其表现为公民在实际体验服务后所感受到的服务状况。本研究涉及的公民感知主要包括治安秩序感知、犯罪状况感知和公民安全感等方面。值得注意的是，本研究将通过两个环节来获取公民评价的效度验证，所以公民感知变量既是公民感知模型的因变量也是公民满意度模型的自变量。警察服务的实际业绩将通过内部测量指标来衡量，其主要包括警情数、刑事案件破案数、逮捕数、治安查处人数、治安拘留数、劳教数等6个业绩指标。另外，本研究的控制变量来自个体层面（年龄、性别、教育水平、警民关系），实际纳入将根据模型需要而定。变量操作化的具体情况如表6－1所示。

表6－1　变量的操作化情况

变量类型	变量名称	测量问题或指标	答案形式
因变量	公民满意度	请您对辖区民警工作的总体满意度进行评价打分。	分值为1～10
自变量	治安秩序感知	近两年来您认为辖区的治安秩序如何？	差＝1 一般＝2 好＝3
	犯罪状况感知	近两年来您认为辖区的犯罪状况如何？	严重＝1 一般＝2 不严重＝3
	公民安全感	近两年来您感觉辖区安全吗？	不安全＝1 一般＝2 安全＝3
	实际业绩（内部测量指标）：警情数、刑事案件破案数、逮捕数、治安查处人数、治安拘留数、劳教数		110警情中心提供
控制变量	公民期望	与您的期望相比，辖区民警的整体服务状况如何？	比期望差＝1 与期望一致＝2 比期望好＝3
	受教育程度	您是否上过大学？	没上过＝0 上过＝1
	年龄	您的出生年月是______。	直接填答
	性别	您的性别是______。	

续 表

变量类型	变量名称	测量问题或指标	答案形式
控制变量	户籍	您有本地户口吗?	没有=0 有=1
	住房	您在本地有全产权住房吗?	
	受害经历	近两年您遭受过违法犯罪行为(如入室抢劫、暴力抢劫、诈骗、殴打伤害、绑架、敲诈勒索等)侵害吗?	
	警民关系	(1) 民警走访辖区的频率(1=从不,10=经常);(2) 自己积极配合民警维护社区安全(1=从不,10=经常);(3) 民警与居民的亲密程度(1=疏远,10=亲密)。	分值为1~10(三项得分的均值即警民关系得分)
	警力、特行间数		110警情中心提供

资料来源:笔者自制。

二、数据与方法

本研究选择与公民比较贴近的基层警察服务作为研究对象,一方面,基层警察服务的基本职能是保障公共安全,而公共安全服务在所有的公共服务中影响面较大,它与每个人的工作和生活息息相关,普通群众对该类服务不会觉得抽象或陌生,所以,受访者更愿意也有能力参与到本研究的调研中来。另一方面,公共安全服务具有很强的"控制性",它有别于一般的"福利性服务",其作为一种"管制性服务"同时具备服务性和控制性,其服务的有效供给可能会面临更多的矛盾和问题需解决,所以研究警察服务更具紧迫性。另外,选择Z市作为研究案例的理由在于:第一,Z市公安局积极开展"群众评议"的实践为我们提供了素材挖掘的平台。自1999年以来,Z市每年一次的"万人评政府"直接引起了Z市各职能部门对"公民评价"的高度重视,尤其是在历年的全市"万人评政府"活动中排名靠后的部门更是关注此问题。Z市公安局在"万人评政府"的活动中基本是排名靠后者,在近三年的排名中都是最后,其缘何排名总是靠后?Z市公安局上上下下对此"成绩"难以接受,因为在他们看来工作的投入和公民的评价的反差实在太大,个中缘由何在?这不仅仅对 Z 市公安民警而且对全国各地公安民警来说都是一个难解之谜。因此,市公安局从 2010 年开始在每年的内部业绩考核中引入"群众安全感和满意度"指标,以最终形成"群众主导警务"的局面。以上事实为本研究挖掘资料提供了较好的实践平台。第二,Z 市公安局对本研究高度重视并且积极配合,这为本研究资料收集的可进入性提供了一个难得的机会,也为后续的追踪调查提供了很好的合作平台。因此,选择"Z 市基层警察服务"作为研究个案具有一定的代表性和可行性。

本书所用数据包括机构记录的业绩指标和问卷调查数据,其取自 Z 市 33 个派出所辖区,其他辖区派出所皆因地方偏僻或客观数据不全而被放弃。业绩指标为 2009 年 Z 市 110 警情中心记录的各派出所业绩,主要包括考核基层派出所业绩的 6 个指标,为了增强数据的可比性以及便于数据分析,这些指标均采用"每万人均值"。另外,本研究于 2011 年 7 月在 Z 市开展了为期两周的正式问卷调查,访谈对象为 33 个派出所辖区 18 周岁以上的居民,包括常住人口和居住 2 年以上的流动人口;专业访谈员共 32 名,主要采取"偶遇抽样和判断抽样",并辅之以配额抽样,访谈对象的获得主要采取"拦截"和"入户"两种方式。发放问卷共 1 500 份,回收问卷 1 479 份,其中有效问卷 1 212 份,有效问卷回收率为 80.8%。

在统计分析上,分析单位是公民个体,主要采用多项式对数偶值模型(Mlogit)和多元回归分析(OLS)等方法,分析软件为 Stata11.0。值得注意的是,由于作为因变量的"治安秩序感知、犯罪状况感知、公民安全感"皆为三分类的定序变量,所以可以采用定序对数偶值模型,但是,如果"平行回归假设不成立"[①]则说明定序对数偶值模型不适当,需要采用多项式对数偶值模型进行分析。鉴于此,本文将直接采用多项式对数偶值模型进行分析。多项式对数偶值模型适合于因变量为多类别且无序次的情况,该模型的基本形式为:

---

① 平行回归假设检验(hypothesis testing),用来检验模型线性关系的前提"多个累积对数偶值与自变量之间的关系一样"是否成立。

$$P(y_i = m \mid x_i) = \frac{e^{x_i \beta_m}}{\sum_{j=1}^{J} e^{x_i \beta_j}}$$

该模型的测量结果意味着在控制其他变量的条件下，自变量1个单位的变化对某一类别(相对参照类)的对数偶值的影响。多项式对数偶值模型的整体质量可以通过以下统计量来判断：一是伪判定系数($Pseudo\ R^2$)，可以检验模型的拟合优度，二是似然比卡方检验($LR\ chi^2$)，可以描述模型好坏。另外，回归系数(B)和偶值比(e^b)等可以用来检验自变量对因变量的影响力，本研究将选择用偶值比来解释自变量的影响力。偶值比(e^b)即发生比率，表示自变量每增加1个单位时，事件($y=1$)的偶值(发生比，指事件发生的概率比)是增加前的多少倍。$e^b>1$ 表示事件发生的可能性会提高，即自变量对因变量有正向影响；$e^b<1$ 表示事件发生的可能性会降低，即自变量对因变量有负向影响；$e^b=1$ 表示自变量对因变量无影响。

三、描述性分析

(一) 变量的基本情况

表6-2的数据显示，在个体特征方面，受访者的男女比例很接近，上过大学(专科及以上学历)的占37.95%，有全产权住房的占37.38%，有本地户口的占64.03%，而平均年龄在32岁，即受访者多为年轻人。在个体经历方面，有过受害经历的占46.12%，警民关系的均值为4.72，说明警察与群众的关系总体上一般。在公民感知方面，如果不考虑“一般”，感觉治安秩序“好”的多于“差”的，感觉犯罪状况“不严重”的多于“严重”的，总体上感觉“安全”的多于“不安全”的，比期望差的略高于比期望好的，与个体期望一致的接近一半。在满意度评价方面，公民对基层派出所工作的总体满意度均值为5.49分，即受访者对基层警察服务工作的满意度评价普遍居中，这与近几年该市“万人评政府”的结果不尽相同。或许这与调查内容和调查对象有关，因为“万人评政府”的评价主体并不完全是基层群众，评价主体和计分办法的差异都有可能得出不一致的结论，可见，在“万人评政府”中对警察服务的“垫底”评价尚需慎用，这将在后文进一步验证。

表 6－2 变量的描述性统计(N=1 212)

分类变量	频数/人	频率/%	分类变量	频数/人	频率/%
受教育程度：			性别：		
上过大学	460	37.95	男	602	49.67
没上过大学	752	62.05	女	610	50.33
住房：			户籍：		
全产权住房	457	37.71	本地户口	776	64.03
非全产权住房	755	62.29	非本地户口	436	35.97
期望：			感知治安秩序：		
比期望差	338	27.89	差	288	23.76
与期望一致	598	49.34	一般	205	16.91
比期望好	276	22.77	好	719	59.32
感知犯罪状况：			公民安全感：		
严重	234	19.31	不安全	170	14.03
一般	497	41.01	一般	562	46.37
不严重	481	39.69	安全	480	39.60
受害经历：					
没有	653	53.88			
有	559	46.12			

连续变量	均值	最小值	最大值
公民满意度	5.49	1.00	10.00
年龄	32.26	18.10	80.80
警民关系	4.72	1.00	10.00

资料来源：笔者自制。

（二）实际业绩的基本情况

本书从 Z 市 110 警情中心获取了 33 个派出所的 6 个关键业绩指标和 2 个关联性情境指标(警力和特行间数)[①]，表 6－3 的数据显示，警情数、治安查处人数的均值相对较大，而劳教数较小，这是因为后者的基数小，且劳教数有逐年递减的趋势。同时，由标准差不难看出各辖区派出所的实际业绩比较分散，说明该

① 特行间数是指每平方千米的特行间数。

市公共安全服务的辖区差异较大，因为人口密集地和港口码头的安全问题和警力分布相对较多，进而其实际业绩指标会相应较大。值得注意的是，在实际分析中我们将这些数据纳入个体层面，使每个样本都有与之对应的实际业绩指标，结果发现，辖区的实际业绩差异仍然存在。

表 6-3　实际业绩的描述性统计(N=33)

变　量	均　值	标准差	最小值	最大值
警情数(起)	963.13	574.27	231.54	3 049.80
刑事案件破案数(起)	44.76	26.63	16.95	144.20
逮捕数(人)	12.51	6.07	2.82	29.00
治安查处人数(人)	133.78	72.29	52.11	357.17
治安拘留数(人)	26.59	17.79	7.43	104.40
劳教数(人)	1.02	0.98	0.00	4.61
警力(人)	7.57	3.38	2.91	19.77
特行间数(间)	5.81	7.89	0.16	34.03

资料来源：笔者自制。

第四节　分析结果与基本发现

一、公民感知与实际业绩

为了检验“公民感知是否基于实际业绩做出”，本研究将分别从“治安秩序感知、犯罪状况感知和公民安全感”三个角度切入，因为警察服务的基本职能是社会控制(打击犯罪)和保障安全(治安防范)，而安全感又是对二者的综合反映。为此，我们将围绕以下问题借助偶值比(e^b)来考察公民感知与实际业绩之间的关系，即公民感知到的辖区治安状况、犯罪状况和安全状况分别与实际业绩是否相关。值得注意的是，表 6－4 纳入了三个不同层面的控制变量。之所以纳入性别、年龄、受教育程度，是因为公民感知可能受个体认知水平影响。一般而言，男性、年龄较大者、高学历者的感知结果会更理性更客观①②③，进而其对社会秩序的感知也会更好更安全；同时，据经验观察，有本地户籍和全产权住房的人也会感觉更安全。另外，有关研究也已证明，情境因素对公民感知有显著影响④。就感知治安秩序、犯罪状况和公共安全而言，警察数、特行间数可能是重要的情境因素，且受害经历对公民感知的直接影响也是显而易见的⑤。另外，在情境层面没有纳入警民关系，是因为公民感知是对客观状况的知觉，不涉及个体情绪上的好恶判断，而警民关系的好坏将直接影响基于情绪的公民评价（公民满意度）而非客观的公民感知。表 6－4 的结果显示，大部分实际业绩指标对治安秩序感知和公民安全感有显著影响，而对犯罪状况感知的影响却有限。

表 6－4　公民感知的多项式对数偶值模型(Mlogit)

因变量：公民感知	模型 1：治安秩序感知		模型 2：犯罪状况感知		模型 3：公民安全感	
	好/一般(e^b)	差/一般(e^b)	不严重/一般(e^b)	严重/一般(e^b)	安全/一般(e^b)	不安全/一般(e^b)
警情数	1.002***	1.001	1.001**	1.000	1.000	0.999
刑事案件破案数	0.969***	1.023	0.979**	1.018	0.968***	1.011
逮捕数	1.189***	0.914	1.059	1.016	1.236***	0.928
治安查处人数	1.000	1.006**	0.999	0.995**	0.997*	1.004*

① Brown T, "Coercion versus Choice: Citizen Evaluations of Public Service Quality Across Methods of Consumption", *Public Administration Review* 67, no.3(2007): 559－572.

② Bridenball B, Jesilow P, "What Matters: the Formation of Attitudes Toward the Police", *Police Quarterly* 11, no.2(2008): 151－181.

③ 王庆锋：《试论警察绩效示标的基本内涵和相互联系》,《中国人民公安大学学报》2004 年第 5 期。

④ Parks R, "Linking Objective and Subjective Measures of Performance", *Public Administration Review* 44, no.2(1984): 118－127.

⑤ Kusow A M, Wilson L C, Martin D E, "Determinants of Citizen Satisfaction with the Police", *Policing: an International Journal of Police Strategies and Management* 20, no.4(1997): 655－664.

续 表

因变量：公民感知	模型 1：治安秩序感知		模型 2：犯罪状况感知		模型 3：公民安全感	
	好/一般(e^b)	差/一般(e^b)	不严重/一般(e^b)	严重/一般(e^b)	安全/一般(e^b)	不安全/一般(e^b)
治安拘留数	0.960***	1.003	0.987	0.995	0.965***	0.998
劳教数	0.756*	0.850	0.647***	0.906	0.734**	1.204
警力	0.960	0.846***	1.133***	0.874**	1.136***	1.015
特行间数	1.052**	0.941**	1.019	0.995	1.086***	1.008
受害经历	0.848	1.615**	0.809	2.659***	0.802*	2.137***
上过大学	1.009	0.727	1.170	0.974	1.518***	1.017
年龄	0.992	1.007	1.010	1.001	1.017**	1.009
性别	1.105	1.305	0.847	1.132	0.623***	1.011
本地户口	0.728	0.962	0.977	0.995	0.913	1.011
全产权住房	0.946	0.759	0.977	0.845	1.084	0.962
样本量	1 212		1 212		1 212	
Log likelihood	−1 066.981		−1 202.647		−1 137.883	
LR chi^2	173.24***		139.56***		145.09***	
Pseudo R^2	0.075 1		0.054 8		0.059 9	

资料来源：笔者自制。

注：双边检验，"*"表示显著性 $P<0.1$，"**"表示显著性 $P<0.05$，"***"表示显著性 $P<0.01$。三个模型的因变量均以"一般"为参照对象，性别的参照对象是"男"。

就模型 1 的结果来看，6 个业绩指标整体上对治安秩序感知均有显著影响，即在感觉治安秩序"好"与"一般"相比较的情况下，除了治安查处人数外，其他 5 个业绩指标对治安秩序感知都有显著影响，特行间数作为控制变量对治安秩序感知也存在显著影响；而在感知治安秩序"差"与"一般"相比较的情况下，只有治安查处人数对治安秩序感知有显著影响，其他业绩指标均无影响力，但是警力、特行间数、受害经历等控制变量对治安秩序感知有显著影响。具体而言，在感觉治安秩序“好”与“一般”相比且在其他条件相同的情况下，警情数的偶值比为1.002，意味着每万人警情数增加1宗，则感觉治安秩序好的可能性（偶值）是增加前的1.002倍；破案数的偶值比为0.969，意味着每万人破案数增加1宗，则感觉治安秩序好的可能性是增加前的0.969倍。其他有显著影响的指标解释类似，即逮捕数对感觉治安秩序好有正向影响，治安拘留数、劳教数对感觉治安秩序好有负向影响，治安查处人数对感觉治安秩序差有正向影响（对感觉治安秩序好有负向影响）。值得注意的是，破案数、治安查处人数、治安拘留数和劳教数等对治安秩序感知的影响皆为负，似乎有些反常。事实上，作为刑事打击指标的破案数更多体现了社会的违法犯罪状况，即破案数越多则违法犯罪状况越严重，这正好说明其对公共安全可能产生负向影响，在此将其称为“迁延性负向影响”；而“治安查处人数、治安拘留数、劳教数”因其人数越多则涉及的危害性利益群体会更多，所以产生的负面影响也越大。这也正好回应了“万人评政府”的结果，即警察服务的实际付出越多则可能带来的社会不满会越多。可见，这些现象恰好说明治安秩序感知是基于实际业绩做出的，实际业绩对治安秩序感知具有显著影响。

就模型2的结果来看，当感觉犯罪状况“不严重”与“一般”相比时，警情数、破案数和劳教数等对犯罪状况感知有显著影响，当“严重”与“一般”相比时，只有治安查处人数对犯罪状况感知有显著影响，而且警力、受害经历等控制变量对犯罪状况感知有显著影响。具体而言，在感觉犯罪状况“不严重”与“一般”相比且在其他条件相同的情况下，警情数的偶值比为1.001，意味着每万人警情数增加1宗，则感觉犯罪状况不严重的可能性是增加前的1.001倍；破案数的偶值比为0.979，意味着每万人破案数增加1宗，则感觉犯罪状况不严重的可能性是增加前的0.979倍。劳教数的偶值比解释类似，即对感觉犯罪状况不严重有负向影响。而在感觉犯罪状况“严重”与“一般”相比且在其他条件相同的情况下，治安查处人数的偶值比为0.995，意味着每万人治安查处人数增加1宗，则感觉犯罪状况严重的可能性是增加前的0.995倍。值得注意的是，部分实际业绩指标对犯罪状况的感知并未产生显著影响，究其原因，可能是因为犯罪现象本身存在一定的隐蔽性，公民感知到的犯罪状况更多的是基于“有限信息”得出的，实际业绩未完全对犯罪状况感知产生影响便在情理之中，所以这并不否定“犯罪状况感知是基于实际业绩做出”的判断。

就模型3的结果来看，当感觉“安全”与“一般”相比时，除了警情数之外其他5个业绩指标对公民安全感均有显著影响，当感觉“不安全”与“一般”相比时，只有治安查处人数具有显著影响力，而且除了户籍和住房性质，其他控制变量对犯罪状况的感知均显著。具体而言，在公民感觉“安全”与“一般”相比且在其他条件相同的情况下，破案数的偶值比为0.968，意味着每万人破案数增加1宗，则感觉“安全”的可能性是增加前的0.968倍；逮捕数的偶值比为1.236，意味着每万人逮捕数增加1宗，则感觉“安全”的可能性是增加前的1.236倍。与破案数类似，治安查处人数、治安拘留数、劳教数等对感觉“安全”存在负向影响。可见，除了逮捕数之外，其他业绩指标对公民安全感的影响方向均为负，原因解释同模型1，即总体上公民安全感是基于实际业绩做出的。

另外，在控制变量方面也有一些值得关注的发现。警力和受害经历对三个感知变量均有显著影响，户籍和住房性质却始终对三个感知变量没有显著影响，且五个个体特征变量（受教育程度、年龄、性别、户籍、住房性质）对感知治安秩序和感知犯罪状况均无显著影响，但受教育程度、年龄、性别等对公民安全感有显著影响。分析结果表明，公民感知更多受情境因素（警力、特行间数）、经历因素（受害经历）影响，而受个体特征的影响很有限，其中，个体特征对公民感知的影响结果与吴建南、邓国胜等的理论观点相悖。事实上，在实践层面，如果同时考虑情境因素和经历因素，个体特征对公民感知的影响或许就微不足道。另外，值得注意的是，特行间数为何对感知犯罪状况没有显著影响？究其原因，可能是因为特殊行业是违法行为的聚集点，其给社会带来的直接影响更多的是治安秩序的混乱，而非犯罪现象的猖獗，所以特行间数对治安秩序感知的影响相对较明显。而特行间数对感知治安秩序和安全感有正向影响，可能是因为Z市对特殊行业的管控力度较大，公民在感知更多特殊行业的同时，也感受到了警务工作带来的正能量，即公民感知发生了“影响源的迁移”。表6-4的数据显示，警力越多则公民感知会越好[①],有过受害经历的则公民感知相对较差。但是,在综合性的感知变量(公民安全感)方面,上过大学的、年龄较大的、男性等受访者的安全感更高。可见,在考察公民感知警务业绩时,情境因素和经历因素作为控制变量尤其关键,而个体因素更多可能影响公民对警务绩效的综合性感知。

总之,整体上3个模型的似然比卡方(*LR chi2*)检验结果均显著,说明回归模型显著,以上分析结果可靠,即不同角度的公民感知均受到实际业绩显著影响,公民感知是基于实际业绩做出的,其并非没有依据。可见,假设1得以验证。

二、公民满意度与公民感知

由于因变量"公民满意度"是数值型变量,所以,此处使用的统计分析方法是线性回归分析(OLS)。而自变量包括"治安秩序感知、犯罪状况感知、安全感",控制变量主要来自个体层面(年龄、性别、受教育程度、住房、户籍、期望)和经历层面(受害经历、警民关系)。其中,警民关系对公民评价的影响已有诸多研究[②]。此处没有纳入"特行间数、警力"等情境层面的控制变量,是因为这些变量更多是对实际业绩的直接影响,而非对公民评价产生直接影响。表6-5的结果显示,除了"感觉治安秩序一般和感觉犯罪状况一般"外,其他自变量对公民满意度均有显著影响;在控制变量中,公民期望、受教育程度、年龄和警民关系等显著影响公民满意度,而受害经历、性别、户籍、住房性质等对公民满意度没有显著影响。具体而言,治安秩序好的系数为0.315,意味着感觉治安秩序好(与差相比)的公民满意度会高0.315分;犯罪状况不严重的系数为0.224,意味着感觉不严重(与严重相比)的公民满意度会高0.224分;安全感好的系数为0.738,意味着感觉安全(与不安全相比)的公民满意度会高0.738分,其他指标系数的解释类似。

另外,就控制变量的情况来看,表6-5的数据显示,公民期望对公民满意度有显著的负向影响[③],受教育程度、年龄、警民关系等对公民满意度有显著的正

① 公众感知"好"具体是指"感觉治安秩序好、感觉犯罪状况不严重、感觉安全";公众感知"差"则反之。

② 王庆锋:《试论警察绩效示标的基本内涵和相互联系》,《中国人民公安大学学报》2004年第5期。

③ 由期望不一致理论可知,"比期望差"意味着期望较实际水平高(即期望高),"比期望好"则意味着期望低。结果显示,期望低对公众满意度有正向影响,即期望越低则公众满意度越高,基于此可以判断公众期望对公众满意度有负向影响。

向影响,而受害经历对公民满意度没有显著影响,即公民期望越高则满意度越低。与没上过大学的相比,上过大学的满意度较高,年龄越大则满意度会越高。不难发现,在所有的控制变量中,个体期望和警民关系对公民满意度而言尤其重要。值得注意的是,户籍、住房性质对公民评价没有影响说明,是否本地户口、有无全产权房并不影响公民对警务绩效的评判;而受害经历对公民满意度没有显著影响则说明,公民满意度更多的是基于个体综合的理性判断,而非单一的个体经历或偶然事件。总之,模型的线性关系检验显著,调整后的判定系数为0.552,说明模型排除自变量个数影响后所有变量能够解释公民满意度总变异的55.2%,同时,VIF值显示模型不存在多重共线性,即模型的分析结果可靠。可见,在控制变量一定的情况下,公民满意度对公民感知有显著影响,二者之间存在显著的线性关系,即假设2得以验证。

表6-5 公民感知影响公民满意度的回归分析(OLS)

变量	系数	标准误	方差膨胀因子(VIF)
治安秩序一般	0.005	0.139	1.60
治安秩序好	0.315***	0.116	1.93
犯罪状况一般	0.163	0.125	2.26
犯罪状况不严重	0.224*	0.135	2.58
安全感一般	0.387***	0.138	2.80
安全感好	0.738***	0.153	3.34
与期望一致	0.585***	0.108	1.72
比期望好	0.679***	0.139	2.03
受害经历	−0.071	0.084	1.05
警民关系	0.621***	0.024	1.33
上过大学	0.153*	0.090	1.13
年龄	0.010**	0.004	1.32

续 表

变　量	系　数	标 准 误	方差膨胀因子(VIF)
性别	−0.019	0.084	1.04
户籍	0.121	0.095	1.23
住房	−0.073	0.100	1.39
样本量	121 2		
Prob>*F*	0.000 0		
R^2	0.557 6		
Adj R^2	0.552 0		

资料来源：笔者自制。

注：双边检验，“*”表示显著性 $P<0.1$，“**”表示显著性 $P<0.05$，“***”表示显著性 $P<0.01$。治安秩序感知以“差”为参照对象，犯罪状况感知以“严重”为参照对象，公民安全感以“不安全”为参照对象，性别的参照对象是“男”。

三、基本发现

关于公民参与公共服务绩效评价的效度问题，本研究借助公民感知通过模型检验发现，公民评价与实际业绩之间存在显著相关性，公民感知是探讨公民评价效度问题的重要变量，公民感知和公民评价均受非服务性因素显著影响，即情境因素和经历因素显著影响公民感知，部分经历因素和个体因素显著影响公民评价，其中，公民期望和警民关系对公民评价的影响尤甚。

第一，实际业绩显著影响公民感知，公民感知显著影响公民评价，进而不难推断公民评价与实际业绩之间也存在相关性。与斯蒂帕克的研究结论有别，本研究发现实际业绩指标对公民评价的影响是显著的。公民评价并非毫无根据，对于公民评价效度的争议，本研究更倾向于珀西等的观点。而且，本研究结果与Z市万人评政府的结果也不尽相同，被“万人评政府”判定为“最差”的基层警察服务似乎在本研究中并非“糟糕透顶”，至少公民评价与警察内部测量结果是一致的，即基层警察服务的实际业绩在一定程度上得到了外部公民的认同，于是，我们似乎更应该去反思“万人评政府”的形式及其操作过程，而非一味地质疑公民评价本身。因此，就各地公民参与公共服务绩效评价的实践来看，我们还需考察评价主体、评价对象、评价方式的适切性，关注公民评价的有效性，任何单一角度的评判都将不具说服力。

第二，借助公民感知有助于验证公民评价与实际业绩之间的相关性。这与珀西的研究结论类似，即将综合性的公民评价结果与实际业绩指标直接进行回归分析或相关分析，势必得出与斯温德尔和凯利类似的结论，导致二者之间的不一致，进而对公民评价效度产生怀疑。可见，探讨公民评价是否准确或可靠，尚需关注公民感知。公民感知体现了公民对服务现状的知觉印象而非对服务的最终评判，所以，实际业绩与公民感知的关联性更强。基于此，本研究认为，立足公民真实感知的公民评价更具说服力，在实际业绩和公民评价之间引入公民感知，积极推进政务信息公开，确保公民知情权，更有助于保证公民评价的效度；那些没有被纳入公民感知环节的各类大型“民评官”或“万人评政府”活动，在结果运用方面还需慎重。

第三，非服务性因素影响公民评价。前文分析结果表明，公民期望、警民关系、受教育程度、年龄等因素显著影响公民满意度，说明公民评价受非服务性因素影响，这与斯蒂帕克的研究发现类似，但值得注意的是，我们不能以此判定公民评价不准。因为判断公民评价是否准确关键是看它与实际业绩之间的契合性，非服务性因素在某种程度上或将助推公民评价效度提升的达成，如较高的受教育程度、较好的警民关系和较大年龄等，都有助于公民对实际服务质量的识别。其中，警民关系对公民评价的显著影响意味着，政府与公民之间的良性互动更有利于公民满意度乃至政府公信力的提升，进而也有助于公共服务的合作供给。因此，即便公民评价可能受非服务因素影响，也不排斥我们对公民参与效度的肯定。

第五节　结论与讨论

一、研究结论

本研究的研究结论是，公民评价与实际业绩之间存在显著相关性，非服务性因素影响公民评价并不否定公民参与本身的效度，公民对公共服务绩效的评价不是评不准，而是评价的对象和内容要找准。所以，在有关公民评价是否可信的争议上，本研究赞同帕克斯、珀西等人的观点，即公民评价是基于实际业绩做出的，公民有能力感知和识别公共服务的实际水平，公民评价并非如质疑者所认为的那样不可靠；而斯蒂帕克、布朗、布卡莱特等人对公民评价效度的质疑，在本研究看来是站不住脚的，其对公民评价的不信任可能存在一定的偏颇。因此，本研究认为，要切实提高公共服务绩效评价中公民参与的效度，公共部门自身首先要解放思想，鼓足勇气，相信公民评价的可靠性，加大公民对公共服务整体质量的评价力度，进而积极回应外部需求，以践行"责任政府"的本职，同时，社会也应理性自觉地支持公民评价公共服务绩效实践的推进。

二、讨论

首先，就本研究的基本发现而言，其与帕克斯、珀西等的研究结果基本类似，即公民能够准确感知实际的服务质量，公民评价结果并非不可靠。但是，已有研究并未关注非服务性因素对公民评价效度的影响，无论是通过研究内容来回应"质疑公民评价"的帕克斯、珀西、斯温德尔和凯利，还是借助研究策略来回应质疑者的利卡里(Licari)、沙博诺和范里津，他们的研究更多地聚焦于公民评价的效度本身，而忽略了斯蒂帕克等研究者质疑公民评价的关键靶子，即非服务性因素对公民评价的影响。在本研究看来，非服务性因素影响公民评价并不能力证公民评价无效，研究者不应误入"非此即彼"的逻辑替代。另外，结合我国实际情况，本研究将户籍、住房性质、警民关系等变量纳入模型也是一种全新的尝试，这些对模型解释而言是不可忽视的关键变量，尤其是警民互动对公民参与效度有显著影响。同时，本研究的发现在理论层面将有助于弥补国内相关理论研究的空白，推进公共服务绩效评价中公民参与的理论发展，进而为科层制行政与民主制行政的相关争议达成中国语境的智识努力。而在实践层面，本研究发现也将有助于增强政府官员对公民评价结果的理性认知，促使其更多地关注公民评价活动的前期环节及其影响因素，而不是仅仅局限于评价结果本身，进而防止政府官员盲目排斥或采纳公民评价结果。

其次，就科层制行政与民主制行政的关系而言，二者是融合而非对抗的关系。众所周知，公民参与是“公共治理”时代民主行政的基本诉求，也是我国建设责任政府和廉洁政府的内在要求。一个有效率的政府，同时也应该是一个更具回应性的政府。公共服务绩效评价作为政府管理的工具，“内部控制”是其传统的功能取向，而通过绩效评价加强政府责任的落实则是其功能得以发挥的基本要义，从“工具”到“责任”可以说是公共服务绩效评价的真正价值所在。所以，公共服务绩效评价不仅是一个技术问题，而且是一个价值问题。公民参与公共服务绩效评价可谓对工具理性与价值理性的整合，公民参与的效度问题或将直接考问二者关系的平衡。但是，就目前我国公共服务绩效评价的实践来看，其更多的是一种“管理工具”，“外部责任”被束之高阁，或是流于形式，公共部门要么担心引入公民参与带来效率损失，要么惧怕公民参与惹来额外麻烦。于是，实务界更多会囿于理性预期，对公民参与公共服务绩效评价采取排斥或消极的态度，以致公民的有效参与步履维艰。

在科层制行政看来，行政是由技术精英主导的，外部公民难以知晓政府内部事务，公民无法准确评价政府实际的服务质量，所以公民参与将不利于政府内部效率的提升。这与民主制行政主张的“多元参与、权力分散、回应性”等的确是格格不入的，于是专业化的精英行政与参与式民主的精神似乎存在“娘胎里”的隔阂[①]。然而，在笔者看来，公民在整体上能够准确感知和评判公共服务的实际质量，即公民实际上有“能力”识别公共服务的整体水平，对政府内部事务而言，公民并非彻底的“门外汉”，科层制行政并非如学者们所说的那样完全排斥外界公民参与，在此，我们不难发现科层制行政中所包括的“民主成分”。因此，科层制行政与民主制行政之间是融合而非对抗的关系，科层制行政的技术专家不应局限于追求单一的效率价值，同时应该肩负起对民主价值的践行。公民评价的“效度”不应该成为公民参与公共服务绩效评价的主要障碍，实务界理应超越工具理性的束缚，在公共服务绩效评价中积极引入公民参与。同时，在公共服务的实际供给中，更应该加强政府与公民之间的合作与互动，有效的公共服务供给单靠技

---

① 曾莉：《理性官僚与民主政治的悖结及其调和——兼谈公共行政范式的逻辑自洽》，《江苏社会科学》2011 年第 4 期。

术专家是很难完全奏效的，只有在相互信任的基础上积极合作，才能使公共服务的有效供给达到最佳状态。

最后，就“万人评政府”的实践而言，公共部门的实际业绩与公民评价结果总是相去甚远，尤其是公共安全、城市管理等“管制性服务”的公民评价排名总是垫底，而有关部门却已全力付出，服务水平在逐年提升，公民评价受到怀疑也在情理之中。然而，本研究的数据结果显示，公民能够准确感知和评判实际的服务质量，公民主观评价不是评不准，其关键是要找准评价对象和评价内容，实务界理应相信公民评价的可靠性，公民评价的“效度问题”不应该成为公民参与的主要症结。事实上，在“万人评政府”的实践中，活动的组织者——政府部门并非完全信任公民，评价活动缺乏科学合理的公民参与体系，活动本身有着更多的形式主义或作秀成分，这从各地公民评价结果的实际应用可见一斑。相应地，公民也怀揣着不信任甚或愤怒参与到评价活动中。当然，其评价结果至多也是基于情绪发泄的非理性评判。因此，在某种意义上，政府的“主观努力”将直接影响公民评价的有效性，实践中我们不应去质疑公民参与的效度，而应更多地反思“万人评政府”的形式、内容和方法本身是否适恰。

总之，笔者认为，公民参与的效度取决于政府的积极作为，提高公民参与的效度尚需从最基础或许也是最难的环节切入，其中公民评价体系的合理设计尤为关键。为此，我们尚需关注以下几点：第一，在评价主体上，须选择真正的服务使用者(受益者或利益相关者)，而且在“受益性”的判断上须立足公共利益而避免自利者的非理性。第二，在评价对象上，需选择与公民接触机会频繁或服务产出直接为公民所“使用”的部门，对于机构服务产出需分级输出的评价者选择，应适当控制跨级评价者的比例。第三，在评价内容上，直接面向公民的“施益性或福利性服务”可以全面放开，加大公民评价的权重；对于“管制性服务”则需根据实际情况慎重选择评价者，公民评价的权重应适当缩小，而那些不为公民所能实际体验的服务不宜引入公民评价。第四，在评价方法上，应选择公民容易操作且参与成本较低的方式，尽量提高公民参与的可行性。

第七章
公民参与公共服务绩效评价的影响因素

第一节 研究背景

满足人民日益增长的美好生活需要，建设人民满意的服务型政府，是我国适应社会主要矛盾变化，推进国家治理体系与治理能力现代化的必然要求。公民满意度是公民对公共服务绩效的感知与其期望相比后，形成的一种整体性的好恶感觉程度①。它既是衡量政府公共服务绩效的重要指标，也是领导干部执政水平的试金石。20 世纪 90 年代初，随着新公共管理运动影响政府再造的不断深入，立足“结果导向”的政府治理实践深入人心，公民满意度被引入政府绩效评价领域。90 年代末，伴随我国行政体制改革的不断深化，地方政府纷纷举办了各类群众评议政府的活动。随后，基于公民满意度导向的政府绩效评价备受各界关注。

有关调查表明，我国公民对中央政府的满意度一直保持在较高水平，对区县政府的满意度则不容乐观②。虽然我国政府整体上获得了较高的公民满意度，但是公民满意度也呈现出了行政上的“差序格局”。县级政府作为公共政策执行的“兜底”层、公共服务的最终安排者甚至生产者，其必须直面基层社会的各种矛

① 曾莉、李佳源：《公共服务绩效主客观评价的契合性研究——来自 H 市基层警察服务的实证分析》，《公共行政评论》2013 年第 2 期。

② ［美］托尼·塞奇：《公民对治理的认知：中国城乡居民满意度调查》，李明译，《经济社会体制比较》2011 年第 4 期。

盾和纷争。故打造人民满意的服务型政府，切实提升公民满意度，理应从县级政府入手。县域群众对公共服务的满意度如何，其究竟受哪些因素影响？这是本研究力图回答的核心问题。关于公民满意度的研究，国内外已有不少，但有关研究大多单向地从政府层面或公民层面探讨问题，而基于政府与公民互动层面的研究不足。为此，本研究将借助 CSS 2015 的相关调查数据，采用 Oprobit 模型，从政府、公民、政民互动三个层面探讨公民满意度及其影响因素，为建设县域群众满意的服务型政府提供策略思考，也为行为公共管理理论的知识增长贡献力量。

第二节　文献回顾与理论框架

一、文献回顾

关于公民满意度的影响因素，已有研究大多集中于公民层面的个体期望、个体禀赋、人口统计学特征等，或者聚焦于政府层面的制度规范、服务质量、财政资源、经济绩效等，而对政府与公民互动的关注相对较少。在此，我们将对有关文献进行梳理。

就公民层面来看，有关研究主要包括两个方面：一是主观层面的影响因素，其注重公民的角色认知与主观感受，涉及公民的期望、公平感、幸福感等心理方面。当公民对政府工作的期望低于其感知到的公共服务绩效时，便会产生认知落差，因而公民满意度相对较高，反之公民满意度相对较低[①]。即公民的绩效预期与公民满意度之间存在负相关关系，过高的期望水平会降低公民满意度[②]。同时，有研究对汶川地震灾后重建中的公民满意度进行了调查，发现公民对社会

① Gregg G, Van R, "An Experimental Test of the Expectancy-Disconfirmation Theory of Citizen Satisfaction", *Journal of Policy Analysis and Management* 32, no.3(2013): 597 - 614.

② Theodore H, "The effect of Expectations and Expectancy Confirmation/Disconfirmation on Motorists' Satisfaction with State Highways", *Journal of Public Administration Research and Theory* 21, no.4 (2011): 601 - 617.

公正的感知也显著正向影响公民满意度[①]，这是社会因素在个体心理上的映射；此外，有研究通过电话问卷调查对城市公共服务公民满意度进行了测评，发现生活幸福感显著地正向影响公民满意度[②]。二是客观层面的影响因素，即公民所处的"实际境况"也会影响公民满意度，如就业状况、职业性质、人口统计学特征等。也有研究发现，有正规职业的公民，其满意度更高，即职业性质对城乡居民的满意度有显著影响[③]。关于人口统计学特征（如性别、年龄、民族等），有关研究一般都将其作为控制变量进行分析。研究表明，女性的公民满意度比男性更低[④]，年龄越大其满意度越高[⑤]，公民的受教育程度越高，其满意度越低[⑥]，汉族的满意度比少数民族高[⑦]。总之，公民个体层面的影响因素，不仅包括主观心理层面的感受，也有来自客观禀赋方面的触动，尤其是生活、工作等因素对公民满意度有着直接而强烈的影响。也就是说，基于公民角度的满意度评判，并不完全是主观感知的结果，其个体所处的客观现实对其满意度的影响不可忽视。这种客观现实，我们也称其为公民满意度狭义上的客观因素。

政府层面的研究认为，公共服务的客观绩效、工作作风、工作方式等对公民满意度均有显著影响。公共服务绩效主要分为两种：一种为客观绩效，通常由政府部门来完成测量；另一种为主观绩效，多以问卷方式对公民进行满意度测量[⑧]。公共服务客观绩效与公民满意度之间的关系在学界存在较大争议，大量

---

① 尉建文、谢镇荣：《灾后重建中的政府满意度——基于汶川地震的经验发现》，《社会学研究》2015 年第 1 期。

② 冯菲、钟杨：《中国城市公共服务公众满意度的影响因素探析——基于 10 个城市公众满意度的调查》，《上海行政学院学报》2016 年第 2 期。

③ 阮荣平、周佩、程郁：《多维度民生状态对政府满意度的影响及其动态效应——基于"中国民生调查"民生关切点入户调查的实证分析》，《世界经济文汇》2017 年第 6 期。

④ Mayne Q, Armen H, "Ideological Congruence and Citizen Satisfaction: Evidence from 25 Advanced Democracies", *Comparative Political Studies* 50, no.6(2017): 822 - 849.

⑤ Ma L, "Performance Management and Citizen Satisfaction with the Government: Evidence from Chinese Municipalities", *Public Administration* 95, no.1(2017): 39 - 59.

⑥ Dahlström C, Nistotskaya M, Tyrberg M, "Outsourcing, Bureaucratic Personnel Quality and Citizen Satisfaction with Public Services", *Public Administration* 96, no.1(2018): 218 - 233.

⑦ Ma L, "Performance Management and Citizen Satisfaction with the Government: Evidence from Chinese Municipalities", *Public Administration* 95, no.1(2017): 39 - 59.

⑧ 贾奇凡、尹泽轩、周洁：《行为公共管理学视角下公众的政府满意度：概念、测量及影响因素》，《公共行政评论》2018 年第 1 期。

研究发现客观绩效与公民满意度之间存在显著的正相关关系[1][2][3][4]，而斯蒂帕克对洛杉矶大都会区公共服务项目的研究表明，高绩效并不能提高公民满意度[5]。另外，近年来学界对政府工作作风的关注逐渐增多。有研究者认为，消极的政府工作作风(如繁文缛节和腐败)会严重降低公民满意度[6][7]。此外，有研究通过来自瑞典各市的截面数据，发现政府公共服务外包的开放程度越高，公民满意度会越低[8]，即公共服务方式的创新并不一定会得到公民的认同。可见，公共服务的实际成效、服务过程及方式，都在一定程度上影响公民满意度。相对于公民个体层面的内在因素，政府层面的因素也是影响公民满意度广义上的客观因素。

公民满意度的影响因素除了来自政府或公民的单一维度之外，还需要考虑政府与公民之间的互动情景，已有研究对此关注不够。近年来，随着行为公共管理的兴起，有关"政府-公民"互动的研究日益增多，这些研究主要聚焦于政府行为与公民体验之间的相互作用。赖西格和帕克斯基于三种概念模型，发现不良的互动经历会降低公民满意度[9]，王(Wang)等的研究发现，愉快高效的互动则能显著提高公民满意度[10]；何和秋(Cho)使用来自堪萨斯城的多个大型数据集发

---

① 曾莉、李佳源：《公共服务绩效主客观评价的契合性研究——来自 H 市基层警察服务的实证分析》，《公共行政评论》2013 第 2 期。

② Christine H, "Citizens, Accountability, and Service Satisfaction: the Influence of Expectations", *Urban Affairs Review* 41, no.3(2006): 292－308.

③ 李文彬、何达基：《政府客观绩效、透明度与公民满意度》，《公共行政评论》2016 年第 2 期。

④ Ashley L, Ryzin V, "Public Management Reform and Citizen Perceptions of the UK Health System", *International Review of Administrative Sciences* 78, no.3(2012): 494－513.

⑤ Stipak B, "Citizen Satisfaction with Urban Services: Potential Misuse as a Performance Indicator", *Public Administration Review* 39, no.1(1979): 46－52.

⑥ Tummers L, "The Impact of Red Tape on Citizen Satisfaction: An Experimental Study", *International Public Management Journal* 19, no.3(2016): 320－341.

⑦ 王正绪、苏世军：《亚太六国国民对政府绩效的满意度》，《经济社会体制比较》2011 年第 1 期。

⑧ Dahlström C, Nistotskaya M, Tyrberg M, "Outsourcing, Bureaucratic Personnel Quality and Citizen Satisfaction with Public Services", *Public Administration* 96, no.1(2018): 218－233.

⑨ Reisig M, Parks R, "Experience, Quality of Life, and Neighborhood Context: A Hierarchical Analysis of Satisfaction with Police", *Justice Quarterly* 17, no.3(2000): 607－630.

⑩ Wang F, Jun K N, Wang L L, "Bureaucratic Contacts and Their Impact on Citizen Satisfaction with Local Government Agencies: The Influence of Expectation", *Public Policy and Administration* 36, no.1(2019): 1－28.

现,如果政府能够与公民进行有效沟通,公民满意度就会得到提高①;同时,官永彬利用微观样本数据,发现民主公正的参与经历,对提升公民满意度也有着积极作用②。可见,政府与公民的互动经历,对公民满意度有显著影响,但已有研究对于互动行为本身的讨论仍然不足。

总体而言,尽管已有研究探讨了公民满意度的诸多影响因素,但仍存在不足之处:一是研究较为分散,缺乏理论工具及系统性分析框架;二是大多数研究仅关注结构层面的影响机制,强调制度因素对公民满意度的影响,忽视了外部公民的主观能动性,政民互动的实质意涵没有被重视;三是已有研究多以省级或市级样本为分析单位,聚焦县级的相关研究存在不足,由于县级政府是我国结构最完备的“一线政府”,其与群众距离最近,县域样本的研究结果应该更具说服力。

二、理论框架

近年来复兴的行为公共管理对于弥补已有研究的不足,具有很好的借鉴价值。行为公共管理作为“西瓦之争”的衍生物,始终致力于理性科学和公共情怀的价值弥合,强调政府行为与公民体验之间的相互影响。张书维等提出的“政府行为-公民体验”双轮模型③,将过去被独立研究的政府行为和公民体验结合起来,探讨政民互动中的政府行为机制和公民体验过程,为行为公共管理的理论推进奠定了基础。在此基础上,有关研究分析了公民满意度的影响因素,将公民个体层面、政府能力层面和政民互动层面的各因素结合起来,形成了更加系统的理论模型。但这些研究更多以规范研究为主,结合本土调查数据的实证分析不多,以致研究结论缺乏足够的说服力。

基于此,本研究借助 CSS 2015 的县级样本,建构了理论分析的 GCI 模型(见图 7－1)。GCI 模型是指基于政府(government)、公民(citizen)、互动

① Ho A T, Cho W, “Government Communication Effectiveness and Satisfaction with Police Performance: A Largescale Survey Study”, *Public Administration Review* 77, no.2(2016): 228－239.

② 官永彬:《民主与民生:民主参与影响公共服务满意度的实证研究》,《中国经济问题》2015 第 2 期。

③ 张书维、李纾:《行为公共管理学探新:内容、方法与趋势》,《公共行政评论》2018 年第 1 期。

(interaction)三维度的公民满意度影响因素分析框架。其中,在政府维度上,其主要聚焦政府能力,从“资源基础-运作过程-治理结果”视角选择了五个变量,即官员能力、财政能力、政务公开、经济绩效、社会保障。其中,官员能力和财政能力体现了政府治理的“资源基础”,政务公开体现了政府的“运作过程”,经济绩效和社会保障体现了政府的“治理结果”。在公民维度上,主要聚焦公民个体特征,选择了社会信任、社会公平感、就业状态、经济地位四个变量,前两个变量为个体心理变量,后两个变量为个体禀赋变量,有关研究对此已有讨论。在政民互动维度,主要从意愿和行为角度选择了三个变量,即互动意愿、正向互动行为、负向互动行为,后文将具体测量。该理论框架的创新点和意义在于:第一,在实证研究层面,突破了以往单向度的政府或公民个体角度的研究,引入政民互动因素,涵盖了政府、公民、政民互动三个层面的因素,能够较为全面地解释县域公民满意度的影响机制,弥补了已有研究的不足。第二,立足于本土实情,聚焦与群众距离最近的、治理结构最完善的基层政府,采用全国性的大型调查数据进行实证分析,有关结论和建议对县域建设“服务型政府”更具参考价值。第三,强调政府与公民的互动意愿和互动行为对公民满意度的共同影响,试图在公民满意度研究中实现行为公共管理理论的新突破,因为以往研究不太关注互动意愿乃至满意度的深层次心理因素。

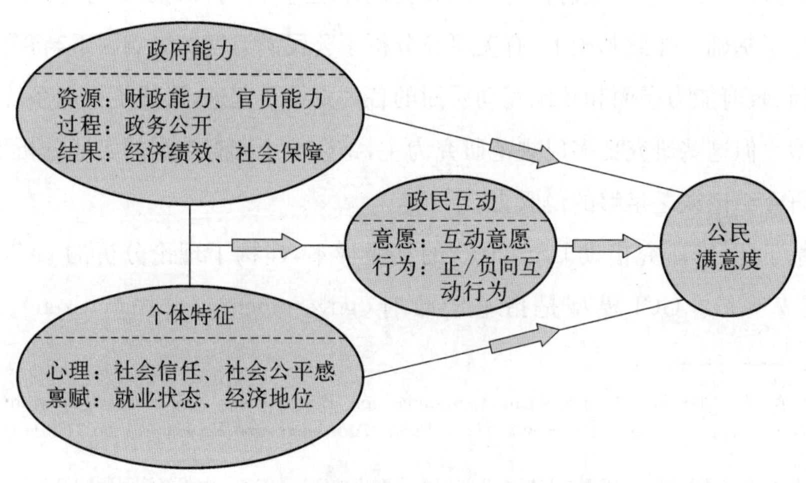

图 7-1 影响公民满意度因素分析的 GCI 模型

第三节 假设、变量与方法

一、研究假设

（一）政府能力层面

政府能力是指政府依据公共权利，通过制定政策和组织动员，将政府意志和目标转化为现实的能力[①]。在县域治理实践中，政府能力的强弱对公民满意度的影响最为直接，尤其是官员能力、财政能力、政务公开、经济绩效、社会保障水平等。其一，官员能力是先天素质和后天因素的综合体现。在组织领导者的个人特征中，最为重要的是领导者的个人能力。有研究者认为，地方官员能力对所辖地区的发展绩效有着显著的影响[②]，而地方发展绩效的提高，客观上有利于提升公民对政府的满意度。其二，财政能力是体现县级政府组织能力的核心指标，其反映了县级政府调控经济运行、影响社会资源配置的基础能力。有关研究发现，政府的财政收入和投入情况，与公民满意度存在相关关系[③]，如果给予地方政府更大的财政自主权，那么地方政府将提供更加符合社会福利最大化的公共服务，当地居民的公共服务满意度也会相应提高[④]。其三，政务公开是指政府的工作内容公开化，并对各项工作进程予以公开，任何公民都可以通过特定途径进行查询、监督。《政府信息公开条例》明确规定，提高政府工作的透明度，充分发挥政府信息对人民群众生产生活和经济社会活动的服务作用，是政务公开的目的。相关研究发现，公民对政府信息了解得越充分，其对政府的满意度也就越

---

① 王绍光、胡鞍钢：《国国家能力报告》，辽宁人民出版社，1993，第 6 页。

② 王贤彬、徐现祥：《官员能力与经济发展——来自省级官员个体效应的证据》，《南方经济》2014 年第 6 期。

③ James O，"Performance Measures and Democracy：Information Effects on Citizens in Field and Laboratory Experiments"，*Journal of Public Administration Research and Theory* 21，no.3(2011)：399 - 418.

④ 陈硕、高琳：《央地关系：财政分权度量及作用机制再评估》，《管理世界》2012 年第 6 期。

高[①]。作为现代民主问责制度建构的基层平台，县级政府的政务工作如果不透明，公民就难以清晰了解政府工作，公民满意度也会随之下降。其四，一般认为，经济绩效状况与公民满意度紧密相关。作为衡量人民生活水平的重要标准，经济绩效的高低在很大程度上代表着当地政府的治理绩效，经济发展越快，群众的满意度越高[②]。县域的经济绩效越高，说明县级政府的工作效益越高，社会发展水平也会越高，公民的获得感也随之提高。其五，社会保障是满足公民基本生活需要的制度安排，其以政府为责任主体，社会保障绩效是政府绩效的体现，其对公民满意度有着重要影响，社会保障的财政支出效率对提升公民满意度有显著正向作用[③]。基于以上分析，本研究提出如下假设：

研究假设 H1a：政府官员的能力越强，公民对公共服务的满意度会越高。

研究假设 H1b：政府的财政能力越强，公民对公共服务的满意度会越高。

研究假设 H1c：政府信息公开程度越高，公民对公共服务的满意度会越高。

研究假设 H1d：经济绩效越好，公民对公共服务的满意度会越高。

研究假设 H1e：社会保障状况越好，公民对公共服务的满意度会越高。

（二）个体特征层面

除了政府能力维度的因素外，公民自身的因素也可能带来满意度的变化，其主要体现为四个变量。其一，社会信任是指社会成员基于共同认同的规范，对于他人所产生的秩序、诚信和互惠合作的期望[④]。根据社会资本理论的观点，社会信任是社会资本的核心，较高的社会信任维持了经济发展的动力，提升了政府绩效[⑤]，进而有助于提升公民满意度；而较低的社会信任，意味着公民不仅难以信任社会上的大多数普通人，进而促使公民形成“所有政治家都唯利是图且政府行动注定失败”的观念，这不利于提高公民的满意度。其二，社会公平感是影响公民满意度的重要因素。改革开放以来，我国经济飞速发展，群众生活水平得到了

① Cook F, Lawrence R, “Trusting What You Know: information, Knowledge, and Confidence in Social Security”, *Journal of Politics* 72, no.2(2010): 397 - 412.

② 王正绪、苏世军：《亚太六国国民对政府绩效的满意度》，《经济社会体制比较》2011 年第 1 期。

③ 李胜会、熊璨：《地方政府社会保障财政支出效率与满意度研究》，《中国行政管理》2016 年第 2 期。

④ ［美］弗朗西斯·福山：《信任：社会美德与创造经济繁荣》，彭志华译，海南出版社，2001，第 12 - 190 页。

⑤ ［英］罗伯特·D. 帕特南：《使民主运转起来：现代意大利的公民传统》，王列、赖海榕译，江西人民出版社，2001，第 208 页。

极大提升,但公民对公共服务的满意度却出现了下降。城乡二元结构,收入差距拉大,正是造成公民满意度下降的主要因素。目前,我国县域发展贫富悬殊,破解不平衡不充分的发展问题任务艰巨,较低的社会公平感,必然会降低公民对县域公共服务的满意度。其三,生活境遇在某种意义上是影响公民满意度的最直接的因素,而就业状况是个体生活境遇的重要体现。目前我国县域整体就业环境不容乐观,稳定充足的工作岗位难以保证,大多数人从事着缺乏保障的临时性工作,或者背井离乡外出务工。就生活个体而言,固定工作意味着稳定的生活,而稳定的生活意味着更高的安全感,乃至对公共服务更高的满意度。其四,经济地位也是影响公民满意度的重要因素。对于同样的公共服务表现,不同经济地位的群体会表现出不同的态度。在我国,收入越高意味着获得感越强,其满意度也会更高[①]。值得注意的是,县域作为综合发展相对落后的区域,公民的精神文化需求相对不高,经济地位对公民满意度的影响尤显重要。经济地位较低的公民,生活环境相对较差,其越容易对基层政府产生不满情绪。基于以上分析,本研究提出如下假设:

研究假设 H2a:社会信任越高的公民对公共服务的满意度会越高。

研究假设 H2b:社会公平感越高的公民对公共服务的满意度会越高。

研究假设 H2c:有固定工作的公民对公共服务的满意度更高。

研究假设 H2d:经济地位越高的公民对公共服务的满意度会越高。

(三)政民互动层面

政民互动是政府与公民之间最直接的交流和沟通,是建设人民满意的服务型政府之关键。考察公民满意度的影响因素,尚需跳出政府或公民的单一视角,引入政民互动。本研究将从互动意愿、互动行为两个方面来回应问题。互动意愿是指公民主观上愿意和政府互动交流的意向。公民是否愿意向政府反馈意见,在一定程度上体现了公民对政府的信任程度。事实上,官民冲突是县域治理实践经常要面对的问题,部分群众对政府活动的抵触情绪仍然存在,公民的互动意愿也自不必说。互动意愿是互动行为的引导,公民互动意愿弱的背后更多反

---

① 张翼:《当前中国中产阶层的政治态度》,《中国社会科学》2008 年第 2 期。

映的是对政府及其服务的不满。关于互动行为,可以通过很多互动途径来实现,如上访、参加政府组织的志愿活动、行政沟通等。互动行为一般存在正向互动和负向互动,前者是对政府和公民积极双赢的互动行为,而后者是双方面对利益冲突时的博弈行为。正向互动体现了政府与公民之间的有效沟通,政民的有效沟通有助于提升公民的信息获取能力,进而提升公民的政治胜任能力和参与效能感。在县域治理实践中,公民参加政府组织的志愿活动是正向互动的体现,发挥了政治沟通的作用,有助于公民形成对政策目的、政策过程的理性认知,以及公民满意度的提升。负向互动是公民表达诉求的一种方式,是群众越过基层政府向上级政府反映问题,并寻求问题解决的一种途径,也是上级政府了解民意的重要途径。负向互动多因群众诉求在当地政府得不到解决或解决不合理而引起,上访就是一种负向互动。但在现实中上访者的诉求往往难以得到有效解决,部分上访者也难以得到足够的尊重,这在县域治理中非常多见,故而有过负向互动经历的公民,其公民满意度相对较低。基于以上分析,本研究提出如下假设:

研究假设 H3a:互动意愿越强的公民对公共服务的满意度会越高。

研究假设 H3b:有参与志愿活动经历的公民对公共服务的满意度相对较高。

研究假设 H3c:有上访经历的公民对公共服务的满意度相对较低。

二、变量的测量

(一)因变量

本研究的因变量为公民满意度,测量题项为"受访者对地方政府公共服务的总体评价",其评分标准分别为,1=很好,2=比较好,3=不太好,4=很不好,8=不清楚。鉴于该问题的敏感性,受访者在回答时可能会相对谨慎,因而本研究将"不清楚"的回答视为一种中立性评价,并对该变量进行重新赋值,1=很不好,2=不太好,3=不清楚,4=比较好,5=很好。

(二)自变量

本研究的自变量体现为政府能力、个体特征、政民互动三个层面的自变量。在政府能力层面,官员能力用县长担任该职位之前的最高学历来衡量。

这一学历是官员的全职习得，更能够代表其综合能力；财政能力根据受访者所在县（县级市）政府2014年的人均公共财政收入来衡量；经济绩效根据受访者所在县域2014年的人均生产总值来衡量；在个体特征层面，涉及社会信任、社会公平感、就业状态、经济地位四个变量，借助问卷来测量；在政民互动层面，包括互动意愿、正向互动行为与负向互动行为三个变量，也通过问卷来测量。

另外，为了降低遗漏变量导致的估计偏误，本研究进一步控制了受访者的人口统计学变量，包括性别、年龄、政治面貌与区域，因为已有研究表明这些变量对公民满意度有显著影响。表7-1展示了上述所有变量的具体操作。

表7-1　变量的测量

变量类型		变量名称	测量题项
因变量		公民满意度	你对地方政府公共服务的总体评价：很不好＝1，不太好＝2，不清楚＝3，比较好＝4，很好＝5
自变量	政府能力层面	官员能力	县长担任该职位之前的最高学历是否为研究生学历：否＝0，是＝1（来自网络数据）
		财政能力	2014年的地方人均公共财政收入（元）（来自统计年鉴）
		政务公开	政府信息公开情况：很不好＝1，不太好＝2，不清楚＝3，比较好＝4，很好＝5
		经济绩效	2014年的地方人均生产总值（元）（来自统计年鉴）
		社会保障	总体上的社会保障状况：1～10分（1分表示非常不满意，10分表示非常满意）
	个体特征层面	社会信任	现在人与人之间的信任水平：1～10分（1分表示非常不信任，10分表示非常信任）
		社会公平感	总体上的社会公平状况：非常不公平＝1，不太公平＝2，不好说＝3，比较公平＝4，非常公平＝5
		就业状态	目前是否有工作：否＝0，是＝1
		经济地位	你2014年的个人总收入（元）

续 表

变量类型		变量名称	测 量 题 项
自变量	政民互动层面	互动意愿	对政治不感兴趣，不愿意花时间和精力在这上面：非常同意=1，比较同意=2，一般=3，不太同意=4，非常不同意=5
		正向互动行为	曾经是否参加过政府组织的志愿者活动：否=0，是=1
		负向互动行为	曾经是否到过政府部门上访：否=0，是=1
控制变量		性别	男性=0，女性=1
		年龄	你的年龄是____？（岁）
		政治面貌	是不是中共党员：否=0，是=1
		区域	东北=1，中部=2，东部=3，西部=4

资料来源：笔者自制。

三、数据来源

本研究所使用的数据，来自2015年的中国社会状况综合调查(CSS)。该调查由中国社会科学院社会学研究所发起，采用多阶段分层概率抽样，调查对象覆盖我国31个省份，调查内容涉及生活质量、家庭生产生活情况、社会参与等内容。数据在学界得到了广泛的认可与应用，具有一定的科学性和权威性，为本研究提供了很好的支撑。经济绩效与财政能力的数据则来自《中国县域统计年鉴(2015)》，该统计年鉴是一部全面反映我国县域社会经济发展状况的资料性年鉴，收录了2014年全国2 000多个县域单位的基本情况、农业、工业、教育等方面的资料。事实上，2014年政府层面的客观数据，与2015年的公民问卷正好契合，因为政府客观绩效的实际效应具有滞后性，与次年的公民感知更契合。另外，官员能力的数据来自政府官网、百度百科等。由于本研究聚焦县级政府的公民满意度，因此从CSS 2015中选取了县或县级市的样本，剔除了直辖市的县级样本和市辖区样本。同时，本研究删除了关键变量“经济地位”数据缺失严重的样本，并剔除了有异常值的样本，最终得到5 000个观测值的样本。

四、计量模型

由于“公民满意度”是受限的有序数据，因而本研究采用 Oprobit 模型进行估计。Oprobit 模型需要使用潜变量 y^* 推导出极大似然估计的估计量，而 y^* 的线性方程可表示为：

$$y_i^* = \beta X_i + \mu W_i + \varepsilon_i \tag{1}$$

上述模型中，y_i^* 为表示第 i 位受访者的公民满意度的潜变量，X_i 为政府能力层面、个体特征层面、政民互动层面的自变量，β 为自变量的回归系数；W_i 为控制变量，μ 为控制变量的回归系数；ε_i 是随机干扰项。y_i^* 与第 i 位受访者的公民满意度 y_i 具有如下关系：

$$y_i = F(y_i^*) \begin{cases} 1 & y_i^* < \propto_1 \\ 2 & \propto_1 \leqslant y_i^* < \propto_2 \\ \cdots & \\ 5 & \propto_4 \leqslant y_i^* \end{cases} \tag{2}$$

y 的第 i 个观测值 j 落入某一区间的概率可以表示为：

$$P(y_i = j) = \begin{cases} F(\propto_1 - \beta X_i - \mu W_i) & j = 1 \\ F(\propto_2 - \beta X_i - \mu W_i) - F(\propto_1 - \beta X_i - \mu W_i) & j = 2 \\ \cdots & \\ 1 - F(\propto_4 - \beta X_i - \mu W_i) & j = 5 \end{cases} \tag{3}$$

随后，本研究将因变量替换为 y_i，从而构建起 Oprobit 模型。

第四节 实证分析结果

一、变量的基本描述

表 7-2 和表 7-3 展示了所有研究变量的描述性统计结果。就公民满意度

的总体情况来看,认为县级政府公共服务总体情况“比较好”的受访者占56.16%,认为“很好”的受访者占6.66%,认为不好(含“很不好”与“不太好”)的仅有1/3左右。总之,本次调查的县域公民满意度总体上偏好。关于控制变量,受访者的平均年龄为48.01岁,女性占50.84%,共产党员占9.62%,东、中、西部受访者比例相当,而东北相对较少(7.94%),当然这与东北的人口基数较少相符。

表7-2 分类变量的描述性统计(样本量=5 000)

分类变量	频数/人	频率/%	分类变量	频数/人	频率/%
公民满意度:			正向互动行为:		
很不好	269	5.38	否	4 517	90.34
不太好	1 448	28.96	是	483	9.66
不清楚	142	2.84	负向互动行为:		
比较好	2 808	56.16	否	4 823	96.46
很好	333	6.66	是	177	3.54
官员能力:			性别:		
否	1 980	39.60	男	2 458	49.16
是	3 020	60.40	女	2 542	50.84
政务公开:			互动意愿:		
很不好	469	9.38	非常同意	637	12.74
不太好	1 519	30.38	比较同意	1 972	39.44
不清楚	695	13.90	一般	188	3.76
比较好	1 934	38.68	不太同意	1 819	36.38
很好	383	7.66	很不同意	384	7.68
社会公平感:			区域:		
非常不公平	142	2.84	东部	1 624	32.48
不太公平	1 234	24.68	中部	1 501	30.02
不好说	135	2.70	西部	1 478	29.56
比较公平	3 278	65.56	东北	397	7.94
非常公平	211	4.22			
就业状态:			政治面貌:		
否	953	19.06	非共产党员	4 519	90.38
是	4 047	80.94	共产党员	481	9.62

资料来源:笔者自制。

表 7-3　连续变量的描述性统计(样本量=5 000)

连续变量	平均值	标准差	最小值	最大值
财政能力/元	2 260.24	3 818.72	158.00	34 241.00
经济绩效/元	35 760.73	46 152.68	7 359.00	389 702.00
社会保障/分	6.10	2.12	1.00	10.00
经济地位/元	23 446.01	92 054.31	40.00	6 020 000.00
社会信任/分	5.66	1.71	1.00	10.00
年龄/岁	48.01	12.92	18.00	70.00

资料来源：笔者自制。

在政府能力层面，认为政务公开情况“比较好”的占 38.68%，“很好”的占 7.66%，这说明我国相当一部分县级政府的政务公开还不理想；拥有研究生学历的县长占 60.40%，这间接说明了党和国家对于领导干部学历的重视；经济绩效的标准差为 46 152.68，财政能力的标准差为 3 818.72，表明各县域的经济绩效与财政能力差距较大，发展不平衡的问题在我国仍然十分突出；社会保障的平均值仅为 6.10，略高于及格值 6(满分 10)，表明各县域的社会保障状况欠佳。在个体特征层面，社会信任的平均值仅为 5.66(满分 10)，说明县域社会存在严重的人际信任危机；认为社会“比较公平”的占 65.56%，“非常公平”的占 4.22%，说明本次调查的社会公平感总体较好；受访者处于失业状态的 19.06%，远高于 2015 年年底我国的城镇登记失业率(4.05%)①，可见我国部分县域地区的就业环境差，难以为群众提供充足的工作岗位；受访者的平均年收入仅为 23 446.01 元，低于 2015 年底的全国城镇居民人均可支配收入(31 195 元)②。在政民互动层面，有半数以上的受访者对政治不感兴趣(含“非常同意”与“比较同意”)，曾参加政府组织的志愿者活动的受访者仅有 9.66%，表明县级政府与当地群众的互动较少。此外，曾到政府部门上访的受访者占 3.54%，说明县域群众诉求依然存在，基层

① 数据来源：《2015 年度人力资源和社会保障事业发展统计公报》。
② 数据来源：《中华人民共和国 2015 年国民经济和社会发展统计公报》。

干群矛盾需持续关注。

二、实证分析结果

为了避免异方差现象对检验结果造成偏误，本研究统一采取稳健回归(robustness regression)，而且在数据分析前，我们对经济地位、财政能力与经济绩效的数据进行了对数处理。分析结果表明(见表7-4)，在模型1的基础上，逐步加入个体特征、政民互动的影响因素后，与模型1相比，模型3的解释力明显提高($\Delta R^2=0.0262$)，且除了官员能力和正向互动行为外，其他自变量都显著影响公民满意度。

表7-4 Oprobit回归结果

变　　量	模型1		模型2		模型3	
	系数	标准误	系数	标准误	系数	标准误
官员能力	−0.023	0.035	−0.013	0.036	−0.008	0.036
财政能力	0.075*	0.039	0.085**	0.039	0.088**	0.039
政务公开	0.603***	0.017	0.576***	0.017	0.573***	0.017
经济绩效	−0.122**	0.050	−0.103**	0.050	−0.106**	0.050
社会保障	0.144***	0.008	0.100***	0.009	0.099***	0.009
社会信任			0.077***	0.011	0.074***	0.011
社会公平感			0.229***	0.018	0.225***	0.018
就业状态			0.115***	0.043	0.122***	0.044
经济地位			−0.030**	0.014	−0.027**	0.014
互动意愿					0.045***	0.014
正向互动行为					0.029	0.059
负向互动行为					−0.535***	0.090
性别	0.077**	0.034	0.077**	0.036	0.079**	0.036

续　表

变　量	模型 1		模型 2		模型 3	
	系数	标准误	系数	标准误	系数	标准误
年龄	0.005***	0.001	0.004**	0.001	0.004***	0.001
政治面貌	0.041	0.059	0.065	0.060	0.034	0.061
中部	−0.117*	0.069	−0.126*	0.070	−0.146**	0.070
东部	−0.033	0.067	−0.006	0.067	−0.024	0.068
西部	−0.049	0.069	−0.065	0.069	−0.077	0.070
样本量	5 000		5 000		5 000	
Pseudo-R^2	0.196 1		0.218 2		0.222 3	

资料来源：笔者自制。

注：双边检验，“*”表示显著性 $P<0.1$，“**”表示显著性 $P<0.05$，“***”表示显著性 $P<0.01$。“官员能力”以非研究生学历为参照；“就业状态”以失业为参照；“正向互动行为”以没有发生过正向互动为参照；“负向互动行为”以没有发生过负向互动为参照；“性别”以男性为参照；“政治面貌”以非中共党员为参照；“区域”以东北为参照。

在政府能力层面，财政能力、政务公开、社会保障对公民满意度均有显著正向影响，经济绩效对公民满意度有显著负向影响，而官员能力对公民满意度没有显著影响。可见，县域财政能力、政务公开透明与充足的社会保障对提升公民满意度尤为重要。事实上，公民对政府公共服务的满意度，首先源自其对民生福祉的获得感，而县域财力正好是增进民生福祉的核心保障，故增强县域财政实力对提升公民满意度非常关键。其次，政务公开是责任政府和民主行政的内在要求，在县域深入推行政务公开，让群众清楚政府到底在“做什么”和“怎么做”，必然有助于提升公民对政府的满意度。再次，社会保障通过再分配增进民生福祉，对提升公民满意度至关重要，社会保障状况越好，公民满意度也相应提高。至于官员能力对公民满意度没有显著影响，说明转型期县域群众趋于理性，其传统的“父母官”情结比较淡薄，克里斯马型权威的“个人特征和能力”对老百姓的影响已不凸显，因为现代化转型期的老百姓更崇尚法治和科学。最后，经济绩效对公民满意度有显著负向影响，这符合后物质主义的价值观，即当人们的基本物质生活目标得以实现后，会在文化、权力等精神生活上有更高的期望，故县域治理坚持一味地坚持 GDP 导向，可能反而带来更低的公民满意度。故县域群众对政府工作的评判依据不应再局限于 GDP 指标，发展型政府的治理逻辑已无法满足群众日益增长的美好生活需要。可见，在政府能力层面，研究假设 H1b、H1c、H1e 得到验证，研究假设 H1d 部分得到验证，研究假设 H1a 未得到验证。

在个体特征层面，社会信任、社会公平感与就业状态等，对公民满意度均有显著正向影响，研究假设 H2a、H2b、H2c 均得到验证。这说明公民个体层面的主客观因素都显著影响其对政府工作的满意度，县域政府应深入贯彻以人民为中心的发展思想。经济地位对公民满意度有显著负向影响，研究假设 H2d 部分得到验证。究其原因，可能是我国经济发展正在步入后工业社会，经济地位越高的居民有着更高层次的需求，更可能从满足经济需求的“物质主义者”转型为追求政治权利的“后物质主义者”，而我国的政治实践尚未满足他们的需求，使得其满意度降低。此外，相对于其他个体特征而言，社会公平感的影响力最高。这说明即便是我国经济发展水平整体提升，人民生活质量大幅度改善，但社会公平正义依然是群众评判政府的重要依据。故县级政府需要更加重视维护社会公平，在“做大蛋糕”的同时注重“分好蛋糕”，切实提升群众的社会公平感。

在政民互动层面，互动意愿与负向互动行为对公民满意度的影响均显著，而正向互动行为的影响不显著。加入互动层面后，模型 3 调整后的判定系数提高了 0.004 1(相对于模型 2)，且回归模型显著，这说明互动因素对公民满意度总变异有显著解释力。其中，互动意愿的系数为正，表明公民的互动意愿越强，其公民满意度越高。负向互动的系数为−0.535，意味着在同等其他条件下，有过上访经历的公民满意度比没有上访经历的低 0.535 个单位量，显然，有过负向互动经历的公民对满意度的解释力更大。可见，研究假设 H3a、H3c 得到验证，研究假设 H3b 未得到验证。因此，在公共治理时代，参与、协商、回应是群众的一致呼声，传统自上而下的行政命令模式难以满足公民的需要，加强政民互动是建设人民满意的服务型政府之必然趋势。

总之，从回归模型的拟合优度来看，模型 2 优于模型 1，模型 3 优于模型 2，即模型3是最优的。可见，引入政府能力层面、公民个体特征层面、政民互动层面的综合因素后，自变量对公民满意度总变异的解释力是最有力的。同时，通过比较单一层面的分析结果，模型调整后的判定系数变化也表明，政府能力层面的因素对公民满意度的解释力是最强的，这表明县级政府在提升公民满意度方面发挥着至关重要的作用。

三、稳健性检验

模型的估计结果可能会因一些不可控因素而导致偏误，故需要进一步检验回归结果的稳健性。一般认为，检验Oprobit回归结果的稳健性主要有三种：调整样本区间、改变计量模型、替换控制变量[①]。本研究拟采用改变计量模型的方法，通过OLS的估计方法进行检验。表7－5的结果显示，所有核心变量的估计结果与Oprobit回归的结果基本一致，从而验证了公民个体特征层面、政府能力层面和政民互动层面的相关变量，对公民满意度的影响是显著的，故模型成功通过稳健性检验。

表7－5　稳健性检验结果

变　量	Oprobit回归		OLS回归	
	系　数	标准误	系　数	标准误
官员能力	－0.008	0.036	－0.014	0.026
财政能力	0.088**	0.039	0.058**	0.029
政务公开	0.573***	0.017	0.421***	0.011
经济绩效	－0.106**	0.050	－0.067*	0.037
社会保障	0.099***	0.009	0.068***	0.007
社会信任	0.074***	0.011	0.048***	0.008
社会公平感	0.225***	0.018	0.189***	0.014

① 陈强：《高级计量经济学及Stata应用(第二版)》，高等教育出版社，2014，第192页。

续 表

变　量	Oprobit 回归		OLS 回归	
	系　数	标准误	系　数	标准误
就业状态	0.122***	0.044	0.086***	0.032
经济地位	−0.027**	0.014	−0.019*	0.010
互动意愿	0.045***	0.014	0.028***	0.010
正向互动行为	0.029	0.059	0.013	0.043
负向互动行为	−0.535***	0.090	−0.456***	0.067
性别	0.079**	0.036	0.074***	0.026
年龄	0.004***	0.001	0.003***	0.001
政治面貌	0.034	0.061	0.050	0.044
中部	−0.146**	0.070	−0.077	0.052
东部	−0.024	0.068	0.013	0.050
西部	−0.077	0.070	−0.035	0.051
样本量	5 000			

资料来源：笔者自制。

注：双边检验，“*”表示显著性 $P<0.1$，“**”表示显著性 $P<0.05$，“***”表示显著性 $P<0.01$。各分类变量的参照对象同上表注释。

第五节　结论与政策建议

一、研究结论

前文的分析结果表明，在县域治理实践中，公民满意度总体上较好。在政府能力层面，财政能力、政务公开、经济绩效、社会保障对公民满意度都有显著影响，官员能力对公民满意度无显著影响，这反映了县域群众的政治态度已从“感性”走向“理性”。在公民个体特征层面，社会信任、社会公平感、就业状态、经济地位等对公民满意度均有显著影响。在政民互动层面，互动意愿与负向互动行为对公民满意度都有显著影响，而正向互动行为对公民满意度则无显著影响。这可能是因为实践中正向互动行为多是低效甚至无效的互动，相关活动的形式主义严重，无法从根本上提高公民的满意度。值得注意的是，政府经济绩效和公民经济地位对满意度均有显著的负向影响。这说明，在后物质主义时代，发展型政府必须转变思维，坚持以人民为中心，适应公民需求变化，提升治理能力。基于以上发现，结合我国县域发展的实际情况，本研究提出如下对策建议，以期打造人民满意的县级政府，推进县域服务型政府的发展。

二、政策建议

（一）推进县域高质量发展，积极营造县域就业创业“引力场”

稳定的就业和可观的收入是个人幸福生活的基础。研究结果显示，居民的就业状态显著影响其对政府的满意度。目前，我国县域就业市场面临着工作机会不足和工资待遇低下两大困境。在这一背景下，居民多从事收入低、不稳定的工作，或背井离乡求生活。这意味着县级政府应该着力培育和完善县域就业市场，用积极的政策手段为居民追求幸福生活打好基础。首先，加大招商引资力度、吸引投资办厂，创造就业岗位，这就要求县级政府积极优化营商和投资环境，充分挖掘自身资源、提供优惠政策以“筑巢引凤”。在“有业可就”的基础之上，推动高质量发展、全面提升劳动者薪资待遇。实现从“就业”到“乐业”的转变需要不断推进，县级政府一方面要着力推动产业升级，淘汰落后产业，引进人才打造高科技工业园区，以发展效益高的生产性服务业和高科技制造业，另一方面要出台且落实保障劳动者权益的政策措施，打击克扣工资、损害劳动者权益的行为，同时推动私有企业、股份制企业中工会的组建，发挥工会保障劳动者权益的作用。其次，应创新思维，瞄准新兴就业市场，探索电商、线上服务业等灵活就业领域，同时强化就业技能培训，提供创业支持政策，实现就业市场“活起来”。

（二）坚持在发展中保障和改善民生，打造群众高质量生活新格局

前文分析结果表明，高经济绩效和高收入水平，并未带来更高的公民满意

度。这说明“唯GDP”的发展模式不利于新发展阶段县域治理效能的整体提升，县级政府应做到将发展经济与改善民生紧密结合，让改革开放的发展成果更多、更公平地惠及全体人民，努力提升县域公共服务能力和水平。首先，瞄准县域群众最为关心的医疗、教育和住房三大领域，加强政府调控与财政投入，减轻群众负担，以提升群众实际可支配收入。其次，提升公共服务供给的精准性，一方面深入开展调研，了解群众需求，另一方面打通群众意见反馈渠道，将资金应用到群众最需要的地方，杜绝公共服务供给缺位和错配的问题，实现供需对接。最后，在部分公共服务领域，推动政府与社会资本的合作，发挥市场资本和管理的优势，提供更高质量的公共服务。

（三）促进社会公平正义，提升县域依法治理能力

本研究发现，社会公平感是公民个体层面解释力最强的因素，可见社会公平感是影响县域公民满意度的关键的个体特征。实现社会公平正义、切实增进民生福祉是全面深化改革的出发点和落脚点，也是治国理政的重要目标导向。在促进社会公平正义的实践中，推进依法治理、实现县域治理的法治化是根本保障。一是县级政府要对权力本身进行制度约束，规范自身的行为或活动，通过建立权力清单制度，对各项行政职权进行合法性审查，同时加强对公务人员的法律培训工作，在制度和执行者两个层面推进依法行政。二是加快司法体制改革，不断打击依靠权钱作威作福的黑恶势力，让群众在每一个司法案件中都感受到公平正义。三是有针对性地在县域深入推进法治政府建设，将依法行政纳入县域公职人员的政绩考核中，不断激发县域治理的法治化动力，并及时总结优秀的县域治理经验，发挥以点带面的杠杆作用。四是继续在全社会营造遵纪守法的良好氛围，推进普法工作的开展，不断提升群众的法治素养。

（四）强化“互联网＋政务服务”，推进县域政务公开

政府政务公开的程度直接影响着群众对政府的信任。目前我国不少地方政府的政务公开程度仍不理想，主要表现为公开内容少和信息时效性差两大问题。互联网信息技术的飞速发展和广泛普及，为县级政府推动政务公开和提升政务服务效能提供了新的技术工具，加强“互联网＋政务服务”成为县级政府能力建设的重要方向。县级政府应提升互联网应用能力，着力打造功能齐全的“互联

网＋政务服务”平台。一是立足于顶层设计，依据地方特色，完善现有政务公开的法律文件，促使县级政府信息公开的范围更加明确，细化不公开信息的规定；二是要促进各部门功能信息的整合互通，将多部门的信息数据和智能业务汇入同一开放平台，打造以政府网站为核心的阳光政务信息平台，方便群众查询和办理业务；三是开发移动端软件程序，将政府的数据和各项业务整合到手机应用程序中，一方面能降低政府行政成本，另一方面也能方便基层干部和群众，降低群众获取政府信息和办理业务的成本。

（五）构建和谐政民关系，提升县域治理效能

政府和群众之间的良性互动，在本质上体现了治理主体的多元性，有利于完善政府、市场、社会的互补机制。张书维等提出的双轮模型，进一步强调了政府与公民之间良性互动的现实意义。良性的官民互动应同时具备有序性和有效性，但目前一些县级政府只关注到了有序性，公民在与政府的互动中往往难以收获实质性的效果，这就要求县级政府在确保政民互动有序性的前提下，提升有效性。为此，首先，保持政民互动渠道畅通。在现实中，群众向政府反馈意见时经常遇到“踢皮球”“打太极”等现象，这在阻碍信息有效传递的同时，还严重损害了政府形象。县级政府应保障信访制度、县长热线等信息渠道的畅通，实现100％回应率，同时保障上访人的隐私和安全。其次，多渠道搭建以政府为主导的政民互动平台，特别是线上互动，例如电视问政、政务微博、“领导留言板”等渠道。最后，注重正向互动的作用，正向互动能够促进群众对政府的了解，在这个过程中政府要积极为民，避免形式主义，这将有助于建立良好的政府形象，推进基层政民融合。以上措施可实现信息的双向传递，完善政民协商机制，促使群众以更加积极的态度参与到公共治理之中，从而弥补政府内部评价体系的不足，推进县域治理效能的提升。

第八章
公民参与公共服务绩效评价的挑战和前景

第一节 数字时代的政府治理变革与公民评价特征

一、数字时代的政府治理变革

新一代数字技术不仅改变了人们的生产和生活方式，而且对政府治理模式也提出了新的要求，推进数字政府建设是政府治理体系和治理能力现代化的必然趋势。我国数字政府建设源自20世纪90年代的电子政务建设，其大致分为信息化时代、数据化时代、智能化时代三个发展阶段[①]。信息化阶段也称“电子政府”阶段，在我国始于1999年的“政府上网工程”，其技术核心是基于信息技术的电子化、无纸化和网络化，强调办公和管理效率的提升，应用于政务网站和办公自动化。数据化阶段也称“数字政府”阶段，其技术核心是基于互联网技术的数据共享和利用，强调业务协同和政务服务的优化，应用于行政服务集中办理和政务数据公开。智能化阶段也称“智慧政府或数字政府2.0”阶段，其技术核心是互联网、物联网、人工智能和大数据，强调行政智能化。在此阶段，大量个性化和智能化的主动服务不断涌现，并应用于自动化决策、智慧城市等领域。“十四五”

---

① 张建锋：《数字政府2.0：数据智能助力治理现代化》，中信出版社，2021，第41页。

规划已明确数字政府发展的战略方向，我国数字政府建设正在由信息化、互联网＋，迈向以数据化和数据创新为标志的“数字政府 2.0”发展新格局。

数字政府是一个正在发展中的新型治理模式，它是指政府通过数字化思维、理念、战略、资源、工具和规则等治理信息社会空间，提供优质公共服务，提高公共服务满意度的过程[①]。政府的数字化转型，是政府运用数据技术改变政府的结构、功能、工作流程、服务提供方式以及行政文化，重塑政府与民众的关系，再造政府履行职能和治理模式。数字政府的核心在于，政府应用现代数字技术实现良好政府的基本原则，更好达成政府施政的政策目标，为公民和社会创造更大的公共价值，强调政府典范或公共服务典范的转移[②]。可见，数字政府的实质是以公民为中心，用数字驱动政府运行的网络化、平台化、数据化、智能化、生态化，实现政府决策智能化、权力运行透明化、公共服务精准化、流程再造高效化。

数字时代的政府公共服务，坚持以人民为中心，政府与群众可以实现“双在线”，基于“供需对接”的服务职能得以强化，公共服务供给随需求变化而变化，公共服务边界得以拓展，民生服务质量不断提升。新发展阶段的政府治理目标是，打造一个数字化转型的公民驱动的政府，公共服务数字化转型的关键在于，能否实现公共服务向以公民为中心转变，而基于公民满意度导向的公共服务绩效评价，则是达成目标的重要举措。因此，公民参与公共服务绩效评价——参与式绩效评价，仍然是数字时代政府效能建设的重要议题；深入剖析数字时代公民参与公共服务绩效评价的特征、挑战及应对策略，对我国推进公共服务高质量发展，实现数字政府建设目标至关重要。

二、数字时代公民参与公共服务绩效评价的特征

公民参与是数字时代公共生活的重要组成部分，也是公共管理者无法回避的环境和工作情景[③]。在前数字时代，公民需求主要由服务供给方主导，即供给创造需求，公民被动接受服务，公民参与服务绩效评价体现为无参与或被动参

---

① 马颜昕：《数字政府：变革与法治》，中国人民大学出版社，2021，第 13 页。

② 张成福：《数字化时代的政府转型与数字政府》，《行政论坛》2020 年第 6 期。

③ [美] 约翰·克莱顿·托马斯：《公共决策中的公民参与》，孙柏瑛等译，中国人民大学出版社，2010，第 10 页。

与，公民评价的形式主义突出。而数字时代的公共服务供给是需求牵引的供给，体现了“1对N”的服务供需状态，政府和公民可以借助数字技术，实现服务供需的双向互动，公民在服务体验后可以及时有效地评价服务质量。与公民参与服务绩效评价的传统模式有别，数字时代公民参与公共服务绩效评价将体现出新的特征。

（一）公民高度参与公共服务绩效评价

数字时代政府绩效管理的组织变革，将推进公民参与从被动的“有限参与”转向主动的“高度参与”。公共服务绩效评价的组织结构，将由科层组织结构转变为扁平化的网络组织结构。传统科层制政府已无法满足数字政府复杂而快速变革的治理需求，专门性、创新性、迅捷性、灵活性和扩大的影响力等，是网络组织治理的强大驱动力，也是网络化组织管理的优势或特点所在。绩效管理组织结构的变革，意味着公民参与公共服务绩效评价的组织模式将发生变化。公民评价的传统模式强调自上而下的组织动员，以政府管理效率为中心，公民参与评价大多停留于被动参与的应对模式；而网络组织强调整体性和共同治理，即网络中任意一个组织的不良绩效或任意两个组织的关系破裂，都可能危害网络的整体绩效，所以管理者在网络组织中必须动态管理目标、协调多级伙伴，克服科层单向管理中的黑箱作业和信息不足问题。在数字时代，公民评价的组织模式将体现整体、协作、互动、透明等特点，公民对服务质量的认知不仅来自政府部门的纵向传导，还可以借助网络平台获得多方面的服务信息，甚至通过自己的服务体验获得信息。可见，数字时代公共服务绩效评价的组织重构，将为公民从消极参与转向积极参与提供基础，也为参与式绩效评价实现公共价值的最大化提供组织结构上的支持。

（二）公民评价结果的准确性得以提升

数字时代公民评价的绩效信息将自动生成，公民评价结果的准确性将得以提升。在此，绩效信息是指公民基于服务感知做出的服务质量评价结果，包括综合的满意度评价和服务过程的单项评价。在前数字时代，公民评价公共服务的绩效信息主要来自政府部门的主动收集，即政府为了绩效考核，会专门组织公民参与绩效评价，或者直接由政府相关部门组织公民参与并收集绩效信息，或者委托第三方组织并收集绩效信息。不管采取何种形式收集公民的绩效评价信息，都避免不了信息失真问题，因为信息化和互联网阶段的政府没有完全实现政务公开，公民对评价对象和内容缺乏充分了解，这在客观上影响了公民评价的准确性。在数字政府2.0阶段，大数据、人工智能、物联网、云计算等新一代数字技术，有助于打破信息封锁，政府更加开放透明，公民对公共服务的真实水平和服务质量的感知可以在其使用服务的同时产生，如各地的政务服务“好差评”活动，公民在服务体验后就可以直接评价。数字时代的公民评价信息，不必由政府部门专门为考核去收集，而是公共部门在日常管理或服务供给中就可以自动产生和累积[①]。可见，参与式绩效评价的绩效信息，在数字时代更客观、更准确，避免了服务外部情景因素对公民参与的影响，这将有助于实质性提升公民评价的准确性。

（三）绩效信息主要用于服务改进

数字时代公民评价公共服务的绩效信息，将主要用于绩效预测和绩效改进，促进公共价值的高效提升。绩效信息是公共服务绩效管理的核心，公共服务绩效管理也就是绩效信息的使用。一般而言，政府绩效信息主要用于问题诊断、决策支持、组织学习、绩效改进等方面[②]。传统政府绩效管理的目标主要是内部控制，如问责和激励，而绩效改进次之。数字时代公共服务绩效管理的网络化、平台化、数据化、智能化，使绩效信息使用首先指向绩效预测和绩效改进，因为数字时代绩效数据更具丰富性和实时性，大数据分析技术使绩效信息使用的频率和强度明显提升，公共服务绩效信息的回溯性增强，绩效管理的预测能力也随之提升。这为公共服务绩效管理的问题诊断、决策优化和绩效改进提供了条件。基于绩效改进的绩效信息使用，有助于数字政府深化“以人民为中心”的执政理念，进而立足服务导向牵引政府治理的整体协同，促进公共服务的精准化和高质量供给。

总之，随着数字技术的不断发展，公共服务绩效评价中的公民参与将彰显其

① 马亮：《大数据时代的政府绩效管理》，《理论探索》2020年第6期。

② 马亮：《政府绩效信息使用：理论整合、文献述评与研究展望》，《电子科技大学学报（社会科学版）》2014年第5期。

开放性和多样性,公民评价的准确性、参与广度和深度、绩效信息的使用,都将紧扣以公民为中心之基本原则,实现传统公民评价困局的完美蜕变。参与式绩效评价与公共服务数字化转型将“相互成就”,公共价值将实现“质与量”的历史性突破。这也是公民参与公共服务绩效评价的应然特征甚或发展机遇。

第二节 数字时代公民参与公共服务绩效评价的挑战

公民参与公共服务绩效评价,是数字时代公共服务效能建设的内在要求,其对公共服务高质量发展的积极影响不容置疑。同时,数字时代公民参与公共服务绩效评价,也将面对诸多挑战和隐忧,尤其在数字垄断、组织变革、技术不公正、公民数字素养、信息共享等方面的梗阻,可能带来公民评价服务绩效传统困局的延续,以致高效而实质性的公民评价目标难以实现。

一、数字垄断导致公民参与的能动性受挫

实践表明,新一代数字技术首先应用于私人领域。私人部门在数字政府建设初期具有绝对话语权,因为企业在数字技术方面有相对优势,政府应用数字技术需要与企业合作。在公私部门合作过程中,数字技术或将超越其作为手段的工具性意义,不断建构“隐性权力”,侵害公民的个人隐私①;同时,信息优势者(企业或政府)将通过对技术知识的保密,来强化其优越地位,以致群众始终处于“理性无知”状态。当私人部门拥有足够的数据和计算能力的时候,实际上它就操控了人们的生活甚或公共活动②。企业具有天然的自利性,如何保证公私合作行为不偏离公共性,这是一个很具挑战性的问题。可见,信息技术不仅孕育着走向数字民主的机会,而且潜伏着滑向“数字利维坦”的现实风险③。数字时代

---

① 唐皇凤、陶建武:《大数据时代的中国国家治理能力建设》,《探索与争鸣》2014 第 10 期。
② 张成福:《公共管理学》,中国人民大学出版社,2020,第 317 页。
③ 肖滨:《信息技术在国家治理中的双面性与非均衡性》,《学术研究》2009 年第 11 期。

技术专业化带来的保密性，可能导致公民无法真实感知服务质量，进而使公民评价重返“自主性缺失”，公民被动参与公共服务绩效评价或将持续。

同时，数字时代公共服务信息需要集中式的系统处理，公共数据资源会更加集中，而资源集中意味着权力集中。如果数据权属及其责任边界问题得不到解决，那么势必带来公共领域基于算法技术的“再集权”。目前，虽然很多地方如上海、福建、北京、重庆、广东等，先后制定了省级层面的政务数据管理办法，但国家政务服务及公共服务数据资源的归属、使用、管理等缺乏统一明确的规定，公共服务数据仍然归部门私有。如果缺乏健全的数据产权制度及数字化法治政府，那么数据垄断不仅影响数字经济的发展，也会制约数字社会的进步，民众公共生活的受控程度或将发展至历史新高。因为数字政府发展更需要开放、包容、透明、参与的民主行政模式，而民主行政强调分散式的信息处理，鼓励基于数据信息的多方参与式决策。总之，新技术的高度专业化和集中式的信息处理，将带来数字垄断甚至数字独裁，公民参与的权利和自由都可能再次受挫，公民评价公共服务绩效的自主性和理性或将遭遇破坏，即参与式公共绩效评价的能动性将再次面临挑战。

二、公共组织变革滞后考验公民参与的有效性

数字时代的公共服务具有整合性、个性化、及时性、协作性等特点，这将影响公共服务价值目标的实现，也关涉公民参与公共服务评价中公民实际的参与程度。事实上，要凸显公共服务的这些特点，尚需重塑公共服务组织结构，体现公共组织的整体性、开放性、互动性和透明性。我国作为第一个创造科层制的现代国家的典范，面对幅员辽阔、民族多元一体的国家特性，其现代化建设必须优先遵从规则、秩序和稳定之基本原则。当前，我国公共组织模式发展尚处于转型期，即由封闭静态的官僚制组织向开放灵活的网络合作制组织转变，而不少地方政府组织变革刚刚起步，或者步履维艰，组织结构重塑面临观念、文化、制度、经济等多重因素的制约，公共组织变革明显滞后于数字技术的进步。数字技术驱动的参与式绩效评价需要实现数据的动态生产、处理、分析和反馈，达成实时评价和动态评价，而传统组织环境中的公民评价更多的是一种静态评价、滞后评

价，难以得到科学有效的公民评价结果。

随着数字技术的日新月异，静态稳定的组织结构已经无法适应数字时代国家治理现代化的需要。面对海量数据的迅速生产，尤其是非结构性数据的常态化，公共服务数据信息呈现出更明显的复杂性。如果数字时代公共组织依然沿袭传统组织自上而下的封闭式治理，必然加剧信息垄断和暗箱操作，导致公民在公共活动中逐步被边缘化，"理性无知"的公民依然存在，以致公民难以感知真实的服务质量，公民评价再次步入"应对拼凑"的困局。同时，数字化转型期的绩效评价组织还是一个典型的管理型科层组织，监督控制是其实施公共服务绩效评价的基本目标，公民对服务质量信息的感知主要来自政府部门的主动收集。传统组织开展的公共服务绩效评价活动，主要采取自上而下的评价模式，政民互动较少，公民评价只是政府内部评价的补充，由单一评价主体主导评价活动，公共活动无法体现公民的自觉性和自主性，公民消极应对较为普遍。这些年来珠海的"万人评政府"、南京的"群众评价机关"、青岛的"三民"活动等，仍然是管理行政下的评价模式，公民参与具有明显的被动性和盲目性。总之，数字政府建设中，线下科层制政府与线上扁平化政府之间的结构性矛盾将会凸显①，公共组织变革滞后，可能导致公民评价难以摆脱"有限参与"困局，公民参与的有效性问题也会依然存在；推进公共组织从"封闭系统"转向"开放系统"，实现绩效评价组织的数字化变革，或许是解决问题的关键一环。

三、数字发展不平衡加剧公民参与不平等

英国《经济学人》2017 年刊文称，数据已超越石油成为当今世界最有价值的资源②。数据作为新发展阶段的第五生产要素，在未来的经济社会发展中具有绝对的主导权，谁拥有数字发展能力谁就占据发展的制高点。在数字化发展中，相对于无限增长的需求而言，数据资源的稀缺性决定了数字发展不平衡难以避免，主要包括数字发展的区域差异和个体差异。就区域差异而言，虽然中央统一

① 姜宝、曹太鑫、康伟：《数字政府驱动的基层政府组织结构变革研究——基于佛山市南海区政府的案例》，《公共管理学报》2022 年第 2 期。

② The Economist, "The World's Most Valuable Resource", *Economist* 9039(2017), p.7.

部署了地方政府数字化转型的战略任务，但实践中地方数字化发展，尚需借助数字化的思维理念、实施战略、资源、工具、规则等条件来落实。由于我国区域经济发展不平衡是一个历史性问题，近年来东西发展差异和城乡发展差异虽然有一定程度的缓解，但总体上的区域发展不平衡依然存在，尤其是南北发展差距逐年扩大。同时，数字化发展所需条件是建基于经济发展的，经济发展的不平衡将直接影响区域数字化发展的战略理念、资源条件、技术手段、治理工具、数字规则等，故数字化发展的区域不平衡问题仍然存在。数字发展的区域差异给公民参与公共服务绩效评价究竟会带来什么影响？这首先体现为公民参与公共服务绩效评价的区域机会不平等。因为随着公共服务的数字化转型，公民评价服务绩效需适应数字化的技术要求，数字发展的硬条件和软条件均须备齐。一些资源匮乏的地方政府难以应对数字时代提出的能力挑战，尤其是乡镇层面的数据治理能力亟待加强，基层作为绩效评价模块化应用的主要层级，很难独立开展数字技术应用。数字时代急需数据收集、存储、处理、分析和解释方面的专业人才，特别是来自大数据、人工智能、心理学、生物工程等学科领域的专家型人才。因此，数字化发展的区域差异，必然带来不同区域公民的参与机会不平等，进而影响公民评价的区域目标达成，甚至进一步加剧公民参与的地区差距。

就个体差异来看，公民个人的数字技能一般会因为个体的经济条件、家庭环境、自身素质的差异而有别。个体的环境和天资条件差异，必然带来数字化能力习得的个体差异，即数字化社会必然存在数字技术能力相对薄弱的群体，他们的数字信息资源相对缺乏，这将直接影响该群体参与服务绩效评价的机会。数字时代公民参与公共服务绩效评价，不仅绩效信息获取需要掌握信息化、网络化的技术，更重要的是服务信息辨识、理解甚至绩效信息使用，也需要公民具备相应的数字素养，否则公共服务绩效评价的公民为中心原则便是一句空话。对信息条件相对落后的群体而言，面对预先设定的结构化评价体系，很可能会再次陷入“参与冷漠”甚至放弃参与。在某种意义上，技术发展带来的数字鸿沟，使数字技术弱势者陷入“数字贫困”，这也是森所强调的能力贫困范畴。可见，数字贫困使得数字弱势者参与评价的权利被“剥夺”，公共服务绩效评价实践将出现参与不平等问题。技术进步可能会进一步加大不平等，这种不平等状况不仅表现为数字技术拥有者与匮乏者之间的差距，而且可能带来政治、社会的不平等，甚至反过来催生经济的不平等。因此，数字时代公共服务绩效评价中的参与不平等问题需引起高度关注。

四、公民数字素养不足导致公民实质性参与受阻

公民的数字素养是数字时代公民在学习、工作、生活等过程中，采用数字技术参与社会活动的素质和能力的集合，主要包括数字获取、制作、使用、交互、分享、评价、创新、安全保障、伦理道德等①。可见，公民的数字素养不是简单的技术应用能力，而是一项综合素养和技能。数字政府建设是建立在数字人才的基础上的，数字时代的参与式绩效评价也是立足公民数字素养而开展的，包括管理者和参与者的数字素养。故数字素养不足是影响公民评价公共服务绩效的重要因素。发达国家数字化转型的经验表明，传统科层制行政难以支持数字化发展，但秩序和规则依然是大国治理之基础，如何在稳定秩序的基础上培养公民包容、合作、创新的数字思维，将政民互动嵌入有序治理，这将是一项艰巨任务。可见，在数字化转型期公民的数字素养成长将受到文化、体制等传统结构性力量的牵制，公民数字素养不足或将是数字政府建设中的惯常现象。

公民数字素养不足会给参与式绩效评价带来怎样的影响？数字政府建设要求将数字技术应用于公共服务领域，实现公共服务的数字化转型，进而立足公共服务供需对接，提升公共服务供给的精准性和有效性。在此基础上，引入公民评价公共服务绩效，必然要求公民具有基础的数字化能力，包括服务信息获取、服务质量识别、需求信息传递、服务质量评价及隐私保护等方面的能力。当前，我国数字公民培育还处于初级阶段，中小学课程中的数字知识明显不够，现实社会中还存在大量智能网络之外的"未开化"人群，而这类群体很可能成为数字化革命的边缘群体，他们可能因为无法表达利益诉求而成为隐性失声群体。如近些年杭州、厦门、烟台等很多地方开展的网上"社会评议机关"活动，都将给有数字障碍群体的服务体验带来不便。因此，当公民数字素养无法满足公共服务的数

---

① 央视网：《什么是"数字素养"?》，http://news.cctv.com/2022/07/23/ARTIXJjs2okqMwzXQB9qM13P220723.shtml，访问日期：2022年7月30日。

字化发展，公民参与可能就是应付形式，真正的实质性的公民参与难以达成，而这与数字时代的公民本位理念又明显不符。可见，公民数字素养提升尤为关键。

五、政务信息有限开放不利于绩效改进

信息公开是公民参与公共服务绩效评价的基本前提，但无限度的信息公开即便在数字时代也不可能实现。为什么数字时代不能实现无限度的政务信息流通？对于肩负公共使命的政府而言，任何政府治理的目标都具有内部目标控制和满足外部需求的双重责任，对于数字时代的地方政府来说，基于双重责任的公共治理尤为重要。一方面，在政府内部事务管理中，行政活动具有天然的专业性和保密性，尤其在预算、执法和政策制定的目标控制中，政府管理者需要先期预判风险和控制信息流出，所以政府会选择性地公开政务信息，这是基于内部管理的有限公开。另一方面，在社会管理和公共服务中，政府活动主要面向基层或公众，活动本身存在诸多不确定性，政府管理者对公共活动及服务信息的全面掌握，是其控制风险的前提，政府相关信息必须有利于公共活动，所以进行选择性公开，这是基于社会治理的选择性公开。可见，政务信息的有限开放难以避免。数字技术有助于政府部门优先获得海量数据，数据控制权如何更公正地释放能量，还需依赖政府部门对数据意涵和具体指向进行正确解读，而其中权力的正当使用尤为关键。因此，政务信息的有限开放需要正义来保驾护航。

政务信息的有限开放必然影响绩效评价目标的实现。由政府治理目标的双重责任可知，公共服务绩效评价的目标一般包括问责控制、优化决策、绩效改进，为适应数字政府提升公共价值的需要，公民评价的目标更强调绩效改进。公民参与公共服务绩效评价的有效性在很大程度上依赖于政府信息开放程度，政府信息越开放透明，公民对政务服务信息的了解越多，进而更容易做出准确的服务评价。数字时代政府开放信息的渠道越来越多，政府理应更加透明，但除了正当性保密数据，实践中政府官员的自利性，可能会驱使其非正当地进行选择性开放数据，即开放对政府形象有利的数据，诱导公民做出有利于官方的评价，而对于服务绩效差的数据，政府可能会选择隐藏，或者将不利信息置于公民收集成本较高的平台。于是，公民所能获得的服务信息往往都是正面的数据，显然这与政务

信息开放的初衷相违背。同时,这种非正当性有限开放信息,也会扭曲公民评价结果的客观性,以致绩效信息的有效利用受限,阻碍绩效改进目标的实现,并降低公民参与公共服务绩效评价的积极性。可见,政府公共服务的数据开放制度建设尤显迫切。

第三节　数字时代公民参与公共服务绩效评价的前景

一、数字时代公民参与公共服务绩效评价的应对策略

公民参与公共服务绩效评价面临的挑战,与政府数字化转型的内生性结构问题相伴而生,问题解决的"结构之维"甚为关键。同时,在公民参与公共服务绩效评价的具体场景中,服务绩效管理者和评价者的素质和能力,在应对挑战中也不可忽视,此乃问题解决的"行动之维"。以下将从"结构-行动"视角,讨论数字时代公民评价面临挑战的应对策略,并讨论未来相关研究的可能方向。

(一)加强数字化参与式绩效评价的制度建设

数字化参与式绩效评价来自数字化公民参与的概念意涵,数字化公民参与是指公民利用数字信息技术获取政务信息、参与政务活动、表达利益诉求,以影响公共管理活动的政治行为。据此,所谓数字化参与式绩效评价,是指公民借助数字化技术收集公共服务信息,表达公共服务需求,评判公共服务质量,以促进公共服务水平的提升,实现公共服务精准供给的公民评价服务绩效的活动。数字化参与式绩效评价具有参与方式灵活、参与途径多样、参与过程匿名、参与成本低等特点,这为公民积极有效参与公共服务绩效评价提供了有利条件,但在持续推进数字时代的公民评价方面,尚需加强相关制度建设。制度规范的不完善是我国数字政府绩效评估面临的现实问题[①],也是公民参与公共服务绩效评价

① 王伟玲:《中国数字政府绩效评估:理论与实践》,《电子政务》2022 年第 4 期。

发展的一大瓶颈，因为数字时代以需求牵引的服务供给绩效，同样需要有相关法律制度提供保障。

数字化参与式绩效评价的制度建设主要包括两个层面：一是国家层面，即立足数字法治政府建设，制定数字政府公共服务绩效评价的基础性法律法规。2021 年 8 月发布的《法治政府建设实施纲要（2015—2020 年）》已明确提出数字法治政府建设的目标和内容，如数据确权、政务数据共享、数据监管等。在此基础上，需建立健全数字化参与式绩效评价基本的法律法规，尤其是“公民参与法”“公共服务部门法”“预算法”等，为公民参与服务绩效评价提供基础性的法律保障，明确数字时代公共服务绩效评价的“外部责任导向”。二是地方层面，立足数字化参与式绩效评价的实践，建立地方层级的数字化参与式绩效评价的制度规范，主要包括公民参与服务绩效评价的战略规划、年度计划、绩效报告制度、绩效评价制度、绩效监督制度、绩效信息使用制度、信息公开共享制度等。选择从地方层面建章立制，是因为公民参与公共服务绩效评价的已有实践大多来自地方，如南京、沈阳、北京、珠海、青岛等，有影响力的公民评价活动都是在地方层面上；即便在数字技术高度发达的阶段，公共服务的基层性也决定了大部分参与式绩效评价实践依然在地方。为此，可以在省级层面制定数字化参与式绩效评价的地方规章或地方性法规，有条件的地级市也可以制定相关制度规范。这将有助于明确数字化参与式绩效评价的责任，确保公民评价的权威性和持续性，提升公民参与的能动性和有效性。

（二）推进参与式绩效评价组织的数字化转型

参与式绩效评价组织的数字化转型，是数字化参与式绩效评价得以有序开展的组织保障。数字化参与式绩效评价的组织体系建构，主要依赖于政府管理组织体系整体的数字化转型。政府管理组织数字化转型的关键是重组公共管理过程，将公共组织变革与数字化转型结合起来，推动政府流程再造，优化数字时代公共服务供给方式。数字化参与式绩效评价的组织体系一般包括财政预算部门、资金使用部门（或服务供给部门）、评价实施机构、评价参与机构和公民等组织及绩效管理系统。参与式绩效评价组织体系的数字化转型，旨在适应数字技术发展需要，通过数字技术改变传统参与式绩效评价“指挥-控制”的组织结构模式，再造公民参与绩效评价的流程，重塑政府实施参与式绩效评价的管理模式和公民参与形式。

如何推进参与式绩效评价组织的数字化转型？首先，在战略层面，需加强高层领导者对参与式绩效评价的数字认知和数字绩效领导能力。尤其是地方党政领导应明确数字时代公民参与公共服务绩效评价的愿景、战略和目标，并建立强有力的专门负责参与式绩效评价的数字化领导层。事实上，地方领导在多大程度上支持参与式绩效评价？是否有足够的财力支持？是否有专门的评价机构推进？这些都与地方领导的理念和注意力有关，也是数字化参与式绩效评价的组织保障。其次，在策略层面，促进绩效管理部门的数字化转型，打造参与式绩效管理的数字化组织。参与式绩效评价组织的数字化转型，嵌入政府整体的数字化转型之中，具有政府数字化转型的一般内容，即以公民服务体验为中心，搭建以“目标＋服务”为导向的扁平化组织结构，制定绩效管理的标准化工作流程，加强绩效信息共享，增强部门之间、政府与公民之间的沟通和互动，实现评价过程从“封闭”走向“开放”。这将为参与式绩效评价目标从“内部控制型”转向“外部责任型”提供组织力。最后，构建适应公民参与需要的数字化公共服务评价的平台系统，为参与式绩效评价的目标达成，乃至公共价值的共同创造提供条件。为此，在操作层面，我们需加强技术赋能和应用场景建设，完善数字化公共服务系统，建立公民参与服务绩效评价的数字平台系统，加强公民评价结果的储存、分享和有效利用，提高绩效数据的价值创造力。

（三）构建“以服务使用者为中心”的数字化公共服务绩效评价体系

立足“以服务使用者为中心”的数字化公共服务评价体系，是数字时代公民参与公共服务绩效评价的基本原则，也是数字化公共服务质量发展的内在要求，其对未来数字政府效能建设的持续发展意义重大。当前，一些地方政府为了追赶“数字服务”的时髦标签，热衷“高大上”的数字化服务项目，较少考虑使用者的实际需求和感受，比如为老年人提供的“智能腕表”“一键叫车”服务，这些服务的整体使用率偏低；即使覆盖率较高的“一网通办”等服务，其对使用者的假设是“能熟练操作智能设备”，针对数字障碍者的功能设计考虑不够周全。因此，构建数字时代公民参与的公共服务绩效评价体系，尚需立足“以服务使用者为中心”，以使用者的感受度和满意度为导向，这也是数字时代公民评价的基本原则。

数字化公共服务绩效评价体系，主要包括评价主体、评价指标、评价方式等，其中指标体系尤为关键。首先，关于评价主体的选择，应立足谁使用谁评价，即服务使用者理应是数字化公共服务绩效评价的主体。其中 18 岁以下的服务体验者，可以让家人代替评价，而对于有数字障碍的服务体验者，可以设置专门的线下评价。总之，须保证服务体验者的评价权得到真正落实。其次，关于评价指标的筛选，应从技术和服务两个维度着手，考虑技术的可及性、服务的感受度和满意度。巴克利(Buckley)针对电子服务质量评价，提出了可靠性、隐私安全、效率、用户满意度四个评价指标①；在此基础上，郑跃平等提出了数字政府服务质量评价的四个指标，即满意度、易用性、效率、隐私担忧②。结合我国公共服务数字化转型的阶段性特征，本研究认为当前我国公民评价应包括隐私安全、易操作性、可及性成本、效率、使用者满意度五个指标。最后，关于评价方式的设计，应结合数字技术的区域发展水平，以及评价主体的技术可及性和数字化能力，选择线上线下相结合的嵌入式评价方式，即将服务场景体验和评价融为一体。无论服务类型是线上还是线下，公民参与评价的方式可以是线上也可以是线下。因为无论数字化发展水平多高，即使数字代际传递有限，但数字障碍群体始终都是存在的，多种方式灵活安排是更周全的考虑。因此，选择评价方式不仅要考虑公民需求，还应顾及公民评价的技术条件。

(四) 增强参与式绩效评价管理者的数字化能力

如何在数字时代实现参与式绩效评价的公共价值最大化？提升参与式公共服务绩效管理者的数字化能力尤为重要。实践中，参与式公共服务绩效的管理者不仅是绩效评价的实施者，也是公共服务的绩效领导者。管理者的数字能力对公共服务绩效管理的数字化转型甚为关键，因为数字政府建设不是数字技术的简单植入，而是持续拥有专业的数字管理人才，以及一套有助于人才成长的数字人才培育体系。在参与式绩效评价中，绩效评价实施者在公共服务信息和绩

---

① Buckley J. "E-Service Quality and the Public Sector", *Managing Service Quality* 13, no.6(2003): 453 - 462.

② 郑跃平等：《需求导向下的数字政府建设图景：认知、使用和评价》，《电子政务》2022 年第 6 期。

效数据的使用、理解和创造等方面，必须具有相应的数字能力，具体包括数据收集整合能力、数字服务能力、大数据分析技术、绩效信息解读能力、绩效价值管理能力等。

为此，提升参与式公共服务绩效管理者的数字化能力，尚需从以下方面着手：首先，建立专门的政府数字技术培训系统，打造公务人员的数字成长环境。采取定期或不定期的实时动态培训或团队学习，将传统公务人员培养成“政治＋管理＋技术”的综合管理者人才，以提高绩效管理人员的整体数字认知和才能。其次，在政府公共服务绩效管理系统中，为参与式绩效评价设置大数据分析岗位，确保专门岗位数字技术人才的基本持有量。以公民为中心是数字政府建设的出发点和目标，公民评价的动力来自绩效信息使用，而绩效信息使用不只是与政府的使用意愿有关[①]，而对数字化转型期的政府而言，绩效信息使用的能力可能是首先要具备的。当前，在我国很多地方都在开展政务服务“好差评”活动，以及其他线上公共服务评价，这些活动产生的巨量数据信息并未被很好地挖掘和分析，尤其是大量面向公民的服务数据，因没有被充分利用而成为互联网的“数据垃圾”，故在参与式绩效评价中需要设置专门的大数据分析岗。最后，针对数字化发展的区域不平衡问题，国家应坚持技术赋能原则，在硬件设施完善的基础上，对重点区域公共服务绩效管理系统的工作人员进行数字技能扶持，并辅之以传帮带的“古法”模式，避免因数字技术加剧区域发展差距。总之，高素质的绩效管理者是公民能力成长的重要条件，增强管理者的数字化能力是提升公民数字素养的重要途径。

（五）提高公民参与的数字素养

数字素养是数字公民的内在要求，也是数字时代公民参与的基础能力要素。数字公民是公民在虚拟空间中运用数字技术进行工作、学习和生活的一种公民身份。其包括“技术使用”和“参与社会活动”两个属性，强调公民运用数字技术参与社会活动，应遵守相关规则和标准，适当且负责任地使用技术。可见，数字

① Moynihan D P, Pandey S K, “The Big Question for Performance Management: Why Do Managers Use Performance Information?” *Journal of Public Administration Research and Theory* 20, no.4 (2010): 849 - 866.

公民也是公民物理世界的权责利在虚拟世界得以同步实现的存在，其要求公民参与公共活动必须具备应有的数字素养，并且有助于数字时代公共价值的增长。

就公民数字素养的提升路径来看，主要包括国家层面的高位推动、数字公民的身份建构和全民数字素养教育。首先，国家应在数字化战略规划的基础上，进一步强化数字公民教育的系统化，引导全民数字素养发展。对此，国家“十四五”规划明确提出要重视“提升全民数字技能”，中央网信办等四部门也联合发布了《2022年提升全民数字素养与技能工作要点》，提出了多措并举提升全民数字素养的重点任务，但是还需部署全国统一的实施纲要以指导地方落实，对此国家层面的高位推动非常重要。其次，加强数字公民的身份建构。数字时代公民具有物理世界和虚拟世界的双重身份，两个身份的信息应保持同步更新，要将物理世界的身份信息转换为数字虚拟世界的信息，必须关注双重身份转换的关键节点，尤其是信息的识别、筛选、分类、标记等。数字公民身份的确立有助于赋能公共服务数字平台发展，实现双重身份的同步更新和赋权，提升公共服务绩效评价中公民参与的能动性和有效性。最后，推进全民数字素养教育。2018年，教育部基于数字时代公民数字生存和能力发展，制定了《教育信息化2.0行动计划》，明确了数字教育的目标体系和课程设置，但全日制教育体系对公民数字能力发展的贯彻落实还有待加强。数字时代培育全民数字素养应包括：一是数字意识素养，即理解数字权利与技术接入平等，增强数字公民的身份意识；二是数字沟通素养，即做到在线尊重，抵制网络欺凌，进行数字友好交流和网络公共参与等；三是数字学习素养，即利用数字工具促进学习，做到自身能力与技术发展保持同步；四是数字健康素养，即进行数字维权和风险规避，降低数字技术带来的健康危害。总之，提升公民参与的数字素养，有助于提升公民参与公共服务绩效评价的能力，提高参与式绩效评价的有效性。

二、讨论：参与式公共服务绩效评价发展的未来趋势

数字时代是数据驱动政府治理变革的时代，其以公共服务使用者和公民为中心，强调公共服务的跨部门整合，追求个性化、自助式、高附加值的公共服务。在数字政府时代的参与式绩效评价实践中，政府与公民的关系不再是单向的、静

态的、被动的，公民将借助数字技术手段，主动积极联系政府部门，甚至自觉地发起绩效评价活动，参与式绩效评价不再受政府单向控制，而是政府与公民双向奔赴的活动。数字时代的政府与公民将通过数字技术实现最佳合作，获得更加有效且有价值的绩效评价信息，达到政府公共服务供给的理性目标。

但是，数字时代持续推进参与式绩效评价，有诸多问题亟待深入探讨：一是如何协调参与式绩效评价中政府、公民、企业之间的关系？数字时代的参与式绩效评价是借助数字技术开展的，而技术优势者是企业方，政府通过与企业合作将技术赋能于政府部门，但如何在政府与企业的合作中实现公共责任？数字时代的国家与社会关系模式将会呈现怎样的特点？如何借助数字技术高效推进政府与公民的良性互动？这些都是数字政府时代参与式绩效评价的基本问题，亟待深入研究。二是传统效率价值与民主价值之间的张力问题。如何有序推进数字时代公民参与公共服务绩效评价，不仅是一个技术难题，也是一个政治问题，在数字时代如何规避技术理性带来的价值偏离？这在传统科层制时代没有得到完全解决，而在数字技术引领发展的时代也依然是一个棘手的问题，甚至可能是一个更为急难的问题。三是目标控制与绩效改进的冲突问题。数字政府治理一方面需立足公民需求，以服务使用者为中心，强调将绩效结果应用于公共服务改进；但是在目标治国的战略引导下，公共服务绩效评价的内部控制和问责功能依然重要，如何协调目标问责与绩效改进之间的冲突？有关研究尚需继续推进。我们期待数字时代参与式绩效评价实践得以广泛推进，也希望更多研究者关注参与式绩效评价的数字化转型。

主要参考文献

一、英文文章

[1] BROEN B, BENEDICT W R. Perceptions of the Police: Past Findings, Methodological Issues, Conceptual Issues and Policy Implications [J]. Policing: an International Journal of Police Strategies and Management, 2002, 25(3): 543 - 580.

[2] FINKEL S E. Reciprocal Effects of Participation and Political Efficacy: A Panel Analysis[J]. American Journal of Political Science, 1985, 29(4): 891 - 913.

[3] GAO J. How Does Chinese Local Government Respond to Citizen Satisfaction Surveys? A Case Study of Foshan City [J]. Australian Journal of Public Administration, 2012, 71(2): 136 - 147.

[4] PEREIRA G V, EIBL G, STYLIANOU C, et al. The Role of Smart Technologies to Support Citizen Engagement and Decision Making: The SmartGov Case [J]. International Journal of Electronic Government Research, 2018, 14(4): 1 - 17.

[5] ROGGE N, AGASISTI T, WITTE K D. Big Data and the Measurement of Public Organizations' Performance and Efficiency: The State-of-the-Art [J]. Public Policy and Administration, 2017, 32(4): 263 - 281.

[6] STIPAK B. Effects of Neighborhood Racial and Socioeconomic Composition on Urban Residents Evaluations of Their Neighborhoods [J]. Social

Indicators Research, 1983, 12(3): 311-320.

二、中文图书

[1] [美] 阿里·哈拉契米.政府业绩与质量测评：问题与经验[M].张梦中，等译.广州：中山大学出版社，2003.

[2] [美] 小威廉·T. 格姆雷，斯蒂芬·J. 马拉等.官僚机构与民主：责任与绩效[M]，俞沂暄，译. 上海：复旦大学出版社，2007.

[3] [美] 凯瑟琳·纽科默.迎接业绩导向型政府的挑战[M].张梦中，李文星译.广州：中山大学出版社，2003.

[4] 孟天广，张小劲.中国数字政府发展研究报告[M].北京：经济科学出版社，2021.

[5] 孙柏瑛，杜英歌.地方治理中的有序公民参与[M].北京：中国人民大学出版社，2013.

[6] 王巍，牛美丽.公民参与[M].北京：中国人民大学出版社，2009.

[7] 曾莉.公共服务绩效主客观评价的吻合度研究[M].北京：人民出版社，2016.

[8] 郑方辉，张文方，李文彬.中国地方政府整体绩效评价[M].北京：中国经济出版社，2008.

[9] 郑永年.技术赋权：中国的互联网、国家与社会[M].北京：东方出版社，2019.

三、中文文章

[1] 包国宪，赵晓军.新公共治理理论及对中国公共服务绩效评估的影响[J].上海行政学院学报，2018(2).

[2] 包国宪，毛雪雯，张弘.政府绩效治理中的公民参与：绩效领导途径的分析[J].行政论坛，2017(6).

[3] 马亮.数据驱动与以民为本的政府绩效管理：基于北京市“接诉即办”的案例研究[J].新视野，2021(2).

[4] 孟华.公共服务绩效目标对服务绩效的影响：以英国萨塞克斯郡警察服务为例[J].科技管理研究，2006(2).

[5] 倪星.中国地方政府治理绩效评估研究的发展方向[J].政治学研究，2007(4).

[6] 秦晓蕾.地方政府绩效评估中的有效公民参与：责任与信任的交换正义：以南京市“万人评议机关”15 年演化历程为例[J].中国行政管理，2017(2).

[7] 孙柏瑛.全球化时代的地方治理：构建公民参与和自主管理的制度平台[J].教学与研究，2003(11).

[8] 王学军，王子琦.政民互动、公共价值与政府绩效改进：基于北上广政务微博的实证分析[J].公共管理学报，2021(3).

[9] 吴建南.公共部门绩效评估：理论与是实践[J].中国科学基金，2009(3).

后　记

公民参与是现代民主政治的基本要求，也是衡量国家治理现代化的重要指标。在地方治理实践中，公民最直接最有效的参与是与群众生活密切相关的公共参与，公共服务领域应属首先涉及的领域。政府公共服务效果如何？服务使用者(公民)最具发言权，这也是以人民为中心的意涵所在。关注公共服务绩效评价中的公民参与，不仅是政府治理效能建设的内在要求，也是公民社会生活权利的延展和积极公民身份塑造的责任。

我于2006年开始关注政府绩效评价中的公民参与，涉入该领域是偶然的，也是兴趣使然。特别幸运的是，2009年我在恩师倪星教授的引导下，开始聚焦公共服务绩效管理领域，思考参与式绩效评价的深层次问题，自此便开启了对该领域的系列研究。在我国，公共服务绩效评价中的公民参与实践，历经“无参与”“象征性参与”“有限参与”，再到未来的“高度参与”，其中也映射了政府治道变革的理论变迁，即从统治到管理，再到治理乃至合作治理。随着数字技术的日趋发展和社会进步，公共服务绩效评价中公民参与的研究问题也变得错综复杂。尤其是在数字政府时代参与式绩效评价的数字化转型，或将带来新老研究问题的碰撞，在老问题(如内部效率与外部代表性)没有完全得到解决的情况下，如何应对新技术带来的挑战，公民参与绩效评价的限度、能力、驱动力、数字风险、技术效能等都是未来研究需要关注的议题。

本书聚焦公共服务绩效评价中公民参与问题，汇聚了我十多年来在参与式绩效评价领域内的研究成果，主要包括三部分内容：理论阐述、实践探索、实证分析。其中，理论阐释部分，主要是在我前期研究成果的基础上更新完善的；实践探索部分，聚焦我国参与式绩效评价实践，梳理了公共服务绩效评价的典型案例，并进行经验总结；实证分析部分，针对实践中的理论问题，进行假设检验，以寻求深层次的机制理解。本书的特色在于理论与实践相联系、历史与现实相结合、普适性与特殊性兼具。与单一实践探索或理论研究不同，本书将理论与实践相结合，在理论问题探讨的基础上提炼现实问题，并借助实证数据分析问题形成的内在机制。同时，本书内容分析呈现了一定程度的年代感，有对过去经典案例的总结，也有对最新实践的梳理，还有对未来趋势的展望。本书试图展示参与式绩效评价理论与实践研究的全景，以便有关研究者更系统地了解该领域的知识。尽管笔者已付出巨大努力，但书中难免遗漏甚至不妥之处，恳请读者批评指正。

本书的撰写和顺利出版得益于华东理工大学社会与公共管理学院的帮助，在此要特别感谢学院给予的大力支持！同时，本书是华东理工大学社会与公共管理学院“基层治理与公共服务”专题研究的系列作品之一，感谢郭圣莉教授对专题研究的策划和付出！感谢陈丰教授对本书的帮助和鼓励！感谢调研中给予我帮助的Z市公安局领导、N市张华和童玮同学！你们的无私付出让我始终铭记。感谢刘诗梦、蒋婉玥、吕高月、王寅等同学在资料收集和数据整理等方面的全力相助！感谢华东理工大学出版社社科事业部的刘军老师，感谢他对本书顺利出版的专业指导和鼎力相助！感谢华东理工大学出版社编校中心秦静良的耐心指导和辛勤付出！

曾 莉

2022年10月17日

于华东理工大学团结楼